中国旅游景区绿皮书（2018）

中国旅游景区协会　品橙旅游　著

中国旅游出版社

《中国旅游景区绿皮书（2018）》编委会

主　　编：姚　军
执行主编：霍建军　王　琢
副 主 编：王　刚　陈文杰　林　峰　李子洋
编　　委：杨晓明　朱舜楠　梁国庆　饶丛舟
　　　　　季　莹　蒋　佳　金靖诺　刘玉萌
　　　　　王晓芳　汪紫丹

创建优质旅游景区　满足人民美好生活新期待

——文旅融合深化与市场需求升级背景下

中国旅游景区发展新方向

姚　军

李克强总理在2019年政府工作报告中指出要发展壮大旅游产业，丰富人民群众精神文化生活。旅游作为人民生活水平提高的一个重要标志，已成为新时期人民群众美好生活需求和精神文化消费的重要内容。旅游景区作为旅游活动的重要载体和游客文娱消费的重要目的地，是旅游产业发展的先锋，是游客美好旅游体验的基石。

整体来看，一方面当前国际经济形势复杂多变，我国经济发展面临较强的外部不确定性，经济发展速度从持续的高速增长向中高速增长转变，经济发展方式从规模速度粗放型增长向质量效率集约型增长调整，旅游行业发展机遇与挑战并存；另一方面作为赋予人民美好生活的旅游业，综合贡献占GDP总量的比重已经超过10%，在推动经济增长、加快产业结构调整、促进居民就业和消费升级等方面显示出强大的动能，旅游业已经成为国民经济战略性支柱产业之一；并且，国家积极出台政策激发市场活力，为旅游发展提供了良好的外部环境，旅游产业发展和消费环境持续改善，国内旅游市场投资热情高涨，旅游产业发展动力强劲，旅游经济保持良好发展势头，旅游业逐渐呈现出与文化、科技等产业不断融合的新趋势。

过去的2018年被喻为文旅融合元年，文化和旅游部组建，"文旅融合"进入国家战略层面。文化的融入提升旅游发展的生产力，旅游的进入延伸文化传播的边界。文旅融合的深化，提升了旅游的品质与内涵，也彰显了优秀的传统文化。在"宜融则融、能融尽融"原则指引下，中国的文化和旅游企业在各自发展轨道上不断进行着文旅融合的实践。

在当前文旅融合持续推进、国民旅游需求提质升级、旅游供给竞争激烈的多元背景下，中国旅游景区需要紧跟时代趋势，探索新的发展方向，创建更加优质的旅游景区，满足人民对美好生活的新期待。

一、文化是旅游的灵魂，旅游是文化的载体

文化与旅游的全方位、全链条融合深度推进。各类文化与旅游产品开始探索跨领域、跨业态的融合途径与方式。博物馆与旅游的融合促进了文物的活化；文化遗产、文化古迹与旅游的融合有利于保护性地利用和发展，也有利于历史文化的弘扬和传承。在今后的融合发展中，"文化是旅游的灵魂，旅游是文化的载体"的理念将得到进一步深化，文化和旅游将实现资源共享与优势互补，致力于1+1>2的协同效应，逐步实现全链条化的文旅融合，持续提供优质的文化旅游产品。

坚持特色、创新和共享的原则推动文化旅游的融合。在实践中，旅游行业遵循着"宜融则融、能融尽融"的原则，挖掘自身特色文化作为旅游发展的核心资源，将旅游作为文化建设的重要动力，大胆创新，以文化创意提升旅游产品质量。同时坚持资源共享、渠道共享，将文化的生产、传播和消费与旅游活动联系起来，将旅游作为文化传播的载体、文化交流的纽带，发挥旅游的产业化、市场化优势，丰富文化旅游产品的供给方式、供给渠道和供给类型。

文旅融合促使旅游业发展从注重速度与规模转向注重内涵与质量。文旅产品的开发重在挖掘文化内涵，精耕细作，有生命力的文化旅游产品要有对文化的敬畏，还要有对服务细节的追求。随着研学旅行、定制旅游等新需求的提出，旅游产业发展的空间更加广阔，在文化创意、科技创新和社会投资等新动能的刺激下，旅游景区行业结构将持续优化，旅游景区供给侧结构性改革将进一步深化。

随着社会经济的快速发展，国民生活品质升级，居民的旅游消费潜力将

进一步释放，中国旅游市场的需求和供给呈现出多元化和加速升级换档的新趋势。

二、消费升级亟须景区供给结构调整，美好生活推动景区品质化提升

游客群体年轻化，家庭成为旅游消费的主体，亲子游成为增长的新趋势。在消费升级大势驱动下，中国优质家庭旅游已经进入"强需求"时代，家庭出游的意愿日益强烈。据统计，目前我国家庭出游比例已达50%~60%，家庭成员集体出游已是很多家庭的旅游选择。调查显示，96.5%的受访者渴望家庭旅游，其中有近七成的受访者表示非常渴望家庭出游。

大众的旅游需求转型升级，品质化、多元化、个性化成为新的需求趋势。近年来，随着人们生活水平的提高、消费观念的改变，旅游已经成为人民生活的刚需，国民旅游需求从美丽风景开始向美好生活转变，"打卡式"旅游向"体验式"旅游转变。过去单一的旅游形式已经很难使旅游者得到满足，人们开始追求品质化、多元化、个性化的旅游产品和体验，开始要求获得文化与精神层面的充实感。

旅游新需求不断涌现，旅游新产品层出不穷，在消费升级背景下，旅游供给结构不断调整、不断优化。

新技术涌现，旅游产品与体验不断升级。近年来，新技术不断涌现，不断提高旅游产业运行效率，大大提升服务质量和产品标准。人机交互、人工智能等技术突破了原有的旅游体验局限，带来全新的旅游产品和旅游服务形式。

互联网介入，文旅传播手段变革。2018年，随着短视频平台技术的发展，传统厚重的内容掀起新玩法，其中旅游类内容的短视频从中脱颖而出，使文旅行业走向旅游营销升级之路。和以往单纯的图文分享不同，旅游短视频通过更灵活、更动态的方式，让旅游景区宣传锦上添花，景区营销推广模式迎来新变革。

旅游产品供给增多，竞争激烈。中国旅游市场不断扩容，在经济下行压

力影响下，各类资本纷纷涌入旅游行业，旅游景区供给增加，形成了异常激烈的竞争形势。

消费升级亟须景区供给结构调整，美好生活推动景区品质化提升。 目前人们的旅游需求与市场上的旅游产品不完全匹配，在文旅融合深化与市场需求升级背景下，中国旅游景区需要选择自己的对接点和落脚点，探索景区优质发展的新方向。

三、中国旅游景区提质升级新方向

第一，品质为先，提升旅游景区的文化内涵，创新科技应用手段。 文化和旅游部部长雒树刚指出，"人民群众对文化和旅游的需求已经到了优质和精细的发展阶段，为适应这种文化和旅游供给主要矛盾的变化，我们也要从数量追求转到质量和品质的提升"。因此中国旅游景区也应该向着品质化、精细化，即更好、更精的方向发展，更好满足人民群众对文化和旅游不断增长的需求。

文旅融合背景下，文化内容将成为旅游景区非常重要的生命力，旅游景区要通过文化来提升产品的内涵和品质，使文化的影响力内化于景区之中，推出更多优质的、具有特色的文化旅游产品。同时文旅融合还要对接现代消费需求，当前游客群体日趋年轻化，家庭亲子游已经成为增长的新趋势，旅游景区要推出更多符合年轻群体、家庭亲子游群体需求的旅游产品。另外，新技术的应用在景区文旅融合的发展中必不可少，未来的旅游景区发展中，要创新科技应用手段，将VR/AR、移动互联网、社交网络、大数据等技术多方位渗透到旅游产品的打造、呈现和体验中，为旅游者带来多元化的体验。

第二，服务提升，创新旅游景区的消费体验，营造便利、安全的旅游环境。 2018年，我国国内旅游人数达55亿人次，旅游已成为人民幸福生活的必需品，大众旅游时代已经到来，因此旅游景区应该注重服务质量与水平的提升，从景区管理、景区服务、旅游产品和旅游基础设施等方面提高旅游景区服务水平。例如，保障标准化服务体系，提供个性化服务；实现景区管理的信息化、数字化和智慧化；改善景区基础设施和接待场所；完善旅游景区衍生产品等。同时，建立起景区运营和管理的安全意识，不断完善包括监督检查、预警提示、应急处置在内的安全保障体系，防止安全事故的发生。

第三，产业融合，完善旅游景区产业链条，推进景区与各相关产业的融合发展。2019年"两会"期间，雒树刚部长指出，"旅游既是大产业，又是大民生，所以我们要大力发展全域旅游和乡村旅游、研学旅游、休闲旅游、康养旅游等业态"。在全域旅游和文旅融合背景下，各类型旅游景区可积极寻找文化和旅游产业链条中各环节的对接点，发挥各自优势，从业态和产品两方面积极融合发展。在业态上，秉承"文化+""旅游+"和"互联网+"理念，积极探索景区与文化、科技和相关产业的融合发展，在目前已有的红色旅游、旅游演艺、文化遗产旅游、主题公园等融合发展业态基础上，创新融合路径和方式。在产品上，观光类和休闲度假类旅游产品同时发展，以文化为依托，推出有文化内涵的旅游产品和旅游商品，致力于开发具有独特吸引力和生命力的景区产品，打造主题鲜明的旅游景区品牌。

中国已经进入大众旅游时代，文化旅游成为人们"美好生活"需求的重要组成部分，文旅融合愈加深入，旅游市场需求趋向品质化、多元化、个性化，新的时代背景对中国旅游景区的发展提出了新要求，也提供了新动能。旅游景区的提质升级离不开我们全体旅游人的匠心与努力，让我们大家携手共进，精益求精，臻于至善，砥砺同行，追求品质旅游，做强旅游服务，做优旅游产业，为人民提供更多具有获得感和幸福感的旅游产品和服务，不断满足人民对美好生活的需求与向往。

CONTENTS

目 录

第一部分 景区发展综述篇

1 资源深耕未去　文旅融合已来 ·· 3
　　1.1 从注重品牌到品效合一 ·· 3
　　1.2 从景区运营到创新融合 ·· 4
　　1.3 从科技应用到数字智慧服务 ··· 5
　　1.4 结语 ·· 5

2 旅游景区消费升级步入新阶段 ·· 7
　　2.1 中国旅游景区消费升级发展趋势 ····································· 8
　　2.2 中国旅游景区消费现状及问题 ·· 9
　　2.3 中国旅游景区消费升级发展建议 ····································· 23
　　2.4 中国旅游景区消费升级发展趋势 ····································· 25
　　2.5 中国旅游景区协会专业支撑 ··· 25

3 景区门票定价驱动提质增效新模式 ··· 30
　　3.1 景区创新发展的时代背景 ··· 30
　　3.2 我国旅游景区门票研究 ·· 32

— 1 —

3.3　景区创新增收现状研究……………………………………38
　　3.4　多业态下的景区综合开发及提升建议……………………45
　　3.5　"六新"引领的国有景区创新发展…………………………49

4　**新技术赋能旅游景区新发展**……………………………………69
　　4.1　旅游景区新技术分类………………………………………69
　　4.2　旅游景区新技术应用现状…………………………………71
　　4.3　旅游景区新技术应用的未来发展方向……………………90

5　**不同体制景区运营管理需要注入新活力**………………………93
　　5.1　引言…………………………………………………………93
　　5.2　现状…………………………………………………………96
　　5.3　不同体制下景区的运营管理………………………………108
　　5.4　政策建议……………………………………………………117

第二部分　景区品牌篇

1　**四季旅游文化：沙湖生态旅游区**………………………………125
　　1.1　景区介绍……………………………………………………125
　　1.2　资源优势……………………………………………………125
　　1.3　品牌举措……………………………………………………126
　　1.4　创新突破……………………………………………………126
　　1.5　投入产出……………………………………………………127
　　1.6　特色总结……………………………………………………127

2　**禅文化：经律论文旅小镇**………………………………………128
　　2.1　景区介绍……………………………………………………128
　　2.2　资源优势……………………………………………………128

2.3 品牌举措 ······ 129
2.4 创新突破 ······ 129
2.5 投入产出 ······ 130
2.6 特色总结 ······ 130

3 "中国第一山"：峨眉山景区 ······ 132
3.1 景区介绍 ······ 132
3.2 资源优势 ······ 133
3.3 品牌举措 ······ 134
3.4 创新突破 ······ 135
3.5 投入产出 ······ 136
3.6 特色总结 ······ 136

4 "乌镇模式"：古北水镇景区 ······ 137
4.1 景区介绍 ······ 137
4.2 资源优势 ······ 137
4.3 品牌举措 ······ 138
4.4 特色总结 ······ 139

5 历史文化名村：皇城相府 ······ 140
5.1 景区介绍 ······ 140
5.2 资源优势 ······ 140
5.3 品牌举措 ······ 141
5.4 创新突破 ······ 142
5.5 投入产出 ······ 146
5.6 经验分享 ······ 146
5.7 特色总结 ······ 147

6 "天下第一奇山"：黄山景区 ·· 148
6.1 景区介绍 ·· 148
6.2 资源优势 ·· 148
6.3 品牌提升 ·· 149
6.4 创新突破 ·· 150
6.5 投入产出 ·· 150
6.6 特色总结 ·· 151

7 佛教文化与皇家文化：盘山景区 ·· 152
7.1 景区介绍 ·· 152
7.2 资源优势 ·· 152
7.3 品牌举措 ·· 153
7.4 创新突破 ·· 154
7.5 投入产出 ·· 154
7.6 特色总结 ·· 155

8 "中国荷都"：微山湖红荷湿地 ·· 156
8.1 景区介绍 ·· 156
8.2 资源优势 ·· 156
8.3 品牌举措 ·· 157
8.4 创新突破 ·· 158
8.5 投入产出 ·· 159
8.6 特色总结 ·· 160

9 东江源文化：三百山景区 ·· 161
9.1 景区介绍 ·· 161
9.2 资源优势 ·· 162
9.3 品牌举措 ·· 162

  9.4 创新突破 …… 162
  9.5 投入产出 …… 163
  9.6 特色总结 …… 163

10 黄河奇景品牌：壶口瀑布 …… 164
  10.1 景区介绍 …… 164
  10.2 品牌举措 …… 164
  10.3 创新突破 …… 165
  10.4 投入产出 …… 165
  10.5 特色总结 …… 166

11 北方有奇山，河北白石山 …… 167
  11.1 景区介绍 …… 167
  11.2 资源优势 …… 167
  11.3 品牌举措 …… 168
  11.4 创新突破 …… 168
  11.5 投入产出 …… 169
  11.6 特色总结 …… 169

12 "燕赵最美湿地"：衡水湖景区 …… 170
  12.1 景区介绍 …… 170
  12.2 资源优势 …… 170
  12.3 品牌举措 …… 171
  12.4 创新突破 …… 172
  12.5 投入产出 …… 173
  12.6 特色总结 …… 173

13 宋代历史文化名园：清明上河园 ··· 174

- 13.1 景区介绍 ··· 174
- 13.2 资源优势 ··· 174
- 13.3 品牌举措 ··· 175
- 13.4 创新突破 ··· 176
- 13.5 投入产出 ··· 176
- 13.6 特色总结 ··· 177

14 福寿文化：南山旅游景区 ··· 178

- 14.1 景区介绍 ··· 178
- 14.2 资源优势 ··· 178
- 14.3 品牌举措 ··· 179
- 14.4 创新突破 ··· 179
- 14.5 投入产出 ··· 180
- 14.6 特色总结 ··· 180

15 "山水樱花"：鼋头渚 ··· 181

- 15.1 景区介绍 ··· 181
- 15.2 资源优势 ··· 181
- 15.3 品牌举措 ··· 182
- 15.4 创新突破 ··· 182
- 15.5 投入产出 ··· 183
- 15.6 特色总结 ··· 183

第三部分　景区运营篇

1 西部文化高地：大唐芙蓉园 ··· 187

- 1.1 景区介绍 ··· 187

1.2　背景条件 ·· 187
　　1.3　创新突破 ·· 188
　　1.4　投入产出 ·· 188
　　1.5　特色总结 ·· 189

2　太极文化 IP：南山文化旅游区 ·· 190
　　2.1　景区介绍 ·· 190
　　2.2　背景条件 ·· 190
　　2.3　创新突破 ·· 191
　　2.4　实践经验 ·· 191
　　2.5　经验分享 ·· 192
　　2.6　特色总结 ·· 192

3　水浒文化，忠义文化：水泊梁山风景区 ··· 193
　　3.1　景区介绍 ·· 193
　　3.2　背景条件 ·· 193
　　3.3　创新突破 ·· 194
　　3.4　具体实践 ·· 194
　　3.5　经验分享 ·· 194
　　3.6　特色总结 ·· 195

4　林业系统转型旅游业典范：阿尔山国家森林公园 ···························· 196
　　4.1　景区介绍 ·· 196
　　4.2　背景条件 ·· 196
　　4.3　创新突破 ·· 196
　　4.4　具体实践 ·· 197
　　4.5　经验分享 ·· 198
　　4.6　特色总结 ·· 198

5 唐文化旅游服务标杆：华清宫景区 ·········· 199

- 5.1 景区介绍 ·········· 199
- 5.2 背景条件 ·········· 199
- 5.3 创新突破 ·········· 200
- 5.4 具体实践 ·········· 201
- 5.5 经验分享 ·········· 202
- 5.6 特色总结 ·········· 203

6 "1+N"全域旅游扶贫模式：梵净山景区 ·········· 204

- 6.1 景区/产品/服务介绍 ·········· 204
- 6.2 背景条件 ·········· 204
- 6.3 创新突破 ·········· 205
- 6.4 具体实践 ·········· 206
- 6.5 经验分享 ·········· 207
- 6.6 特色总结 ·········· 208

7 以旅游带动蒙古族乡脱贫：张掖平山湖大峡谷 ·········· 209

- 7.1 景区介绍 ·········· 209
- 7.2 背景条件 ·········· 210
- 7.3 创新突破 ·········· 210
- 7.4 具体实践 ·········· 211
- 7.5 经验分享 ·········· 211
- 7.6 特色总结 ·········· 212

8 千年古城的厕所革命：平遥古城 ·········· 213

- 8.1 景区介绍 ·········· 213
- 8.2 背景条件 ·········· 213
- 8.3 创新突破 ·········· 214

8.4　具体实践 ·· 214
　　8.5　经验分享 ·· 215
　　8.6　特色总结 ·· 215

9　世界自然遗产的"厕所革命"：韶关丹霞山 ·························· 216
　　9.1　景区介绍 ·· 216
　　9.2　背景条件 ·· 216
　　9.3　创新突破 ·· 216
　　9.4　具体实践 ·· 217
　　9.5　经验分享 ·· 217
　　9.6　特色总结 ·· 217

10　"跨界的旅游+"营销之道：沂蒙山云蒙景区 ························ 218
　　10.1　景区介绍 ·· 218
　　10.2　背景条件 ·· 218
　　10.3　创新突破 ·· 219
　　10.4　具体实践 ·· 219
　　10.5　经验分享 ·· 219
　　10.6　特色总结 ·· 220

11　旅游业反哺农业改革：玉龙雪山 ·· 221
　　11.1　景区介绍 ·· 221
　　11.2　背景条件 ·· 221
　　11.3　创新突破 ·· 222
　　11.4　具体实践 ·· 222
　　11.5　经验分享 ·· 223
　　11.6　特色总结 ·· 224

12 诚信经营：通灵大峡谷 225
12.1 景区介绍 225
12.2 背景条件 226
12.3 创新突破 226
12.4 经验分享 227
12.5 特色总结 227

13 "最大峡谷最美山峰"运营突破：雅鲁藏布大峡谷 228
13.1 景区介绍 228
13.2 资源优势 228
13.3 运营举措 229
13.4 创新突破 230
13.5 投入产出 230
13.6 特色总结 231

14 中国有个海南岛，海南有个蜈支洲岛 232
14.1 景区介绍 232
14.2 资源优势 232
14.3 运营举措 233
14.4 创新突破 233
14.5 投入产出 234
14.6 特色总结 235

15 国企规范化运营管理样本：鹿回头风景区 236
15.1 景区介绍 236
15.2 资源条件 236
15.3 运营举措 237
15.4 创新突破 238

15.5 投入产出 ……………………………………………………………… 238

15.6 特色总结 ……………………………………………………………… 239

第四部分　景区创新服务篇

1 "123+X"智慧服务体系：缙云仙都景区 …………………………… 243

 1.1 景区/产品/服务介绍 ………………………………………………… 243

 1.2 服务要点 ……………………………………………………………… 244

 1.3 创新突破 ……………………………………………………………… 245

 1.4 可推广性 ……………………………………………………………… 246

 1.5 投入产出 ……………………………………………………………… 247

 1.6 特色总结 ……………………………………………………………… 248

2 科技体验：极限飞球 ……………………………………………………… 249

 2.1 景区/产品/服务介绍 ………………………………………………… 249

 2.2 服务痛点 ……………………………………………………………… 249

 2.3 创新突破 ……………………………………………………………… 250

 2.4 可推广性 ……………………………………………………………… 250

 2.5 投入产出 ……………………………………………………………… 250

 2.6 特色总结 ……………………………………………………………… 250

3 智慧服务："车索一体化"运营模式 …………………………………… 252

 3.1 景区/产品/服务介绍 ………………………………………………… 252

 3.2 服务重点 ……………………………………………………………… 252

 3.3 创新突破 ……………………………………………………………… 253

 3.4 可推广性 ……………………………………………………………… 254

 3.5 投入产出 ……………………………………………………………… 254

 3.6 特色总结 ……………………………………………………………… 254

4 科技讲述中国故事：祖山风景区 ··· 255
4.1 景区 / 产品 / 服务介绍 ··· 255
4.2 服务痛点 ··· 255
4.3 创新突破 ··· 256
4.4 可推广性 ··· 256
4.5 投入产出 ··· 257
4.6 特色总结 ··· 257

5 "农旅融合 + 精准扶贫"模式：九龙小镇 ······························· 258
5.1 景区介绍 ··· 258
5.2 资源优势 ··· 258
5.3 服务提升 ··· 259
5.4 创新突破 ··· 260
5.5 投入产出 ··· 260
5.6 特色总结 ··· 261

6 文旅融合：梁山水浒文化体验馆 ·· 262
6.1 景区介绍 ··· 262
6.2 资源优势 ··· 262
6.3 服务提升 ··· 263
6.4 创新突破 ··· 263
6.5 投入产出 ··· 264
6.6 特色总结 ··· 266

7 沉浸式双 IP：知音号 ··· 267
7.1 景区介绍 ··· 267
7.2 资源优势 ··· 267
7.3 服务提升 ··· 268

7.4　创新突破 ………………………………………………… 269

　　7.5　投入产出 ………………………………………………… 269

　　7.6　特色总结 ………………………………………………… 270

8　超级 IP 服务：呀诺达雨林文化旅游区 ……………………… 271

　　8.1　景区介绍 ………………………………………………… 271

　　8.2　背景条件 ………………………………………………… 272

　　8.3　创新突破 ………………………………………………… 272

　　8.4　具体实践 ………………………………………………… 272

　　8.5　经验分享 ………………………………………………… 273

　　8.6　特色总结 ………………………………………………… 274

9　"旅游 + 扶贫"造血模式：七彩丹霞 ………………………… 275

　　9.1　景区介绍 ………………………………………………… 275

　　9.2　资源优势 ………………………………………………… 275

　　9.3　服务提升 ………………………………………………… 276

　　9.4　创新突破 ………………………………………………… 277

　　9.5　投入产出 ………………………………………………… 277

　　9.6　特色总结 ………………………………………………… 278

10　西南的世界文化遗产：海龙屯 ……………………………… 279

　　10.1　景区介绍 ……………………………………………… 279

　　10.2　资源优势 ……………………………………………… 279

　　10.3　服务提升 ……………………………………………… 280

　　10.4　创新突破 ……………………………………………… 280

　　10.5　投入产出 ……………………………………………… 281

　　10.6　特色总结 ……………………………………………… 281

11 西北的旅游胜地：沙坡头旅游景区 ……………………………… 282
11.1 景区介绍 ………………………………………………… 282
11.2 资源优势 ………………………………………………… 282
11.3 服务提升 ………………………………………………… 283
11.4 创新突破 ………………………………………………… 283
11.5 投入产出 ………………………………………………… 284
11.6 特色总结 ………………………………………………… 284

12 智慧化管理：金山岭长城 ……………………………………… 285
12.1 景区介绍 ………………………………………………… 285
12.2 资源优势 ………………………………………………… 285
12.3 服务提升 ………………………………………………… 286
12.4 创新突破 ………………………………………………… 287
12.5 投入产出 ………………………………………………… 287
12.6 特色总结 ………………………………………………… 288

13 景区智慧化管理：泰山智慧旅游研究院 ……………………… 289
13.1 景区介绍 ………………………………………………… 289
13.2 服务重点 ………………………………………………… 289
13.3 创新突破 ………………………………………………… 289
13.4 可推广性 ………………………………………………… 290
13.5 投入产出 ………………………………………………… 291
13.6 特色总结 ………………………………………………… 291

14 转变观念管厕所：武汉欢乐谷 ………………………………… 292
14.1 景区介绍 ………………………………………………… 292
14.2 背景条件 ………………………………………………… 292
14.3 创新突破 ………………………………………………… 293

14.4 具体实践 293
　　14.5 经验分享 294
　　14.6 特色总结 294

15 古典园林浸入式夜经济：网师园 295
　　15.1 景区介绍 295
　　15.2 背景条件 295
　　15.3 创新突破 295
　　15.4 具体实践 296
　　15.5 经验分享 296
　　15.6 特色总结 297

附　录

中国景区绿皮书入围旅游景区名单及特色盘点 301

第一部分
景区发展综述篇

1 资源深耕未去 文旅融合已来

当前，全域旅游进入全面验收阶段，"文旅融合"大潮如期而至，旅游景区处于深耕资源和文旅融合的十字路口。这样的时间节点，回顾2018年中国旅游景区发展，在看似日复一日按部就班的品牌传播、景区运营和科技实践下，更多的是目的地景区和从业者的自我突破与创新。随着大众旅游的消费升级，旅游景区的原有产品不能或者部分不能满足市场的新趋势和新需求，旅游景区面临着服务升级的挑战，以及平衡共性与个性、遵循景区特性与迎合市场趋势的碰撞。不断涌现出来的游客新画像、社群新特征，冲击着旅游景区的原有产品结构，旅游景区亟待进行旅游资源的进一步深耕和产品的进一步开发，以及文化赋能下体验和服务的进一步飞跃。可以说，这个时代，对于旅游景区而言，资源深耕趋势未曾离开，文旅融合潮流已经到来。

1.1 从注重品牌到品效合一

"网红景区"，是2018年目的地和旅游行业涌现出的新词、热词。2018年的"五一"，"永兴坊"的摔碗酒，因为刷爆一台POS机而让大众眼前一惊，让西安这座千年古城摇身变成新"网红"，拥有了活力四射的名字——抖音之城。这一年"五一"小长假，"永兴坊"接待游客42.39万人次，让旅游行业第一次见证了"网红景区"巨大的爆发力。

同样，山城重庆这一年的"五一"因《千与千寻》现实版的洪崖洞、"穿楼轻轨"成为众多人追捧的"网红打卡地"，据统计，仅5月1日当天，洪崖洞游客就达到了14万人次，成为仅次于北京故宫的全国第二大旅游景区，"网红景区"也带动了重庆的长江索道、磁器口古镇等一批景区和景点，让山城旅游火爆起来。

当然,"网红景区"之下的冷思考也随之而来。"网红景区"固然有其优势,能通过单体景点提升目的地的知名度,提高目的地的到访人数,然而如何扭转叫好不叫座、有人气无财气的现象,越来越多的旅游景区从业人员开始从品牌建设和品牌提升转向了更深层次地思考"品效合一",即景区不仅仅需要叫得响的品牌,更需要支撑起景区发展的人气和财气。景区品牌体系构筑和建设是一个长期的过程,游客"量"是重要的效果风向标,即游客数量的提升以及游客从数量型向质量型的发展才是关键。景区的健康发展,有品牌引爆点固然好,但有稳健品牌和效果的可持续发展方为上策。

1.2 从景区运营到创新融合

"创新"是景区运营领域 2018 年反复强调的核心内容。景区运营需要不断自我突破,其产品也需要不断更新换代。2018 年 6 月,国家发改委发布的《关于完善国有景区门票价格形成机制降低重点国有景区门票价格的指导意见》,掀起了国有重点景区带头的门票降价、免费潮,并逐渐波及民营景区。景区门票的下调,让更多景区从业者和运营人员再次重视非门票收益,以"文创""体验"等创新驱动为特色的二消类旅游产品,从研发阶段开始走入景区运营实战中,从深耕景区特色、挖掘文化资源,到创新文旅融合的二消体系,逐渐成为提升景区营收的法宝。

一批重视"文创""体验"产品的明星流量景区,开始将成功经验进行"输出"管理。不同于以往成熟主题乐园的 IP 扩张,非标特征明显的景区通过标准化管理,在 2018 年加快了"走出去"的节奏。一批经历过实战、自成体系的"黑马"管理团队,开始走向"品牌输出"的道路,将创新实践中总结的"文创""体验"等宝贵经验进行异地化输出和本地化磨合。如"大唐芙蓉园"的节庆活动创新、陕旅集团的"华清管理"品牌、中景旅游管理的"古镇"模式、台儿庄古城景区的"体验"模式、中景信的"山岳"模式等。景区"高收益"蕴含着"高投入"和"高风险",景区运营模式在输出中创新,在磨合中完善,能适当地减少部分景区发展中的风险。

1.3　从科技应用到数字智慧服务

景区中的科技含量逐渐提升，从早期大数据、智慧工具在景区中的应用开始，"智慧"服务和"数字"服务对提升游客体验、丰富游客活动、延长游客停留时间和保障景区安全等发挥着越来越大的作用。科技需要以人为本，景区中的科技尤其需要以游客为本。

当前"夜"经济成为景区拉动收益的重要来源，夜间活动离不开科技和数字智慧服务。例如，清明上河园的"大宋东京梦华"夜间演艺、古典园林网师园的浸入式夜游、皇城相府实景夜秀、鼋头渚的樱花夜跑、沙坡头的狂欢沙漠夜……灯光科技在营造景区夜间环境中起到了重要作用；以虚拟现实、激光全息等技术为依托的内容，则在业态丰富方面进行了补充和完善。

在景区发展中，"沉浸式"项目也成为补充景区互动体验、提升景区产品质量的重要元素。例如，以沉浸式体验独立成为文旅景点的"知音号"，以蒸汽船为依托，以20世纪的老汉口为背景，为游客提供了多人多体验、多情景的沉浸式文旅景点；网师园的浸入式夜游、祖山的沉浸式休闲环境则将沉浸式体验用于景区产品的提升和景区休闲的业态丰富之中。

安全始终是景区发展的首要问题。通过人脸识别、人工智能、机器学习、增强现实等技术，智慧系统在景区中的应用，将游客公共服务设施、旅游设施进行整合和连通，用科技和创新将应急演练、人群疏散、智能交通、智能停车、远程全景等环节进行整合，为从根本上解决景区安全问题做好必要的科技铺垫。

1.4　结语

旅游景区在满足人民群众对美好生活的向往、增进民生福祉方面做出了积极贡献。随着全域旅游从创建向验收阶段的发展以及旅游产业向提质增效中演进，景区在旅游发展中的引领示范作用愈发明显。尤其是从景点旅游向全域旅游发展中，景区、景点配合全域旅游工作，发挥了龙头和引领作用，为全域旅游要素的规范化起到了示范作用。

在服务三大攻坚战中，旅游景区也贡献着积极的助力作用，以精准扶贫为例，涌现出一批各具特色的"景区带村"旅游扶贫示范项目。梵净山景区的"1+N"全域旅游扶贫模式，不仅为武陵山片区扶贫攻坚树立了良好的旗帜，也构建了旅游特色的新型产业扶贫模式，实现企业、社区和政府的多赢。张掖七彩丹霞的"旅游＋扶贫"造血模式，从带动就业和以帮带扶两个方面，建立景区、行政村、村民"三级帮联"机制，推动乡村旅游振兴"三变工程"。海龙屯、九龙小镇、缙云仙都、三亚鹿回头、张掖平山湖大峡谷等景区也依据各自特色在景区发展中注重扶贫功效，实现可持续发展。

打铁还需自身硬。2018年是《中国旅游景区绿皮书》对景区领域盘点的第二年，从对案例的征集、申报、分类到归纳总结，能够发现景区从领头人到从业人员，更多地在聚焦提升自身的"硬本领"，打造景区核心产品"硬拳头"。伴随文旅融合大方向的演进，中国旅游景区的明天会更好。

（品橙旅游）

2 旅游景区消费升级步入新阶段

当下，我国已进入消费需求持续增长、消费结构加快升级、消费拉动经济作用明显增强的重要阶段。以传统消费提质升级、新兴消费蓬勃兴起为主要内容的新消费及其催生的相关产业在科技创新、基础设施建设和公共服务等领域蕴藏着巨大发展空间，旅游产业与新消费的结合，成为目前行业发展的最大趋势和最重要机遇。

2018年，在第十三届全国人大一次会议上，李克强总理提出增强消费对经济发展的基础性作用，要推进消费升级，发展消费新业态新模式，创建全域旅游示范区，降低重点国有景区门票价格。同年6月，国家发展改革委发布了《关于完善国有景区门票价格形成机制降低重点国有景区门票价格的指导意见》。该意见指出完善国有景区门票价格形成机制、降低重点国有景区门票价格，是加快发展全域旅游，推动景区及旅游业实现持续健康发展的重要举措。

景区作为全域旅游的驱动枢纽，作为旅游消费的最重要空间，作为行业创新的桥头阵地，应当在满足国内外游客日益深化的文化需求、体验需求和内容需求方面勇于创新。中国旅游景区协会为了在引领促进旅游产业消费升级、凝聚旅游创新内容、重构旅游创新体验、打造旅游新消费一体化运营体系等方面发挥更大作用，深入了解景区旅游二次消费的创新与运营状况，组织本会消费升级专业委员会专家赴北京、四川、广东、广西、西藏等多个省（自治区、直辖市）的国家5A级和4A级旅游景区进行了实地调研，召开景区负责人座谈会，结合线上调研工作及线下发放的调查问卷，了解和掌握了许多一手材料。现将调研结果、研究分析以及相关政策建议总结如下。

2.1 中国旅游景区消费升级发展趋势

2.1.1 消费群体趋于年轻化

中国旅游人数与消费快速增长,全年旅游消费在1万元以上的游客已经达到73%,同时旅游消费比重逐步增加。从2018年来看,57%的游客全年旅游消费占到年收入的10%以上。非常值得注意的是,中国游客的结构趋于年轻化,1982年到2000年出生的人已经成为旅游主力军,"80后"整体旅游消费总额最高,"90后"人均消费总额最高。作为当下品质消费的新力量,年轻人正越来越个性化,追求多元消费。

2.1.2 消费层次更加丰富

中国游客在景区消费愿望强烈,消费类型更加多样,消费投入增多。2018年旅游景区调研数据显示,87.9%的景区游客会产生二次消费,其中以餐饮消费(83.1%)和购物消费(68.6%)为主。景区的二次消费中人均消费集中在100~300元(31.2%)和301~500元(30.6%)两个区间,其中餐饮、购物和住宿是花费的前三名,分别达到39.1%、29.2%和15.0%。

2.1.3 旅游购物突出主题化与创意性

在旅游景区的抽样调查中,40%的游客选择当地特色产品;偏好景区特色文化创意产品和时尚趣味手工艺品的游客分别占到32%、24%。从数据可以看出,游客更为注重产品的特色性和文化性。而在调研中,游客也同时反映出对个性化、特色化文创产品的需求。故而景区应推进文化创意和设计服务与旅游商品的深度融合,开发具有地域特色、民族风情、生活化的文创产品,满足游客较高层次的需求。

2.1.4 景区餐饮的定制化与特色化

随着旅游业的蓬勃发展,社会经济结构的调整以及人们对外出旅游的需求增长促使餐饮文化也进入了全新的阶段。2018年全国旅游餐饮消费高达10766亿元,综合全国众多旅游景区的美食占比,64%为地方特色,35%为连锁品牌,酒店餐饮只占了约1%,由此可见,在旅游餐饮业态中,地方特色美食最受欢迎。随着整体餐饮市场的深度调整，景区餐饮也逐步进行改变，向"特色""主题""新热点""新需求"等方向转型，以"定制化餐饮""个性化餐饮""特色化餐饮"等来满足顾客日益变化的餐饮消费需求。

2.1.5 互动体验的场景化与沉浸感

在游客调研中，观看景区特色演出的游客占比为37%；约50%的游客会通过互动体验项目参与当地生活。传统的观光活动已经难以满足当前游客的消费需求，面向未来的文旅景区，沉浸式体验才是正确的"打开方式"。通过情景互动实现在有限的时间内最大限度占有游客时间，以愉悦的方式获得最大价值，使游客能够通过场景营造感受到景区的特色及精髓，从而加深体验程度，加强对目的地的认同感。

2.1.6 打卡拍照的网红性和艺术化

研究表明，这是一个"为社交而生的时代"。随着社交网络的兴盛和旅游主力军呈现年轻化，越来越多的人开启了"打卡拍照"的旅行。他们通过照片、短视频等方式打卡留念，借助社交软件传播出去并乐此不疲。于是，在"人人打卡"的时代下，富有创意的景观艺术装置不断涌现，并成为不少景区的颜值担当，吸引大众前赴后继、打卡驻足。

2.2 中国旅游景区消费现状及问题

近年来，我国出境旅游者在境外表现出超强购买力。资料显示，自2012年起中国超越美国，成为世界第一大国际旅游消费国。据UNWTO发布的《世界旅游组织旅游亮点2018年版》数据统计，到2017年中国游客出境旅游消费达到2577亿美元，持续保持世界第一，接近全球旅游总收入的1/5。其中，在海外消费的前三名分别是购物（25%）、住宿（19%）和餐饮（16%）。

但与此同时，我国国内旅游二次消费中的购物消费却表现平平。2017年我国旅游购物所占旅游消费的比重不足30%，与旅游发达国家和地区40%~60%的水平还存在较大差距。

中国旅游景区普遍以门票和交通工具收入为主，2018年上半年，12家上市旅游景区中，有58%的旅游景区"门票+景区客运"营收占比超过60%。

根据线上数据及线下调研，87.9%的在线景区旅游用户、87%的线下游客会在景区进行除门票和景区大交通以外的二次消费，其中以餐饮（78.6%）和购物（70.8%）为主。具有体验性的交通和休闲娱乐也是景区收入的重要组成部分。

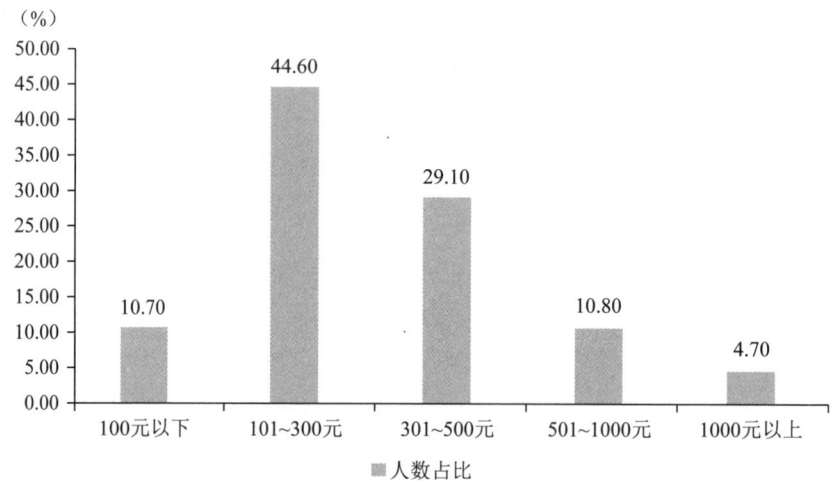

图1　2018年中国游客在景区内产生的二次消费情况

对游客消费的调研显示，游客在旅行过程中产生的额外消费金额为人均339元，远低于在海外旅行中中国游客人均762美元的购物消费。因此，中国游客具有强烈的消费需求及较高的消费实力，但景区的消费内容供给不足。

2.2.1　景区二次消费体系建设缺失

调研结果显示，90%以上的景区没有针对游客二次消费进行过系统性的一体化开发。

多数景区只是增加景区二次消费的一个环节，或是打造了景区品牌，但是没有品牌的延伸和支撑，缺乏品牌体系下的文创产品、空间场景和系统性的运营体系；或是零散地开发了几款文创产品，但因为没有景区核心品牌，产品难以形成主题系列，也没有与产品相符合的空间与运营；也有的景区进行了销售空间的主题打造，但是空间场景与景区文化的结合不足，销售的产品也较为散乱，不能激发购物欲望；景区品牌运营更成为被忽略的二次消费环节。

2.2.2 旅游景区文创产品品牌建设亟待提升

2.2.2.1 旅游景区品牌建设的意识与行动亟须加强

从调研情况看，21%的景区仅开发了单个产品子品牌，未形成统一的旅游景区文创产品品牌。景区对于旅游消费品牌的认知不足，意识薄弱。景区旅游文创产品的品牌建设长期被忽视。

通过从景区官网、国家商标局网站、线上电商平台等多个角度的数据抓取和统计，结果显示在旅游文创开发方面，全国259家5A级旅游景区拥有自有文创品牌的不到50家，占比不足20%。

从地区分布来看，可划分为两大梯队，第一梯队为华北、华东、西北地区，自有品牌数量较多，占目前全国所有旅游消费品自有品牌数量的70%以上；第二梯队为华南、东北、西南、华中地区，自有品牌数量较少。

旅游景区消费内容品牌化潜力巨大。独特的文化、风景、名人名篇、非遗项目、自然特产等都具有强大的品牌资源价值（特别是自然特产和手工艺特产），然而实际情况却是因品牌缺位使得景区在定价权、销售量、知名度等方面都处于劣势。而周边商贩则通过极低价格"劣币驱逐良币""李鬼打败李逵"，混乱的价格体系、品牌保障的缺乏令游客敬谢不敏。

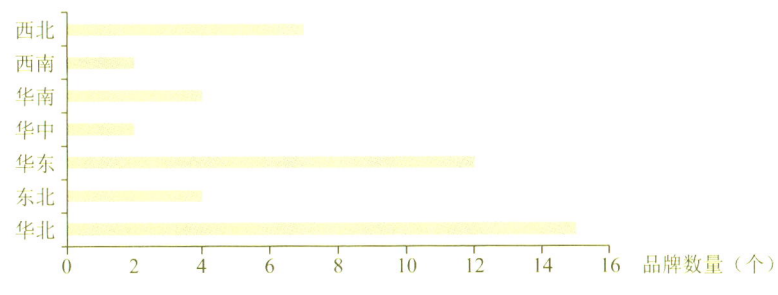

图2　各地区国家5A级旅游景区自有文创产品品牌数量

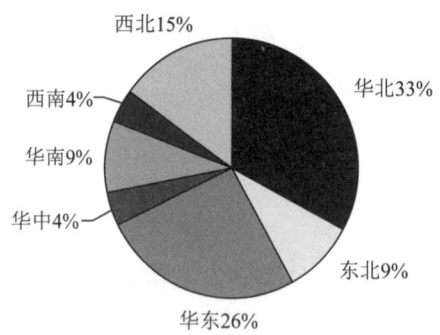

图 3　各地区国家 5A 级旅游景区文创产品自有品牌数量占比

2.2.2.2　游客对于景区消费品牌的期许不断加强

我国旅游景区整体上缺乏旅游文创产品的品牌建设，然而，依据调研数据显示，游客特别是"90 后""95 后"客群对旅游文创的品牌却非常看重。

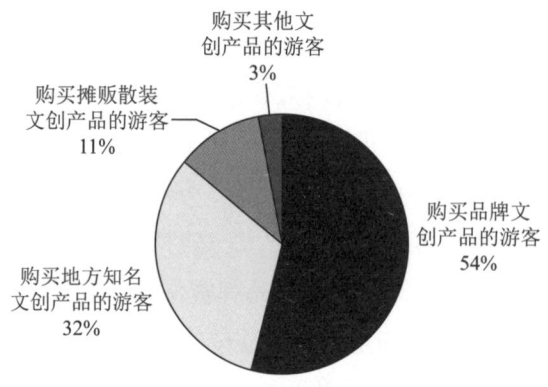

图 4　游客对旅游景区文创产品品牌的选择

数据统计，一半以上的游客想要购买有品牌的景区旅游文创产品，还有 32% 的游客会购买地方知名的旅游文创产品。在复杂的旅游购物消费中，大多数游客认为，品牌能使产品成为体面的礼品，更能为质量提供保障。

2.2.3　中国旅游景区购物消费发展现状

景区访谈和调研结果显示，目前景区旅游消费产品的供给存在着开发不足、同质化严重、质量较差等问题。

2.2.3.1 景区旅游文创产品开发严重不足

根据景区调研情况显示,属于景区自己的文创产品数量非常少,景区旅游文创产品的开发水平较低。拥有自主知识产权的景区数量不多,拥有超过100种体系化文创产品的景区寥寥无几。

2.2.3.2 不同旅游景区购物消费内容同质化严重

从全域旅游的视角看,旅游文创产品、特产及其他消费品存在着严重的同质化特点,缺乏个性化、情感化、实用化、创新化。在旅游二次消费方面,祈福红丝带、爱情同心锁、登山杖、防寒围巾、水上游船、客车索道……同类型、同功能的产品和服务在所有景区都体现出了极端的同质化,高度重复的产品和服务,令本应该独一无二的旅游体验情趣尽失。

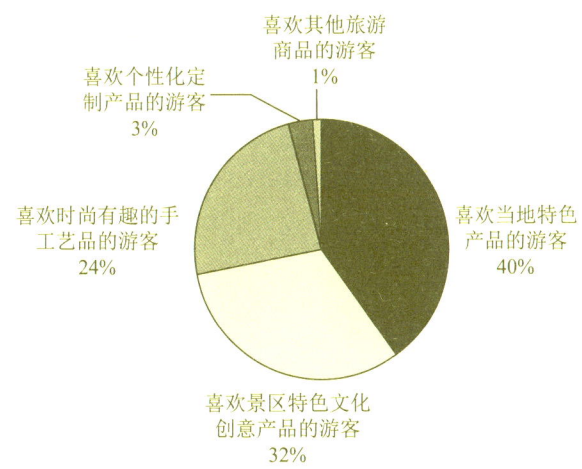

图5　游客对旅游景区文创产品的偏好

对游客进行的旅游文创产品偏好抽样调查数据显示,40%的游客选择当地特色产品,32%的游客注重旅游文创的特色性和文化性,另外,创意性和趣味性也是打动游客的亮点。

2.2.3.3 特产类产品缺乏二次升级

调研结果显示,景区特色性产品以原材料形式进行销售的占63%,进行过简单加工的占30%,进行过品牌化深加工的仅占7%。大多数景区的特色产品多以原材料销售为主,缺乏能够提升产品价值的原产地识别、溯源认证、二次加工、品牌化运作等增值运营。

2.2.3.4 旅游商品的价格与品质不成正比

游客对旅游消费品的感知调研结果显示,游客普遍认为旅游文创产品存在很多问题,如缺乏品牌知名度、不显档次以及质量欠佳等;还有一小部分游客认为商品形式老套,没有创新元素。有27%的游客觉得现有的旅游文创产品价格偏高,无法被大多数游客接受。

对于旅游商品改进意见的调研中,近四成游客希望能够开发出优质的旅游文创品牌,两成游客认为旅游文创产品应具有当地特色。

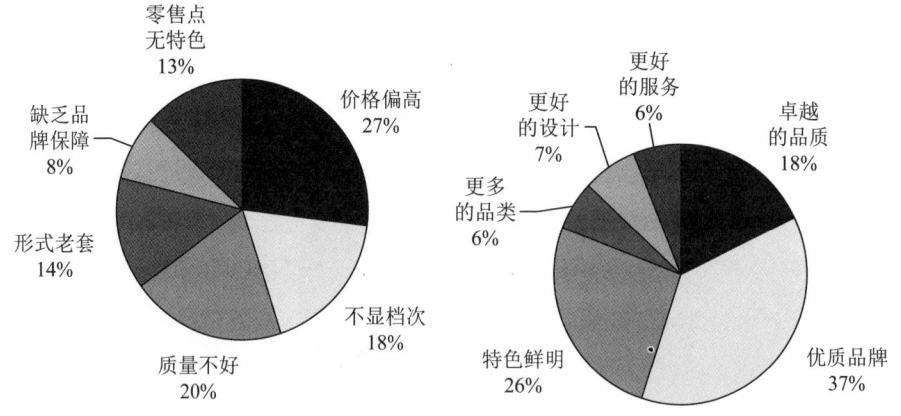

图6 游客对旅游景区文创产品的感知　　图7 游客对旅游景区文创产品的改进意见

2.2.3.5 高投入束缚旅游文创产品开发

部分景区虽积极致力于旅游文创产品的自主开发,但只是以主观的意向进行简单的文化元素堆砌,没有进行文化内涵的深入挖掘,更缺乏对旅游文创产品市场和游客需求的调研分析。比如,有的景区开发的旅游文创产品或是贵重金属,或是不易携带的大件工艺品,忽视了旅游文创产品的便携性和实用性,最终导致这些付出了昂贵设计费用的旅游文创产品并未得到游客的青睐,反而成为景区的巨大库存,只能以较低的价格进行销售。国内某景区缺乏市场调研,开发并推出了售价1000~3000元的旅游工艺品，造成长期滞销就是典型案例之一。

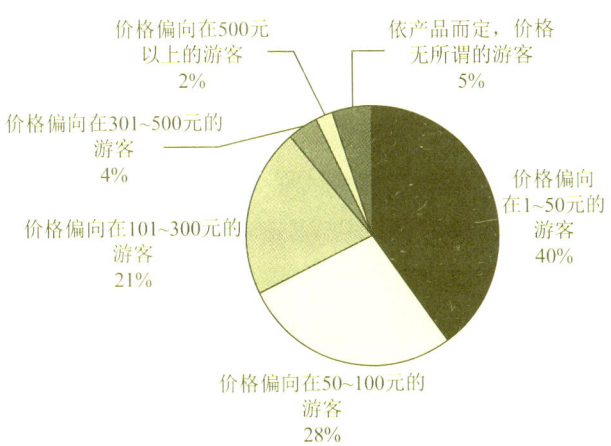

图8　游客对旅游景区文创产品的价格偏向

事实上，市场对于昂贵的旅游文创产品没有强烈需求。问卷调研数据分析显示，希望旅游文创产品价格区间在"1~50元"和"51~100元"的游客所占比例分别为40%和28%。

旅游文创产品不能得到市场认可，投入与产出不成正比，成为景区的巨大困扰，让众多景区对旅游文创产品开发望而生畏。当谈及旅游文创产品开发时，部分负责开发旅游文创产品的景区领导表示很困扰：一方面，景区已经意识到了旅游文创产品发展的趋势和市场前景，希望在旅游文创产品开发方面有所突破；另一方面，因为前期投资与收入的反差，景区对旅游文创产品开发有了畏惧心理，不得不慎重考虑是否继续追加投资。这些问题在一定程度上束缚了景区对旅游文创产品的开发建设。

2.2.4　中国旅游景区餐饮消费发展现状

中国人尤其喜欢用味道来记忆一座城市，这使旅游过程中美食消费的增长尤为显著。

马蜂窝旅游网发布的《全球自由行报告2017》提出，2017年境内旅游餐饮消费增长201%，全年，游客在旅游景区内产生餐饮消费的人数比重已占据第一（78.60%），也就是说游客在景区发生最多的消费行为就是餐饮行为。餐饮是游客在旅游过程中的刚需消费，因此，餐饮内容是景区建设和游客体验很重要的部分。

国家统计局数据显示，2017年全国餐饮收入达4万亿元，同比增长10.7%，其中旅游餐饮占比24%。

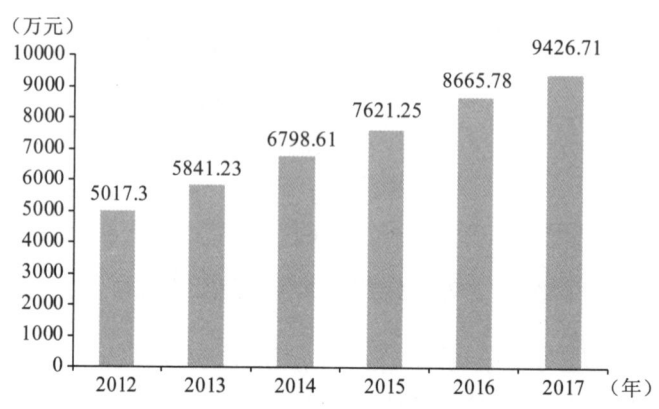

图9　2012~2017年旅游餐饮支出

数据来源：《2018中国旅游美食消费力白皮书》。

2.2.4.1　旅游景区餐饮出现两极分化

中国旅游景区餐饮呈现出很大的差异性。袁家村、宽窄巷子、锦里等景区以餐饮为主打，餐饮成为这类景区的核心吸引力。

同时，调研过程中发现，众多文化类、自然类景区将更多的注意力投入到景点建设中，往往忽略了餐饮的重要性，只是提供简单的餐食，仅能满足游客最基本的用餐需求而已，甚至很多景区的餐饮不足以支撑其正常游客量。

综合全国众多旅游城市的美食占比，64%为地方特色，35%为连锁品牌，剩余1%为酒店餐饮，景区餐饮几乎为零。

2.2.4.2　景区餐饮体验需要更有趣，更符合食物本身

约20%的景区在餐饮体验上花费了功夫，实物的专业制作过程、销售

话语、游客互动等方面都有考虑。但还有景区外卖型和堂食型的店铺划分不清，和销售的餐食也不匹配，需要坐下用餐的，座位设置太少，制作过程较为繁复的竟然作为外卖……

2.2.4.3　景区餐饮同质化严重，特色餐饮不突出

大江南北景区，总有相同的饮食，让游客搞不清楚身处哪里。

景区或者当地特色的美食和特产，未进行个性化、特色化、地方化的包装，仅是作为普通产品销售。

当地特色美食的体验不足，80%的景区给人们留下印记的是走到哪里都能见到的烤玉米、烤肠、烤红薯、煮鸡蛋、爆米花等。

2.2.4.4　旅游景区餐饮以小吃快餐为主，基础设施亟待提升

调研发现：旅游景区中，80%左右的餐饮店为小型店铺，以快速体验的美食餐饮为主。

景区餐饮美食店铺的餐饮环境普遍较差，卫生设施亟待提升，服务人员素质参差不齐，影响游客体验。

2.2.4.5　餐食味道与服务和高昂的价格之间存在落差

景区的餐饮费用普遍较高，但是提供的餐食和服务却往往让游客失望。

调研访问过程中，很多游客表示，实在是饿了才选择在景区吃，只是填饱肚子而已，没有什么舌尖享受的奢求。

2.2.5　中国旅游景区体验消费发展现状

以"体验"为经济提供物的体验经济是继农业经济、工业经济和服务经济之后的新经济形势。在体验经济时代，随着旅游者旅游经历的日益丰富而多元，旅游消费观念的日益成熟，旅游者对体验的需求日益高涨，他们已不再满足于大众化的旅游文创产品，更渴望追求个性化、体验化、感情化、休闲化及美化的旅游经历。

旅游本身就是一种不一样的体验，异地文化的体验是多元的，是旅游过程中有记忆点的文化感知形式。可以说旅游文创产品就是旅游体验，卖给旅游者的就是一段经历、一段记忆，在旅游景区中这段时间产生的经历越丰富多彩、越精彩难忘，旅游者满意度就越高，认为旅游文创产品质量高。

传统的景区在资源方面会有显著的优势，所以才能在很长一段时间内以资源取胜，现在关注到市场的变化，迎合旅游者对产品的需求，在产品提升阶段增加了游客参与度。

2.2.5.1 景区消费类体验服务水平有待提升

调研结果显示，在景区餐饮、交通、娱乐、观影观剧等消费类服务的过程中，仅有17.2%的游客表示满意，其余游客则选择了普通、不满意等选项，该类服务产品的服务水平显著制约了相关效益的发展。

2.2.5.2 景区的体验形式单一

尽管互动体验的项目在不断增多，但多是模仿，环节较少，有创意、能让游客常玩常新并且记住的招牌项目却显得那么稀缺。

2.2.6 中国旅游景区IP发展现状

日本的超级旅游IP"熊本熊"为熊本县带来了可观的旅游效益。迪士尼的IP市场拉动系数可达1∶2.5至1∶5，其衍生品、商餐、剧场、酒店、娱乐等都具有强大的价值释放能力。IP在景区中，获得越来越多的认同，场景和氛围，给游客带来的消费影响越来越大。50%的旅游景区已开发景区吉祥物，但调研发现，在大多数景区的认识和实践中只是将吉祥物当作IP，或者将IP仅仅作为吉祥物使用。

目前景区具有辨识性的IP打造仍存在一些问题，即仍然缺乏统一的识别系统、明确的主题及延伸的形象、符合景区的Logo和卡通以及围绕IP的场景，这个带来的直接影响就是，游客对景区缺乏鲜明的认知、对景区缺乏独特的感受，进而影响景区制造具有感染力的旅游消费场景，影响游客在景区内的二次消费意愿。

2.2.7 中国旅游景区其他业态发展现状

2.2.7.1 旅游演艺业态发展现状

调研结果显示，以国家5A级旅游景区为例，在259家国家5A级旅游景区当中，共有78家拥有固定演出的品牌演艺节目，占比达30.12%。

各区域拥有演艺项目的景区数量以华东地区最多，共29家，华北、华东、西北地区拥有演出的景区占比分别为58%、34%和31%。

第一部分　景区发展综述篇

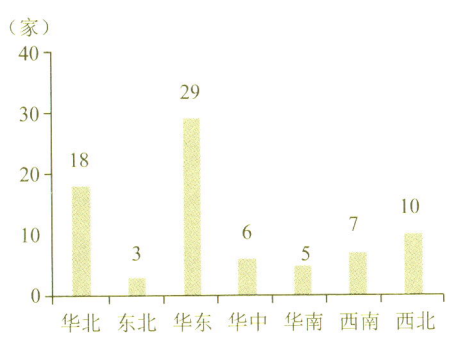

图10　各地区拥有演艺项目的景区数量

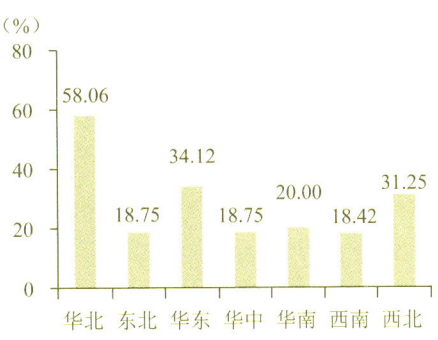

图11　各区域景区演艺项目数量占比

从旅游演艺项目类型来看，室内演出占比54%、实景演出占比41%，室内剧场式演出与景区实景演出依然是最主流的类型。另外随着科技发展以及浸入式互动体验的国际趋势，创新科技演艺项目、浸入式互动演艺项目也在不断涌现。

科技类的4D电影、球幕电影、虚拟现实等演出项目占比最少，仅为2%，具有极大发展潜力。

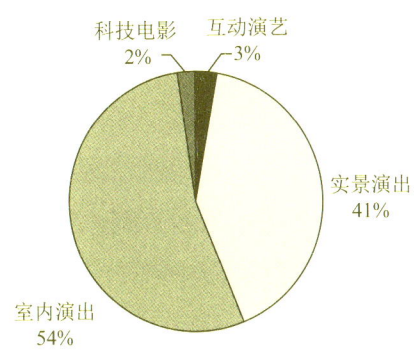

图12　演艺演出内容概况

2.2.7.2　亲子旅游业态发展现状

截至目前，我国0~14岁儿童的数量已逾2亿，预计到2020年，我国儿童人口数将达到2.5亿。未来5年，儿童消费市场总额增速有望突破20%。[①]

---

① 数据来源：中国产业信息网《2017年中国儿童PGC产业概况及未来发展趋势分析》。

调研与访谈结果显示，亲子旅游、景区亲子业态和亲子配套项目成为近年来的发展热点，各大景区纷纷深耕高频出游和高额消费的亲子客群和家庭客群。但目前国内大部分儿童旅游文创产品过度聚焦在娱乐业态或趣味性、体验性较差的第二课堂之类，而忽略对购物、餐饮、家居、教育休闲等关联业态的整合与延展，原本能更加多维立体的体验空间和消费空间变相受到了挤压，产品的格局和版图也因此而变小。其实，餐饮、休闲娱乐、教育课程甚至是酒店住宿，都能成为儿童旅游业态的一部分，亲子互动需求的共同学习空间、梦幻的居住空间等都可以成为儿童旅游业态的一部分。

2.2.8 中国旅游景区消费空间及渠道铺设现状

2.2.8.1 消费空间需要以场景讲故事

景区调研中发现，从旅游文创产品的店铺设置来看，有80%的旅游景区店铺装修普通，没有当地文化元素和时尚元素的融入，缺乏必要的软装和统一的形象规划；商品陈列方式过于简单，以传统的柜台展示为主；建筑风格上不能体现当地风情和本景区特色，部分北方景区喜欢模仿南方地区的建筑，如模仿徽派建筑风格。

其实，景区的消费空间也是景区文化内容的展示，是旅游景区讲述文化故事的重要内容组成。空间需要从品牌宣传、产品陈设、产品功能、游客心理、游客线路等整体考虑，打造具有景区文化属性、引流属性、打卡拍照属性的文化空间，通过空间讲述一段与主题相关的故事。

2.2.8.2 渠道设置单一

从渠道整体来看，90%的旅游景区存在销售渠道单一的问题。景区零售店铺是旅游文创产品销售的唯一渠道，部分景区借助游客服务中心进行销售，仅有个别景区进行了渠道拓展，如专门开设旅游文创品牌旗舰店、城市主题店、机场专卖店等。

2.2.8.3 渠道设置不合理

60%的景区旅游文创产品销售渠道设置不合理，销售渠道不在游客必经之路上，没有依据游客行为习惯，没有结合景区主题文化，那就等同虚设。

根据某些景区销售人员反映，因为销售区不在游客必经之路，想买文创产品的游客需专门寻找,店铺的游客"光顾率"很低,购买旅游文创产品的人数更少。

对于渠道设置,问卷调查分析结果显示,59%的游客希望将旅游文创产品销售点设置在景区出入口处,18%的游客倾向于将销售地点设置在景区周边,14%的游客认为将销售地点集中设置较好。

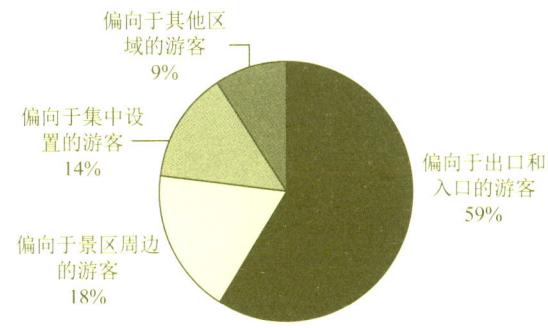

图 13　游客对旅游景区文创产品销售点的设置意向

对旅游文创渠道类型的调研显示,约 45%的游客偏向于文化特色鲜明的购物村;23%的游客选择原生态的购物市集;17%的游客喜欢精美的旅游文创旗舰店。

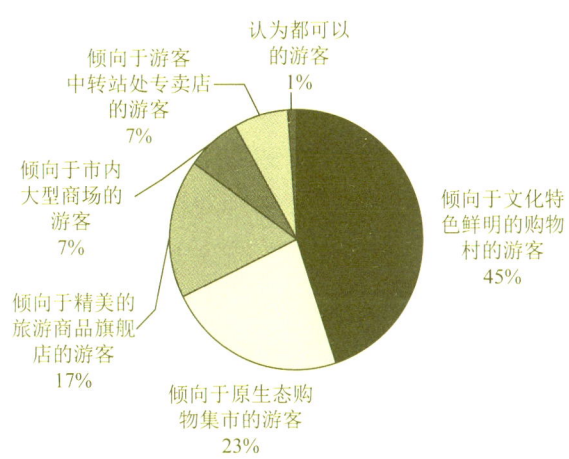

图 14　游客对旅游文创产品消费店面类型的偏好

2.2.9 中国旅游景区文创产品运营现状

2.2.9.1 无专业运营团队

专业人才是旅游景区文创产品开发工作得以顺利开展的重要支撑。而目前实际情况是景区普遍缺乏在旅游文创品牌、创意、研发、生产、销售等多方面的专业人才，导致旅游景区文创产品发展缺乏专业指导。

调研发现，绝大部分景区没有专业的旅游文创人才团队，少数景区拥有个别专业人员。一些景区曾进行过相关的专业人员招聘，但专门从事旅游文创产品开发的人才本来就不多，要组建专业团队就更难；由于景区在专项工作投入、人才专业化培训和培养方面支持力度不够，难以留住人才，人才队伍建设任重道远。

2.2.9.2 无专项运营费用

从多数景区看，旅游文创产品运营被孤立，投入不足，营销形式传统，多以传统的电视广告、户外广告、主题活动等方式为主，能通过文创产品的推广营销拓展景区形象则更少。调研的景区中，仅37%的景区有旅游文创产品运营推广建设。景区内的观光车和导视导览系统很少设置旅游文创产品的宣传广告，景区本身的传统资源平台和现代新媒体平台等优质媒体资源被忽略。多数景区在飞机场、火车站等游客中转站未进行相应的旅游文创产品宣传推广。

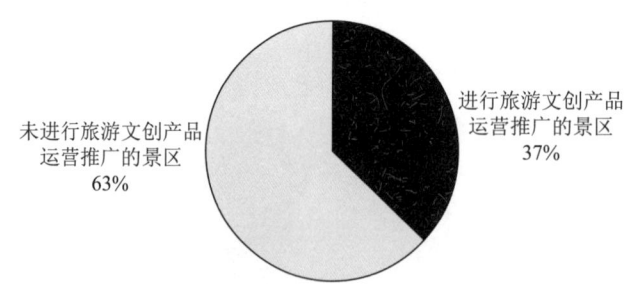

图 15　景区旅游文创产品运营推广现状

2.2.9.3 无专业运营工具

旅游景区在运营上没有借助专业的终端零售系统，没有考虑景区整体品牌、文创产品特性、景区文化体验属性等需要结合的影响因素。

2.3 中国旅游景区消费升级发展建议

解决旅游景区消费升级、实现长期可持续发展，在宏观上，需要地方政府、协会、景区、消费升级专业委员会、智库专家等协同作业，立足长项、分工合作、优势互补，从而通过旅游消费建立景区创新发展的新动能，以景区带动旅游产业，以产业带动区域经济，实现旅游消费和全域经济的可持续共同增长。

在微观上，需要从景区自身资源和特征出发，对旅游二次消费业务的提升与发展做出战略高度的研判，将旅游消费业务作为景区未来的重要支柱型业务来重视、发展。首先，在管理机制上建立专业化部门，并由景区一把手直接领导负责；其次，在品牌建设、市场推广和品牌合作、授权开发等方面配备专业化人才；再次，在销售渠道建设方面，从人力资源上配齐线上线下运营及管理团队，尤其要建设现代化管理的、高效的一线销售队伍；最后，广泛展开公关活动，参加会展、联络垂直KOL合作、参与影视剧、节庆活动等大流量活动。在此基础上，全面实施品牌、产品、终端、运营的一体化发展战略，全面实现游客用户化、消费常态化、产品多元化、渠道精致化、运营网络化等目标，从而形成景区收入结构合理化、发展模式多元化的良性可持续发展模式。具体有以下五个方面的建议。

2.3.1 坚持市场和用户导向

景区行业的发展必须打造具有对产业和人员等各要素具有吸引力的环境，力求坚持市场导向、符合市场规律，遵循市场经济环境，主动适应市场需求。同时景区的特色定位、项目投资和市场营销以及景区发展方向都将围绕游客开展，对游客消费习惯的分析程度将直接影响景区的决策和发展。市场的发展趋势和游客的消费行为将是景区消费升级的核心决策依据，并且是景区下一步针对性产品和服务提升的依据。

2.3.2 推进一体化体系建设

体系是整个景区品牌新消费建设的灵魂指引，确定的体系将全方位贯穿整个景区。以市场需求为导向，以社会效益、经济效益等综合效益为衡量旅游景区品牌价值的准则，体系化建设可以形象而直观地向游客传达景区元素和产品理念，在一定程度上能够与景区形成相互融合、相互促进的良性互动。逐步推动旅游景区加快由门票经济走向以文化、体验、消费为内核的多元产业经济，加快由景点观光向文化旅游、体验旅游转型升级。

2.3.3 进行内容型业态规划

内容型业态通过创意实现资源与文化、科技的融合，针对不同的消费群体，开发与景区文化相契合的业态形式，如文创产品、文创餐饮、特色小吃、主题互动等。用内容锁定游客，传递核心品牌，将游客变成景区内容的粉丝和长期消费者。借此满足消费者的物质需求和精神需求，传递出景区的品牌文化理念。同时以创新设计、时尚元素等进行创意表达，提升产品价值，拉长业态内容的生命周期。

2.3.4 完成场景式空间布局

一个具有生命力、高价值的旅游景区，应该是承载了地方文化、地方情感、地方艺术和地方人文关怀的综合体。通过景区新内容、新产品、新业态、新场景的提升打造，通过空间与空间的对话，赋予景区独属的品牌价值和生命力。在此基础上通过品牌旗舰店、主题店、市集、售货亭、跨界营销等方式完成渠道体系建设，从而实现景区品牌文化的传播和覆盖。

2.3.5 打造标准化运营体系

保持景区品牌定位唯一性及一体化战略是景区打造标准化运营体系的原则，通过智能化服务、线上线下网络宣传、数据可视化以及导游系统、商业系统、培训系统、导视系统相结合，有主题、有方向地面向用户进行品牌推广和项目推广。以业态内容的推广带动景区营销，以景区推广带动文创产品的销售，确保旅游商品品牌文化的持续传播和一体化贯穿。

2.4 中国旅游景区消费升级发展趋势

景区的消费升级要深入贯彻习近平总书记围绕着人民群众对幸福美好生活的追求来实践的"惠"民生精神，积极落实"旅游+"融合发展、深化"旅游+农业"供给侧改革、积极培育旅游消费惠民新动能三项任务，推动以景区作为区域文化、科技、产业、经济建设的核心品牌和枢纽平台，建设文旅融合、农旅融合、科旅融合、区旅融创四大工作机制和抓手项目。

2.4.1 文旅融合

景区消费升级将以大 IP、大市场、大场景、大需求为导向，以文兴旅，以旅彰文，通过国宝+情怀游、红色+献花游、书+慢旅游、P+亲子游、华服+美拍游等概念，为景区打造文旅融合新增长点。

2.4.2 农旅融合

景区消费升级将深入推动城市—农村一、二、三产业融合创新，以旅游壮大产业市场，推动品牌建设，通过"名物记"特产名物+体验游、"走马记"+特色交通游、"觉味记"特色名吃+美食游等概念，打造乡村特色产业基地、特色旅游项目和特色产品业态。

2.4.3 科旅融合

景区消费升级将引导"互联网+"、互联网金融、AI 科技、VRMR 项目等科技成果与旅游产品进行结合，通过"白游"+旅游互联网金融、AI 美学+夜游项目、气象服务+旅游项目等概念，开发出景区业务的新增长点。

2.4.4 区旅融创

景区消费升级将通过旅游经济协作区的运作，深化区旅融合发展，带动脱贫攻坚，实现项目扶贫、产业扶贫和旅游扶贫，一方面通过景区和在地经济发展普惠民生，另一方面通过资源聚合、深化改革，为大众提供更优秀的物质产品和精神文化产品。

2.5 中国旅游景区协会专业支撑

为深入贯彻落实国家发展改革委发布的《关于完善国有景区门票价格

形成机制降低重点国有景区门票价格的指导意见》，响应"文化＋旅游"的号召，紧扣绿色发展理念和"十三五"期间旅游业发展规划，在生态和谐的基础上，引领景区会员单位深入学习绿色、创新的发展理论，向创新要发展、要效益。开发创新项目、培育创新机制，实现中国旅游景区消费升级、创新发展。经中国旅游景区协会批准成立中国旅游景区协会消费升级专业委员会。

中国旅游景区协会消费升级专业委员会将成为超级IP、多元文化、创新理念、前沿技术、创意设计等文化交流平台，成为供应链、服务商、渠道商广泛合作平台。专业委员会将以前所未有的开放与合作，探索旅游行业创新的各种可能，推动旅游景区的跨越式发展，引导各行业强资源与旅游产业深度融合。同时将严格根据《中国旅游景区协会章程》规定，积极组织成员单位参加协会主办的各项活动。同时建立景区消费升级"521"工程。

5项重点工作：创新展会、论坛培训、调研辅导、考察交流、会员服务。

2个平台机构：中国旅游景区协会消费升级研究院、中国旅游景区协会消费升级金牌服务平台。

1个计划："美丽中国"共同行动计划。

2.5.1 五项重点工作

2.5.1.1 创新展会

从文化到内容，从IP到大数据，从亲子到体育，从渠道到运营的跨领域融合，推动旅游产业以开放、合作、融合为宗旨的创新发展，以新内容、新场景、新消费为方向，打造景区行业消费创新发展为使命的旅游赋能大赏。

2.5.1.2 论坛培训

论坛培训以行业动态、创新理念、实操经验和案例辅导等为内容；通过战略规划、前沿展示、授课培训，应用大数据模拟精准运营，从而解决新阵地、新热点、新环境、新平台下景区单位的基因重构和模式创新等问题。期望通过高管人员的培训实现以点及面、自上而下的旅游创新发展。

2.5.1.3 调研辅导

调研辅导工作主要通过考察景区二次消费项目、非遗资源、特色文化、特色演艺、特产品牌等资源禀赋，以及现有的商业业态，调研消费升级方面的困难、问题等，进行针对性授课，共同提升理念，发现机遇，最终实现运营升级。

2.5.1.4 考察交流

举办国内外先进景区企业的学习、参观、考察、会谈等活动，站在国际视野了解行业新理念、新思路、新内容，推动文化旅游业的国际化发展，开拓合作共赢更加广阔的空间。

2.5.1.5 会员服务

专业委员会将依托中国旅游景区协会中国家 5A 级、4A 级共计 600 余家旅游景区单位，建立会员服务体系，帮助会员进行消费升级项目落实及产业发展升级。

（1）景区优质供应商评选服务

专业委员会将整合优质供应商资源，并对其进行有效的行业百强评选，为景区单位提供高品质服务。

（2）项目扶持及孵化服务

专业委员会将搭建项目孵化平台，会员单位可获得专业委员会提供的会刊、会员名录及相关行业资料，享受中国旅游景区协会提供的景区行业信息、咨询等各种服务。

（3）项目推介及合作服务

专业委员会将搭建行业信息交流平台，会员单位可通过平台进行项目推介、项目交流、项目合作等。

2.5.2 2 个平台机构

2.5.2.1 中国旅游景区协会消费升级研究院

研究院将进行相关专业领域的理论研究和实操应用研究，及时向中国旅游景区协会提供本专业领域业务发展情况及有关信息，每年发布《景区消费升级创新发展年度报告》。并组织"景区消费升级创新发展高管培班""景区消费升级创新发展实务培训班",培养及输出景区行业优秀人才。

2.5.2.2 中国旅游景区协会消费升级金牌服务平台

专业委员会金牌服务平台是旅游景区领域消费升级的专业内容发布者,是专委会针对会员单位提供的贴身服务管家以及在线服务的客服机构,致力于实时为会员单位的管理及基层人员提供贴身帮扶。

（1）项目孵化平台

项目孵化平台将为景区单位提供一体化孵化创新服务,进行资源整合、内容策划、内容研发、内容落地、持续运营、渠道建设、金融及版权运营等全方位的梳理,建设基于内容商业的模式、盈利模型,致力于推动旅游景区产业创新及全面融合发展。

（2）新供应链平台

依托中国旅游景区旅游文创研发基地,基于柔性生产、智能制造的优质供应链库,为景区文创的打造、消费升级项目的建设提供最优的落地解决方案。

（3）渠道支撑平台

依托全国景区渠道、全国书店渠道、全国综合商业体渠道为景区消费升级产品提供顺畅的销售渠道。

（4）消费大数据平台

运用大数据分析能力,实施"互联网+旅游"创新计划,对景区的用户画像、旅游行为、消费行为等数据进行搜集、整理和综合研究,形成相关研究报告,并为景区单位提供个性化信息系统服务。

2.5.3　1个计划

开展"美丽中国"共同行动计划。

专业委员会将联合全国百余城市千家景区,依托强大的文化资源、设计资源、泛娱乐资源,打造"美丽中国"专属行动计划,助力景区发展消费升级产业、建设消费升级品牌,从而完成景区大品牌的整体升级。

中国旅游景区协会消费升级专业委员会将在中国旅游景区协会指导下,研究和探索旅游景区运营提升、消费升级等相关内容,为景区服务,为行业服务，在政府、行业、市场与景区单位之间发挥桥梁作用，助力景区单位可持续健康发展。并诚挚邀请各单位加入中国旅游景区协会，并作为中国旅游景区协会消费升级专业委员会成员，同谋行业发展，共享行业福利，依托协会优势及景区资源，为改善和提升景区消费现状及行业升级做出贡献。

（中国旅游景区协会消费升级专业委员会）

3 景区门票定价驱动提质增效新模式

景区是旅游业发展的重要核心资源，其合理开发及有序管理是旅游业健康持续发展的保障。面对近日国家的门票限价新政和新时代旅游者个性化、深度化、自主化的消费需求，旅游景区亟待加速构建新动能，实现由"单一景点向全域旅游""传统观光向深度体验""单一粗放经营向多元优质供给"的创新发展。基于此，中国旅游景区协会发起此次调研。由旅游景区协会旅游开发运营专委会发布的《景区门票调整影响及创新发展研究2018》通过对景区门票定价及收入结构、景区经营成本、收入结构现状、产品和服务供给等方面的调查，结合政策导向和实际案例，探究景区降价后的创新发展思路。

3.1 景区创新发展的时代背景

3.1.1 旅游行业战略地位逐步提升

改革开放以来，我国实现了从旅游短缺型国家到旅游大国的历史性跨越。"十二五"期间，旅游业全面融入国家战略体系，走向国民经济建设的前沿，成为国民经济战略性支柱产业。"十二五"期间，《中华人民共和国旅游法》的公布实施，代表着现代治理体系的初步建立，《"十三五"旅游业发展规划》首次将旅游纳入国家重点专项规划，意味着旅游业将对社会发展产生深刻的影响。

3.1.2 品质化成为新时代下旅游需求主流

在移动互联网的发展与新媒体的出现、共享经济的盛行、AR新技术等创新因素的催动下，自主时代的旅游将向全域智慧、规划创新、产品创新、商业模式颠覆等方向发展。人民群众休闲度假需求快速增长，对基础设施、公共服务、生态环境的要求越来越高，对个性化、特色化旅游产品和服务的要求越来越高，旅游需求的品质化和中高端化趋势日益明显。

3.1.3 景区是中国旅游业的"中流砥柱"

根据国家文化和旅游部公开数据，截至 2018 年 10 月，全国共有景区 3 万多家，其中国家 A 级旅游景区 10300 多家，包括国家 5A 级旅游景区 259 家，国家 4A 级旅游景区 3034 家。在我国旅游上市公司中，景区类上市企业占半数以上，包括黄山旅游、北部湾旅、云南旅游、丽江旅游、西藏旅游、张家界、长白山、峨眉山、九华旅游、曲江文旅、桂林旅游、西安旅游、海昌海洋公园、大连圣亚在内的景区类上市公司的经济运行指数在旅游业中连年稳居前列，优质的自然景区、人文景区、主题公园类景区的开发、经营和管理也日益为社会资本所青睐，由此带来的丰富业态、多元化市场需求和 IP 资源，为景区发展注入了新动力，加速了景区和各产业要素的深度融合。无论是从数量规模来看，还是从市场认可度来看，景区都堪称中国旅游业的"中流砥柱"。

3.1.4 景区"限价令"倒逼景区转型升级

2018 年《政府工作报告》建议降低重点景区门票价格，同年 6 月，国家发展改革委发布《关于完善景区门票价格形成机制降低重点国有景区门票价格的指导意见》，意见要求，2018 年降低重点国有景区门票价格任务要取得明显成效。作为积极扩大消费的一项举措，国有景区给予了积极回应。国家发展改革委发布消息称，截至 9 月 28 日，各地已出台实施或发文向社会公布了 981 家景区免费开放或门票降价措施，其中国家 5A 级、4A 级旅游景区占比超过 7 成。981 家景区中，74 家免费开放，907 家降价。降价景区中，门票价格降幅超过 20% 的有 491 家，降幅超过 30% 的有 214 家，合计占降价景区的 77.9%。国有景区降低门票价格势必要通过创新收益模式进行收益弥补，要求景区在转型探索中改变发展模式。

实际上，从吸引力上看，中国景区的发展经历了从包装吸引核到创造吸引核，再到多种方式创新吸引力的三阶段过程；从消费模式与消费供给上看，经历了从单一消费到多元消费，从观光业态到购物业态、娱乐业态、游乐业态、餐饮业态、体验业态、养疗业态、运动业态、会展业态、居住业态等全消费多业态综合发展。中国家庭化消费强、周末休闲欲望强、餐饮文化特殊、好热闹等特点必将引导景区产品的全面创新并创造出中国特色。一场没有硝烟的景区革命已经展开。

3.2 我国旅游景区门票研究

3.2.1 景区门票现状分析

3.2.1.1 景区门票以政府定价为主

景区门票以政府定价和政府指导价为主,这与多数景区是国有景区有关。

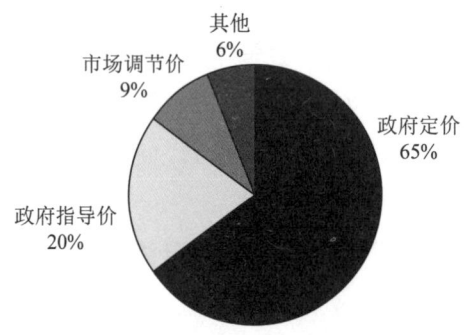

图 1 景区门票定价依据

3.2.1.2 景区售票结构多样,各类景区套票约占七成

景区在售入口大门票,占 32%;入口大门票+内部交通票,占 22%;入口大门票+内部景点门票占 22%。除单独入口大门票外的各种套票约占七成。

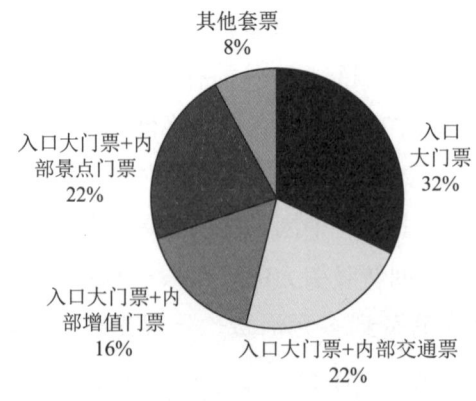

图 2 景区出售的门票类型

3.2.1.3 景区多以线下售票处售票为主,线上平台售票量占比较小

七成以上的景区主要通过线下景区售票处销售门票;六成以上的景区线上平台销售门票占景区门票的比例不到20%。

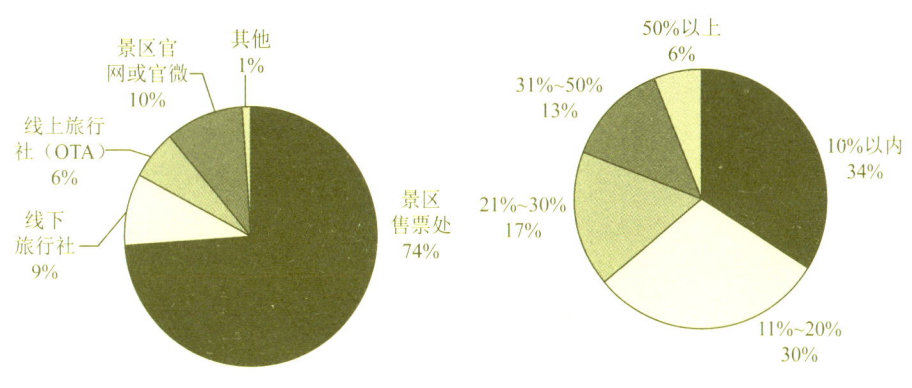

图3 景区销售门票方式　　图4 景区线上销售门票比例

3.2.1.4 六成景区的门票收入占总收入60%以上

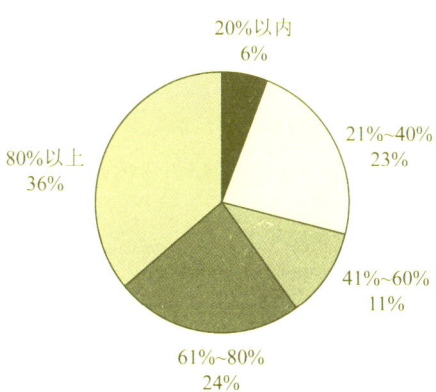

图5 门票收入占总收入的比例

3.2.1.5 景区门票价格以 51~100 元为主（约占 44%）

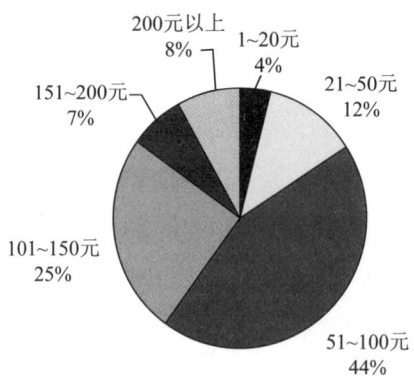

图 6　景区门票价格

3.2.1.6 景区实行淡季和团体优惠制度，近五成景区的优惠比例在 20% 以内

各个景区在淡季都会实行门票降价优惠制度，但大部分景区（约46%）淡季票价实行的优惠比例在 20% 以内，另有 28% 的景区门票优惠比例达到了 50%。

近五成景区对团体票价的优惠比例超过 20%，优惠比例在 11%~20% 的景区占 26.8%，优惠比例在 10% 以内的景区占 25.6%。

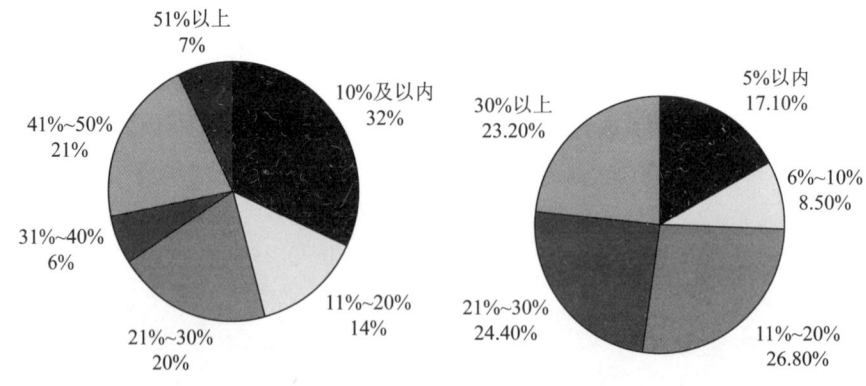

图 7　景区淡季门票优惠幅度　　　　图 8　景区团体票优惠比例

3.2.2 景区门票定价的主要影响因素

旅游景区定价的影响因素很多，综合调研考察的现状分析，可以发现景区门票价格与景区等级直接相关，与接待人数不成正相关关系。

3.2.2.1 景区等级与门票价格直接相关

景区的等级体现了旅游资源的价值，景区门票价格和景区等级的相关性最高。

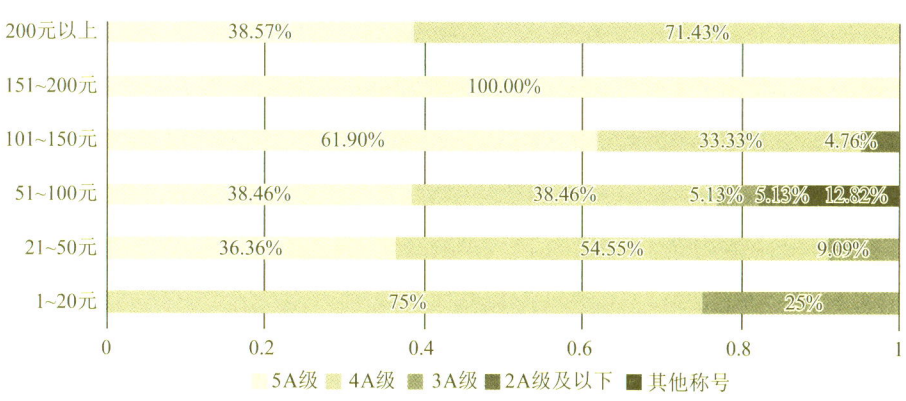

图9　各等级景区门票定价情况

3.2.2.2 景区门票价格与接待人数不成正相关关系

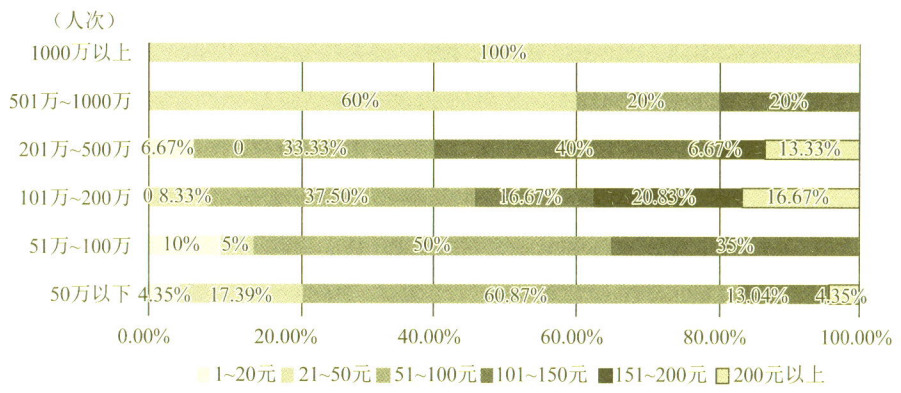

图10　景区接待人数与票价的关系

3.2.2.3 景区门票价格下降或取消对景区的游客量影响不大

景区门票价格下降或取消后，72%的景区表示对景区年度游客量的影响不大。

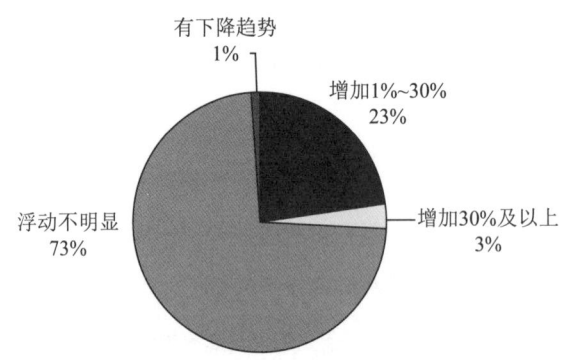

图 11 景区门票价格调整对年度游客量的影响

3.2.2.4 景区门票价格下降或取消对景区团体游客量影响不大

景区门票价格下降或取消后，59%的景区年度团体游客量无变化，23%的景区团体游客量增加，18%的景区团体游客量减少。

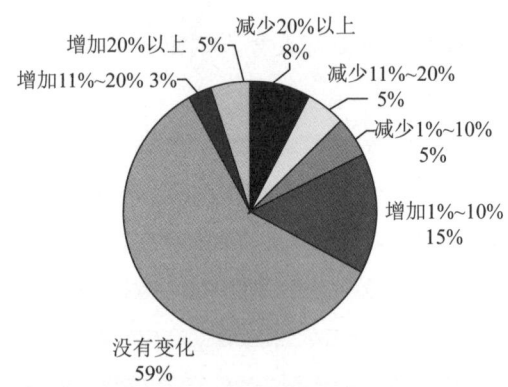

图 12 景区门票价格调整对团体游客量的影响

景区门票价格下降或取消对景区游客量影响不大，黄金周和节假日是景区游客量的主要贡献期，在旅游旺季，景区门票价格调整或下降对景区游客量影响不大，而在旅游淡季，大部分景区会实行淡季优惠门票制度，因而不存在门票降价问题。

3.2.3 景区门票价格调整四大层次

景区在应对门票价格调整时要考虑四个层次的问题：三类资源、三大成本、三大回报和四个目标方向。

3.2.3.1 区别对待三类不同资源

景区依托的三类资源指自然资源、文化资源和聚落资源。其中，聚落资源是指聚集了鲜活原住民的街区或村、镇、城，与一般意义上的自然资源和文化资源有较大差距。由于三类资源在呈现形式、发展特征等方面的差异，这三大类型资源的开发需要区别对待，尤其是在开发结构、投资结构、回报模式等方面。例如，自然资源区域的开发注重生态的利用和保护；文化资源区域的开发重点在于体验和休闲；聚落资源区域的开发需要当地原住民的参与，并建立与当地居民合理的利益分配机制。

3.2.3.2 充分考虑三大成本

一是产品开发成本，也可称为投资成本。二是产品升级服务成本。三是资源的保护与维护成本。景区应该积极核算景区成本，充分考虑如何用市场化手段增加回报。

3.2.3.3 通过三大回报体系增加营收

一是门票价格回报，以往"门票"是投资回报体系的基础，门票价格的调整将打破这一主体回报要素。二是景区的基本服务回报，如进入景区后的餐饮、交通、购物等基本服务收入，也有可能成为景区收入的主要部分。三是多业态、多要素的增值服务回报，景区通过针对不同层次、不同需求、不同消费能力的人群，提供多样化的服务，从而刺激消费产生增值服务性回报。

3.2.3.4 未来门票发展目标方向

政府希望通过降低门票价格促进消费，刺激全域旅游的发展，增强人民群众对美好生活的需求。未来景区门票价格势必会有进一步地调整。作为景区要有准确的预期和充分的准备。门票的发展目标将是：第一是鼓励

"0"门票,第二是保障较低门票,第三是促进弹性门票,第四是引导市场化增值服务大提升。真正实现以上目标,并不是要一刀切地取消门票,而是应该对于不同景区区分对待,形成复合景区开发运营的指导模式,指导国有景区有序健康地发展。

3.3 景区创新增收现状研究

3.3.1 景区收入结构情况

景区以门票收入为主,其次是交通收入和餐饮收入。据2017年景区项目收入占比情况(单项收入/总收入)显示:45%的景区门票收入占比超过50%,31%的景区交通收入占比超过10%,24%的景区餐饮收入占比超过10%,旅游商品收入、住宿收入、文化演艺收入及其他项目收入的占比多在5%以下。

3.3.2 景区创新产品现状

3.3.2.1 景区产品或服务的研发经费投入少,产品或服务更新频率低

近三年,近七成景区的年产品或服务研发经费占总收入比例不到5%;景区推出新产品或服务的频率多是一年一次,部分景区两年以上才推出一项甚至不推出新产品。

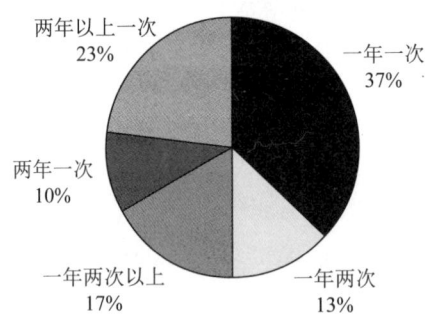

图13 景区推出新产品或服务的频率

3.3.2.2 大部分景区开展了线下深度体验活动，主要是教育类、民俗类和赛事类

景区目前开展的线下深度体验活动主要有文化研学类、亲子教育类、民族风俗类和体育赛事类。八成以上景区有节事活动，其中一年两次及以上的景区占 39%。

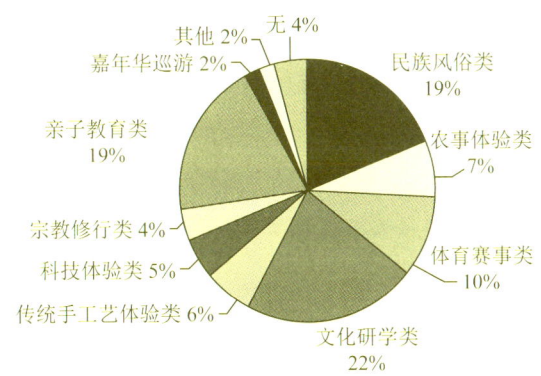

图 14 景区线下深度体验活动情况

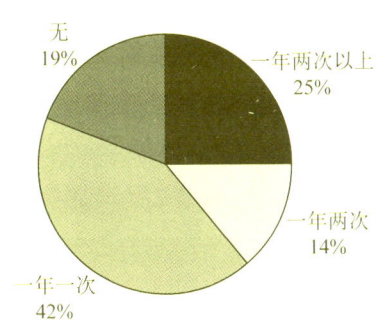

图 15 景区每年举行节事活动次数

3.3.2.3 文创类产品备受景区推崇，但开发层次亟待深化

目前半数以上的景区开发了演艺类产品，主要有剧场演艺类、巡游表演类、山水实景演艺类以及其他类演艺活动。景区特色旅游商品开发仍以传统的旅游纪念品、名优土特产或农副产品为主，但已开始涉足文化创意

商品、生活类工艺品、影视传播等领域。而 80% 以上的景区未开发知识付费产品。

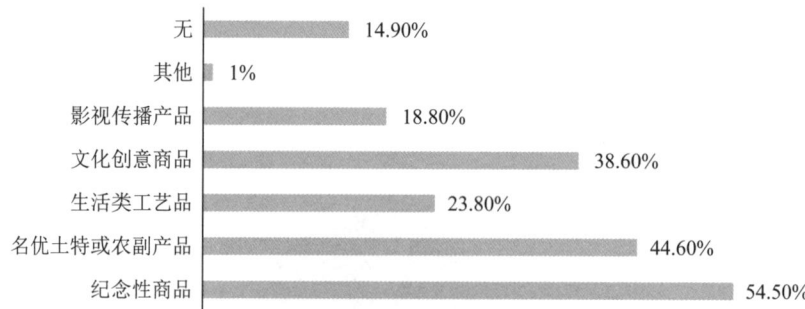

图 16　景区特色旅游商品开发情况

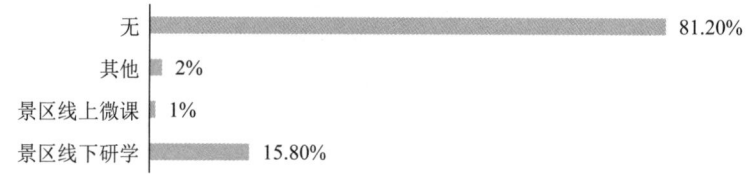

图 17　景区开发知识付费产品情况

3.3.2.4　景区科技类产品崭露头角，四成景区有 VR、AR 产品或项目

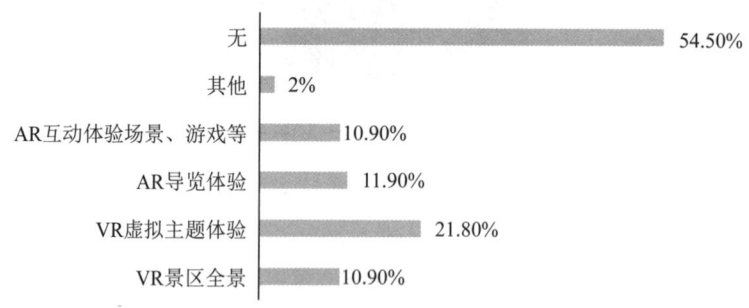

图 18　景区 VR/AR 使用情况

3.3.2.5 景区二次消费项目开发主要集中于餐饮、购物等传统基础消费领域，并青睐游乐探奇类项目

景区近期计划开发二次消费项目主要集中在旅游餐饮、旅游购物、游乐/探奇/户外运动、酒店/民俗等传统基础消费领域，对旅游演艺/剧场、主题展馆、室内娱乐、景区交通等领域也有涉及。其中，特色旅游商品开发以传统的旅游纪念品、名优土特产或农副产品为主，并开始涉足文化创意商品、生活类工艺品、影视传播等领域。

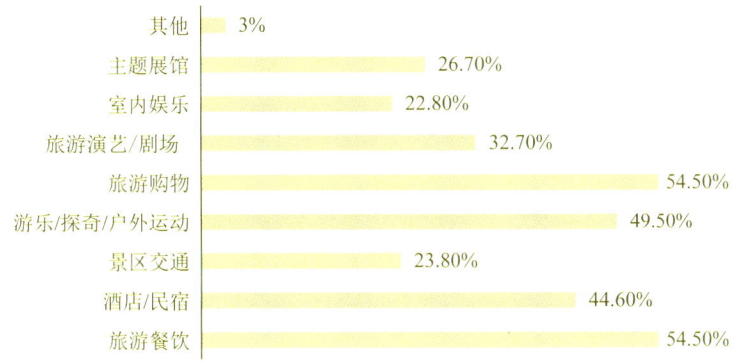

图19　近期景区计划开发项目类型

3.3.3 景区创新服务现状

3.3.3.1 景区智慧化成为趋势，但景区电子门票渗透率仍然比较低

大部分景区拥有电子门票管理、应急响应和处理、智慧购票、车辆疏散和救援等智慧旅游服务系统。但景区电子门票的渗透率低，近六成景区没有电子门票或电子门票渗透率不到10%。

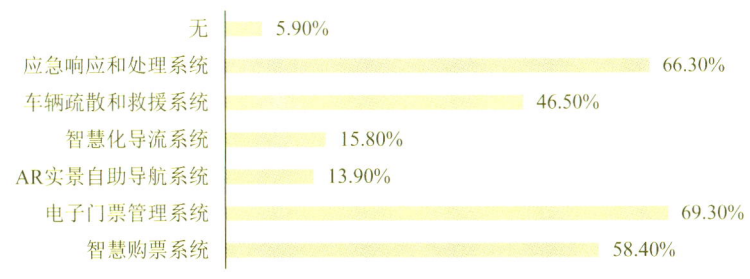

图20　景区智慧化服务情况

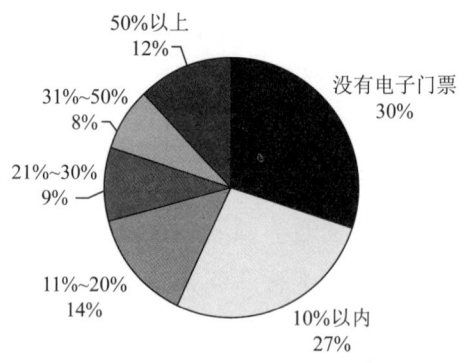

图 21　景区电子门票渗透率

3.3.3.2　景区服务水平提高，大部分景区提供增值服务

仅 4% 的景区没有提供诸如免费 Wi-Fi、多语种讲解、景区地图或导览图、免费行李物品寄存、免费便民物品等多种增值服务。七成以上景区提供免费 Wi-Fi 和景区地图，五成以上景区提供免费行李寄存、多语种景点讲解、免费针线包等便民物品。

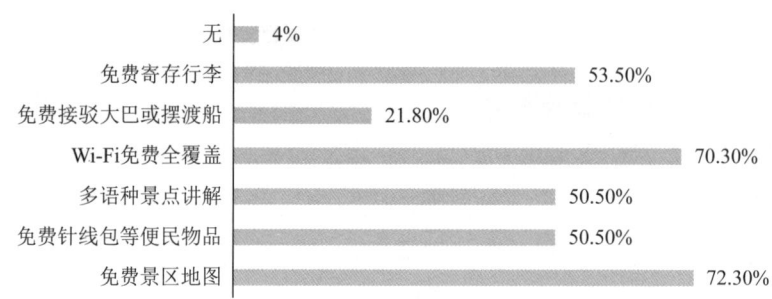

图 22　景区增值服务

3.3.4　景区营销推广现状

3.3.4.1　多数景区有营销意识，会为景区内的商业项目做系统推广宣传

75% 的景区有为其区内商业项目做系统推广的意愿，仅有 25% 的景区未对其商业项目做系统推广。

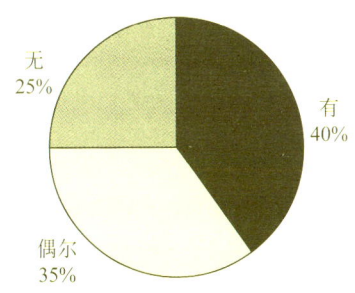

图 23 景区商业项目是否做系统推广

3.3.4.2 景区营销推广投入力度小，七成景区的营销经费不到总收入的一成

近三年，七成景区的年营销推广经费占总收入比例不到 10%，其中四成景区的年营销推广经费占总收入的比例低于 5%。

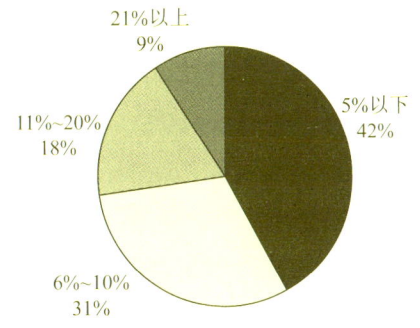

图 24 近三年景区年营销推广经费占总收入比重

3.3.4.3 营销方式以在传统媒体营销为主，多数景区还采用了新媒体、节庆等营销方式

在营销推广方式上，88.1% 的景区运用了传统媒体营销，75.2% 的景区运用了新媒体营销，73.3% 的景区运用了重大节庆营销，39.6% 的景区运用了主题赛事营销。

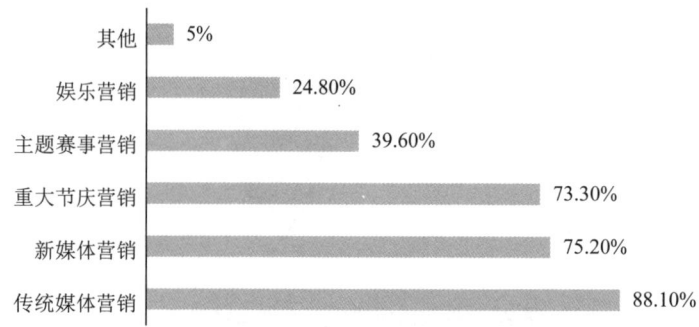

图 25　景区营销方式选择

3.3.5 景区创新增收难点

3.3.5.1　景区创新产品开发的难点主要是缺人才、缺资金、缺项目以及体制约束

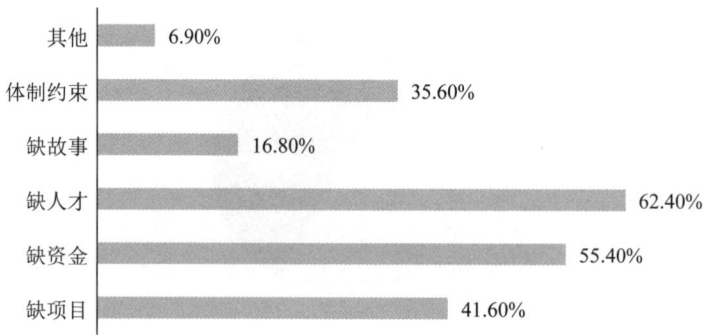

图 26　景区二次消费开发难点

3.3.5.2　景区年产品或服务研发经费投入不足，产品创新开发难度大

景区年产品或服务研发经费占总收入比重小。67%的景区在产品或服务方面的研发经费占总收入的比重不到5%。

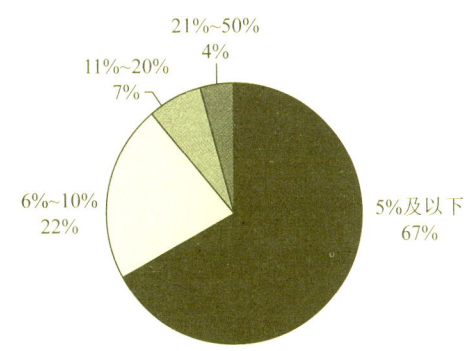

图27 景区年产品或服务研发经费占总收入的比重

3.3.5.3 景区缺乏统管机构，合理建设推进难

从景区发展横向看，中国的自然山水景区有自然保护区、森林公园、风景名胜区、地质公园、水利风景区、国家A级旅游景区等，头衔、"帽子"繁多，由各个部门分别管理，这种分割的行政管理体制严重阻碍了景区统一管理及发展。从纵向看，景区管委会与主管上级、与当地政府各行政部门单位的关系不明晰，旅游景区多是政企管理不分家，加之不同利益主体间的多样化利益需要及利益分配问题，使得景区管理混乱无序，项目建设推进难。因而，中国旅游景区要想规范管理快速发展，必须突破管理体制束缚，实施政企分开，规范景区经营管理。

3.4 多业态下的景区综合开发及提升建议

大部分景区收益以门票收入为主，景区门票价格的下降或取消势必会影响景区门票收入，因而不难理解景区对该政策的消极反应。在景区门票价格下降或取消后，面对运营成本压力，景区必然会选择通过发展多业态产品与服务，包括景区二次消费产品和服务，来拓展景区非门票收入，因而必然会形成以非门票收入开发为主要内容的发展结构，即多业态下景区综合开发。

多业态下的景区综合开发有两个方向：业态升级和综合化开发。

3.4.1 景区业态升级

景区业态升级,既要有量的增加也要有质的提高。景区要形成业态丰富、业态多样化、供给充足、配比合理的整体布局,要发展多样化的游憩方式和游憩结构,形成景区多收入来源。同时,要注重提升景区业态产品质量及服务水平,发展高品质、高标准、高水平的景区业态产品与服务,从内涵上增强景区业态的创收能力。

景区要紧跟游客需求特征及发展趋势,结合自身优势资源,深掘本土文化,发展具有景区文化特征、能够全面满足游客旅游需求的多业态产品和服务。同时,景区要强调食、住、行、游、购、娱、厕、导、智、商、养、学、福、情、奇、文、体、农十八大业态本身的升级,要注重培养一批业态精品和品牌,通过景区业态产品与服务的升级,提升景区整体业态服务水平,从而促进景区转型升级。

3.4.2 景区综合化开发

景区综合化开发包括景区内综合化开发和景区外综合化开发。中国景区的综合开发经历了从接待型景区、到此一游型景区、休闲型景区到主题体验与养生度假型景区的演变升级。景区内综合化开发要遵循休闲化、度假化、深度体验化和多元服务化的"四化"要求和方向,以度假型景区为例,景区要综合考虑观光、吃、住、养生、运动、生活服务、文化交流、社会交往等多种度假需求,以及景区本身的自然、文化、设施资源等本底支撑,统筹发展旅游餐饮、住宿、娱乐、购物、体育、康养、社会与生活服务、文化与文娱等多种业态,从而形成休闲化、度假化、深度体验化和服务多元化的景区多业态消费结构。

景区外综合化开发要形成多业态聚集目的地、多业态消费聚集区,而多业态消费聚集又与景区内部的综合化相呼应,从而构成景区外部综合化发展。景区内部综合化和景区外部综合化相辅相成、相互联动,十八大业态形成区域业态聚集、多消费结构发展的方向导向,从而形成景区业态综合化开发的升级结构。

3.4.3 景区的转型提升建议

传统景区要创新增收模式，突破发展中面临的主题、产品、管理、收益等问题，就必须调整开发思路，提升运营水平，对接市场需求，找准发展方向，其转型机制可概括为：内强素质、外塑形象。

内强素质，是指景区要深度挖掘资源价值，创新产品供给，提升景观创意水平，完善旅游要素相关服务，加强基础设施建设，实现由"到此一游"的观光模式向深度化、体验化、优质化的综合休闲度假模式的转化。外塑形象，是指景区要以市场需求为导向，通过项目的整体包装和营销方式的创新，塑造独特的品牌内涵与形象，从而提升游客的出游消费意愿。同时，景区要加强与旅游相关企业、机构及服务供应商的互通合作，扩大景区影响力，从而拓展客源市场。内强素质与外塑形象，是景区转型升级过程中不可分割的两部分，两者互动共进才能形成景区发展的良性生态圈。

没有一成不变的市场，传统旅游的转型升级要以市场需求为导向，在深度挖掘自身价值的基础上，紧跟市场需求动态，合理调整旅游开发方向。随着休闲时代的到来和体验经济的快速发展，适时开发休闲度假产品，融休闲元素于旅游观光中，两者互动发展成为传统景区转型升级的重要途径。景区的发展，必须以"游有所玩，玩有所乐"为理念，增强战略思维，完善顶层设计、产品开发、服务体系和管理机制，打造项目新颖、业态丰富、人气旺盛，具有区域经济带动效应的新型景区。

3.4.3.1 提升主题，打造景区核心吸引力

主题，是旅游景区树立形象、表达内涵、统领空间规划及产品布局的核心要素。"源于山水、根植文化"是景区凝练主题、形成核心吸引力的关键理念。景区应在保护自然环境的前提下，综合利用多种自然文化资源，深度挖掘资源所赋予的内在文化，进而提炼出能够代表景区独特魅力的主题，通过主题赋予景区项目及产品丰富的意境和内涵，并运用体验化的方式打造景区核心吸引力和独特卖点，使景区成为有品位、有文化、有吸引力的魅力旅游区。

3.4.3.2 提升景区内部交通,形成内外交通网络

景区要对外形成连接各主要旅游客源地的交通网络,对内要形成辐射各主要景点的特色交通体系,打造快进、快出、慢游的旅游交通方式。景区内部的交通是游憩方式中的一项重要内容,交通方式的有效设计可以在满足旅游者移动的同时,形成独特的旅游体验。景区内部交通方式的设计应该注重游乐化、本土化、生态化,一方面可以开发设计具备景区特色、有一定趣味性和参与性的绿色交通方式,另一方面可以将某些常规交通方式进行包装,使其成为一种可体验、可盈利的特色游憩方式,为旅游者增添参与性和游乐性。

3.4.3.3 创新开发二次消费产品,拓展营收渠道

景区创新开发二次消费产品,要突破传统观光局限,以游客需求与旅游业发展趋势为导向,创新开发景区接待设施产品(如主题酒店/民宿、特色餐饮、特色商店及旅游商品、特色交通)、活动产品(如旅游节庆、节事活动)、景点产品(如亲子项目、演艺娱乐、运动探奇类项目)等,尤其是夜游项目和互动体验项目,深化开发景区文创类、科技类产品,提升景区产品组合吸引力,以多业态发展促进景区形成多元化营收结构。

3.4.3.4 优化提升景区管理服务及其科技水平

经营管理体制上,景区应根据国家和地方的政策及顶层规划,颁布适宜自身发展需求的标准化管理体系,包括定价制度、人员管理、服务标准、安全标准等指标。为了赢得市场,提高游客旅游满意度,旅游景区必须从细节入手,向游客提供个性化、人性化的旅游服务,如在游客服务中心设立放映室、休息室、婴儿车、残疾人专用轮椅、电子触摸屏等设施。景区要充分发挥当前移动互联网技术、大数据技术、物联网技术、区块链技术、人工智能技术、模糊现实技术、多媒体技术等新技术,利用景区管理与服务方面的优势,为游客提供便捷的预订、导航、导览等服务,如景区电子门票、电子导游、智慧停车系统、电子触摸屏、景区虚拟现实体验等,优化提升景区服务水平,提高景区管理效率。

3.4.3.5 加大景区市场营销及推广力度

当前再也不是"酒香不怕巷子深"的时代,"养在深闺人未识"状况来袭,主动创新营销方式,让市场接纳是景区发展的重要课程。强有力的营销能够大力推广景区品牌形象,引领市场需求,并能够及时把握市场动态,调整开发方向,指导旅游产品的有效开发。这就要求景区一方面要加大市场营销推广的投入力度,拓展京津唐、长三角、珠三角等国内经济发达区域客源,国内知名景区可根据其资源优势尝试开拓国际客源市场;另一方面要拓宽市场推广渠道,充分结合现代发达的移动互联网技术,灵活运用成本低、传播快、影响面广的新媒体营销,如微信、微博、直播平台、视频、音频平台等,创新应用景区重大节庆活动营销、主题赛事营销、娱乐营销等营销方式。

3.4.3.6 形成泛旅游产业结构,带动区域经济发展

泛旅游产业是以旅游产业为核心,通过具备吸引力的体验内容吸引人们聚集,以强大的区域聚集和经济带动作用,促使形成相关产业集聚及产业联动,从而推动区域经济发展。景区开发要与旅游产业发展紧密结合,要充分利用自身带来的人气聚集带动养生、研学、文化、体育、会展、度假地产等产业的发展,构建一个有机融合、良性互动的产业集聚群,从而实现由单一景点向目的地综合发展的模式转换。

3.5 "六新"引领的国有景区创新发展

当前,科技创新是国家创新战略的核心重点。随着创新水平的不断提升,创新的内容将从技术创新延伸至文化创意创新、商业模式创新等各个领域。为此,绿维文旅提出全面创新理念,即包含产业结构、市场供给侧、中间服务商等各个层面的全程全产业链创新,并基于新时代下的消费特性、创新驱动及创新趋势,以新业态、新产品、新技术、新商业模式、新IP、新媒体相结合的"六新"为发展结构,形成全覆盖、全结构、全领域、全层次的全面创新。

自主旅游时代下的创新应通过"旅游+"推进现代旅游产业发展,做

长、做宽产业链,促进旅游就业,优化旅游环境和旅游全过程。全面创新理念下的"六新"发展结构,正是顺应了自主旅游时代的发展趋势,并将成为景区转型升级的新方向、新路径。

3.5.1 新业态创新

旅游新业态是以旅游基本要素与发展要素为依托,形成旅游产业的休闲消费新业态。根据旅游产业发展情况,在原有十二大要素的基础上,绿维文旅提出了新旅游"十八大要素",即食、住、行、游、购、娱、厕、导、智、商、养、学、福、情、奇、文、体、农。在这十八大要素的引导下,衍生出民宿客栈、低空旅游、旅行拍摄、水上运动、休闲商业、实景演艺、研学旅行等旅游新兴业态产品,成为旅游产业及景区发展的新动力。其中,"食、住、行、游、购、娱、厕、导、智"属于九大基础要素,"商、养、学、福、情、奇、文、体、农"属于九大发展要素。

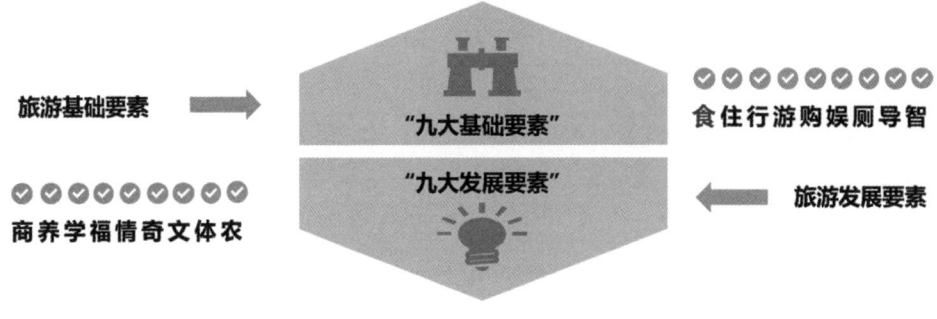

图28 新旅游"十八大要素"

3.5.1.1 基于"食"要素的餐饮业态创新

体验经济时代,餐饮行业为顾客提供体验不仅是一种辅助消费的手段,更是所售商品的重要组成部分。所谓氛围营造,既要体现餐饮文化主题,又要融合情景体验,主要表现在就餐环境改善和餐桌氛围营造两方面。就餐环境上,要调动视、触、听、嗅等多重感官,营造契合主题的环境氛围,营造身临其境之感;餐桌氛围上,要从装修设计、环境布局、点餐环节、用餐服务等多环节体现其独具匠心的设计,从而带给顾客全新的体验。

不同的餐饮文化为满足不同的市场需求而存在,常见的有特色小吃名店、地方品牌餐馆、全国连锁品牌加盟店、休闲美食街或美食广场等,而基于创新途径可以将餐饮业态产品进行重新梳理。详见表1。

表1 基于"食"要素的业态创新产品

"食"要素	细分	业态创新产品
主题类	融入文化IP	吸血鬼咖啡馆、80后主题餐厅、邓丽君音乐主题餐厅、工厂主题概念餐厅、监狱主题餐厅、圣斗士主题餐厅、日本池袋"东方红"中餐厅、爱丽丝梦游奇境主题餐厅等
体验类	餐饮制作	英国伦敦FoodInk餐厅、分子料理餐饮等
	演艺活动	风波庄武侠主题餐厅、朝鲜餐厅歌舞宴等
	感官体验	3D投影餐厅、日本东方银座"花舞印象ArtbyteamLab"艺术感官餐厅、海洋生物互动餐厅——上海蛙塞餐厅等
	创意设计	悬崖餐厅、海底餐厅、流动巴士餐厅、树屋餐厅、墓地餐厅、空中餐厅等

3.5.1.2 基于"住"要素的住宿业态创新

在住宿产品的开发中,要因地制宜利用各地资源打造健康舒适的住宿产品,将本地文化通过住宿场所的装饰、服务传达给游客,营造温馨特色的住宿氛围。伴随经济的发展,旅游者对于住宿产品的需求越发多元,个性化、主题化的客房设计,不仅会让客人眼前一亮,还可以带给其无限想象和趣味。此外,在主题住宿产品的设计中,既要体现出设计的主题理念,又要充分考虑住宿者的多样化需求,竭力打造出集舒适与趣味于一身的休息环境。住宿业态衍生出新的旅游产品,常见的有精品民宿、连锁酒店、主题酒店等。详见表2。

表 2 基于"住"要素的业态创新产品

"住"要素	细分	业态创新产品
文化类	民族特色	露营帐篷、蒙古包等
	影视文化	水浒酒店、武侠客栈、西游记主题酒店等
	主题IP	冰雪酒店、爱情酒店、海洋酒店、音乐酒店等
娱乐类	新颖体验	水上旅馆、树屋、窑洞住宿、冰屋等
	科技创新	机器人酒店、空中酒店、潜水酒店、森林酒店等

3.5.1.3 基于"行"要素的交通业态创新

在开发旅游交通的过程中要注意因地制宜，配合旅游目的地的地质条件、地域特色、景观布局开发多样化的交通形态，满足旅游者"旅速游缓"的需求。在体验经济背景下，以创新为主导的交通业态产品可分为纯观光型、特色体验型、娱乐体验型。详见表3。

表 3 基于"行"要素的业态创新产品

"行"要素	细分	业态创新产品
纯观光型	山、水景观	邮轮旅游、游艇、机器人拉车、江上索道等
特色体验型	民俗文化	人力花轿、驴拉车、驯鹿拉车、竹筏、雪橇等
娱乐体验型	创新体验	水上摩托、热气球、水上飞机、直升机观光、人造移动岛、机器人拉车、滑道等
	节庆活动	汽车拉力赛、F1赛车、帆船比赛、F1赛艇、环青海湖自行车赛等

3.5.1.4 基于"游"要素的游览业态创新

对自然旅游资源的创新开发要突破原有的纯观光形式，融入体验化的互动项目，使自然景观产品成为当地的特色吸引物，产生旅游吸引力。在创新中结合区域内资源与环境，针对不同层面的细分市场需求，打造特色化的景区景观。鉴于人文资源本身的限制，这类游乐产品的开发尤其要注重保护，并寻求在文脉的展现与穿透、文化的活化以及文化体验的显性表达等方面实现突破。

游览业态产品的创新中,要尽可能地突出旅游资源特色,包括民族特色、地方特色、资源特色等,才能成为当地的特色吸引物。详见表4。

表4 基于"游"要素的业态创新产品

"游"要素	细分	业态创新产品
资源类	自然资源	北欧极光游、大地艺术观光游、森林旅游、海洋旅游等
	人文资源	沉水走廊、玻璃平台、飞天之吻等
人文类	新颖体验	狩猎旅游、援助旅游等
	活动演艺	创意秀场、COSPLAY秀等
	专项市场	亲子暑期夏令营、红色基地研学游、老年康养游、商务会展游等
	情感表达	情侣蜜月游、家庭游、毕业旅行等

3.5.1.5 基于"购"要素的购物业态创新

在业态产品创新上,传统的旅游纪念品、工艺品与文化创意相结合,提升旅游购物产品的吸引力。同时在设计中提升产品的纪念性、观赏性、艺术性、趣味性、独创性,提炼文化特色,实现现代创意转化,从而提高旅游商品的经济效益。

基于服务人群的不同,购物业态产品可以分为体验类购物与生活类购物两大类。详见表5。

表5 基于"购"要素的业态创新产品

"购"要素	细分	业态创新产品
体验类	零散购物点	慢邮店、树屋商店、无人超市等
	购物街	慢生活体验街区、文化创意市集、历史文创商街、休闲主题商街等
	专营购物店	文创体验店、手工体验作坊等
生活类	常见形式	京味卤煮店、711便利店、沃尔玛超市等

3.5.1.6 基于"娱"要素的娱乐业态创新

要充分发掘当地的特色文化和奇特的游乐方式,把丰富的文化内涵融入新奇的娱乐方式中,提升游客的参与性和互动性,使游客在休闲中得到当地文化的熏陶。夜间娱乐可带来较高的旅游收入附加值,可开发特色歌舞宴、夜景观光、休闲娱乐活动等项目。其中,演艺项目是夜间旅游开发中较为重要的形式,一般设立在知名的景区和旅游城市,依附于其他旅游吸引物而存在,大多于傍晚至夜间时段上演,为夜间旅游增添了乐趣。

自主旅游时代下的娱乐业态产品创新主要可以分为健康休闲类、文化娱乐类、游乐休闲类三种。详见表6。

表6 基于"娱"要素的业态创新产品

"娱"要素	细分	业态创新产品
健康休闲类	健康理念	有机食疗馆、中医理疗馆、温泉疗养中心等
文化娱乐类	文化表演	绿维创秀、印象刘三姐、印象平遥等
	文化展览	西西弗书店、诚品画廊、玻璃博物馆等
	文化创作	儿童陶艺吧、个性印染店等
游乐休闲类	游乐互动	VR体验馆、水上乐园、户外CS、哈利·波特游乐园等
	核心区休闲	科学技术馆、名品购物街、咖啡时光、漫游广场等
	景区休闲	森林氧吧、郊野公园、徒步绿道等

3.5.1.7 基于"厕"要素的厕所业态创新

厕所可通过与其他附加体验的融合,让游客的感官印象得以改观。每个旅游目的地都具有独特的资源,将厕所革命与当地文化多元整合,设计建造风格迥异的厕所,丰富厕所标识,改善厕所景观,这样不仅可实现与周边景观的和谐统一,也可成为吸引游客的独特建筑景观。因此,可建立与地方文化相协调的厕所文化,使厕所成为景区中的"景中景"。

基于"厕"要素的厕所业态产品创新可以根据形态和技术,分为设计类和科技类。详见表7。

表7 基于"厕"要素的业态创新产品

"厕"要素	细分	业态创新产品
设计类	创意设计	形式美学厕所、奥斯丁新木桶理论厕所、单向视线玻璃创意厕所、落地窗风景体验式厕所、透明厕所等
	文化主题	区域文化主题厕所、卡通主题厕所、游戏主题厕所等
科技类	技术革新	生态处理技术、生态仿生厕所、智慧化厕所等

3.5.1.8 基于"导"要素的导览业态创新

旅游目的地需要依托现代信息技术,通过对目的地景点、设施、交通、商家、服务人员等资源的全面整合,增强导览服务的及时性、精准性和灵活性,构建线上线下一体化的导览服务平台,同时加强旅游从业人员培训,不断完善旅游目的地旅游咨询服务,提升旅游"软实力"。导览业态产品包括设备导览和人员导览,可以结合新技术、新理念实现产品创新。详见表8。

表8 基于"导"要素的业态创新产品

"导"要素	细分	业态创新产品
设备类	技术导览	AR导览、智能机器人服务、AR展览等
	服务搜索	美食搜索小程序、旅行翻译、随身Wi-Fi、随身导览等
人员类	导游服务	定制导游、旅游"微领队"等

3.5.1.9 基于"智"要素的智慧业态创新

智慧业态产品创新,应以自主旅游时代的游客市场需求和游客行为为导向,探索VR/AR、人工智能、物联网等各类高新技术的有效组合,开拓线上平台服务与线下体验活动的细分市场,打造更新颖的产品体系、更直观的体验场景、更精准的服务体系和更智能的管理系统。随着智慧旅游技术的不断发展,智慧业态产品不断创新,可以分为创新类和平台类。详见

表9。

表9 基于"智"要素的业态创新产品

"智"要素	细分	业态创新产品
创新类	智慧+旅游	AR/VR旅游体验中心、电子导游等
平台类	智慧+管理	携程旅游App、游客体验中心等
	智慧+监控	旅游应急指挥平台等

3.5.1.10 基于"商"要素的商务业态创新

基于商务旅游客群的中高端性和个性化特征，推出商务旅游定制服务，根据考察内容的不同，研发相匹配的旅游产品，如"会议＋温泉""会议＋滑雪""会议＋中医养生"等。通过定制化服务，最大限度地利用差旅时间，深度挖掘差旅地旅游资源，打造生动有趣的差旅体验。"商"要素可以分为会议、展览、节庆、奖励四类，以旅游观光为基础，衍生出邮轮商务会议、科技展览、美食节、培训旅游等多种创新业态产品形式。详见表10。

表10 基于"商"要素的业态创新产品

"商"要素	细分	业态创新产品
会议类	会议中心、配套服务	邮轮商务会议、年会、专业培训会、专题论坛等
展览类	展览中心、会展活动、会展搭建、会展管理	科技展览、设备展览、绘画展览、文化论坛等
节庆类	节庆活动展示、节庆组织、节庆服务运营商	美食节、购物节、旅游节、文化节、狂欢节、民俗节等
奖励类	培训旅游	团建、奖励旅游活动等

3.5.1.11 基于"养"要素的康养业态创新

通过打造"养眼"观光系列基础产品、"养身"休闲系列重点产品、"养心"文化系列特色产品，满足多层次的康养旅游市场需求，构建符合游客需求的康养旅游产品体系。在消费升级的大背景下，康养旅游业态产品创新，应体现出消费观念的变化和消费模式的转变，将康体、疗养、医疗与旅游结合，实现康养旅游业态产品创新。详见表11。

表11 基于"养"要素的业态创新产品

"养"要素	细分	业态创新产品
康体类	休闲运动	定向运动、山地自行车、非动力运动、运动康复中心等
疗养类	养生、养心、养颜、养老、养疗	有机餐厅、休闲农庄、排毒养颜所、温泉中心、中医疗养等
医疗类	体检、理疗、健康管理	体检中心、健康管理中心、整形中心等

3.5.1.12 基于"学"要素的研学业态创新

通过整合优化旅游资源，设计研学主题、课程演练、节点控制、课程实施和评估等系统，形成完整的研学体验闭环，通过"教育+旅游"的跨界融合，满足研学市场的多样化需求。将各类科教文化、教育基地与旅游产业相结合，形成以教育为主题的研学旅游创新业态产品。详见表12。

表12 基于"学"要素的业态创新产品

"学"要素	细分	业态创新产品
农旅研学	置身自然、体验乡土乡情	乡村扶贫体验游、养殖基地游等
工旅研学	了解企业历史、科学技术	工业科技旅游、高新园区游等
文旅研学	感受传统文化，寓教于乐	遗址遗迹研学游、红色研学、国学体验、博物馆深度游等
科考研学	探索求知、环保科普	地质科普游、动植物园考察等

3.5.1.13 基于"福"要素的祈福业态创新

祈福旅游的魅力在于其独有的文化内涵，宗教文化、禅意文化、祈福仪式等多元化业态与旅游产业中的观光、度假、养生相结合，形成以"福"要素为基础的业态创新产品。详见表13。

表 13 基于"福"要素的业态创新产品

"福"要素	细分	业态创新产品
观赏类	朝觐仪式、宗教表演	煨桑祈福、祭天祈福仪式、开耕祈福、武僧团巡回表演、少林武术表演等
参与类	体验活动、宗教养生度假	宗教医疗(藏医)、宗教餐饮(禅茶、禅食)、抄经祈福、宗教绘画、书法、音乐制作体验等

3.5.1.14 基于"情"要素的情感业态创新

情感旅游更需要创新产品以及多样化体验的支撑。创新产品能够为游客带来视觉与心灵的震撼,多样化的体验活动能够将游客带入情境中,通过亲身感受产生情感。以情感为主题,延伸产业链条,打造集情感体验、设计、生产、销售、服务于一身的一站式服务产品。当精神愉悦、情感维系、心灵追求成为当今游客的主要诉求后,出现了很多与"情"相关的创新业态产品。详见表14。

表 14 基于"情"要素的业态创新产品

"情"要素	细分	业态创新产品
亲情类	亲子、家族旅游	亲子敬老游、家庭休闲度假、祭祖寻根游等
友情类	同学、朋友出游	毕业旅行、闺蜜游、友情岁月牧场游等
爱情类	情侣、蜜月、婚庆旅游	婚纱摄影基地、蜜月之旅、教堂婚礼、婚博会、爱情银行等

3.5.1.15 基于"奇"要素的探奇业态创新

新奇体验类项目以主题式开发为主,这就要求策划阶段有大胆的创新和突破,开发多元化的探奇IP,形成探奇旅游的特色魅力。无论是极限体验还是新奇体验,都是充分利用资源的惊险、神秘、新奇等特征吸引游客,其业态创新产品详见表15。

表 15 基于"奇"要素的业态创新产品

"奇"要素	细分	业态创新产品
极限体验	极限运动、赛事、人造景观	徒步穿越、登山探险、海底探险、森林探险、溯溪、追踪野生动物探险旅游、空中滑板、低空跳伞等
新奇体验	动漫主题、军事主题、科技主题	冰雪城、淘气堡、角色扮演馆、自拍馆、动画电影体验、盗墓体验、真人密室逃脱、失重体验等

3.5.1.16 基于"文"要素的文创业态创新

文创旅游的开发主要从两方面着手：一是根植本地文化，通过"文化梳理—文化提炼—文化挖掘—创意植入—文化活化"的过程，突破文化的静态展示模式，以创意元素的运用，将文化融入游客的旅游活动中，打造浸入式体验。二是孵化一批文创企业、创客，借助大众创业、万众创新的力量，将民间高手的智慧发挥到极致，以各具特色、各有专长的创客拉动文创旅游的发展。

文创旅游是在文化和旅游天然融合的基础上，以市场为导向创新产品开发形式。可以总结出以下业态创新产品。详见表16。

表 16 基于"文"要素的业态创新产品

"文"要素	细分	业态创新产品
展示类	文创商品、创客基地	创意零售、设计师原创品牌、创意展览、创客空间、个人工作室等
体验类	文创体验、文创活动	体验工坊（花艺、陶艺、茶艺）、互动娱乐（小剧场、发布区、沙龙）、文创产业体验园、文创集市、文化设计周等

3.5.1.17 基于"体"要素的体育业态创新

体育旅游应当立足于当地体育文化资源，加强与景区景点合作，通过开发多层次互动型体育产品，提升目的地活动的吸引力，并且在特色产品上注重体验项目的细分和内容设计。此外，体育旅游的开发要注重导入赛事 IP，形成品牌传播效应。

体育旅游主要借助多样化的体育运动、体育展览、体育文化，结合旅游观光、主题公园、民俗节庆，形成创新业态产品。详见表17。

表17 基于"体"要素的业态创新产品

"体"要素	细分	业态创新产品
运动体验类	休闲场地、休闲活动	冰雪游乐场、体育休闲综合体验、滑翔伞体验等
竞技发展类	培训教育、竞技赛事	体育项目夏令营、专业高尔夫球赛、滑雪赛、奥运主题观光等
综合服务类	生产、销售、服务	体育购物、体育俱乐部、体育设备展览等
节庆品牌类	体育节庆营销	国际马拉松赛、国际滑雪节、冰雪嘉年华等

3.5.1.18 基于"农"要素的乡村业态创新

"五味俱全"是乡村旅游业态的创新提升法则，突破传统乡村"看＋吃＋住"的业态格局，遵从乡味、野味、俗味、人味、新味五大标准要求，提质乡村旅游业态。乡村旅游是一种生活化和体验化的旅游方式，不同地域的乡村旅游要形成不同的"道地生活方式"，从而创新业态产品，提升旅游体验。详见表18。

表18 基于"农"要素的业态创新产品

"农"要素	细分	业态创新产品
农业景观观光	农业生产、设施农业、大地景观	农业观光园、主题花田、特色梯田、稻田画等
农事体验参与	休闲农场、科技农业	农耕文化体验园、家庭农场、市民农园、垂钓俱乐部、科技农业课堂等
农产品消费	大型集散、小型店铺	中医药购物街、创意农品店、特色农产品集市等
农业节庆	农业主题、生产环节	农业嘉年华、花卉旅游节、花海摄影节、缤纷水果节等

综上所述，旅游新业态是自主旅游时代下旅游产业与其他产业融合的结果，也是促进旅游产业及景区转型升级的重要动力。不同产业为旅游业

带来丰富的底蕴内涵和全新的发展动力，旅游业提升了其他产业的品牌效应和影响力，从而充分实现自主旅游时代下新业态的更大价值。

3.5.2 新产品体系

旅游新产品是由旅游新业态的兴起带来的多元化消费产品，其本质是在"旅游+"背景下的拓展延伸，形成"旅游+"的产品体系。旅游新技术的发展、旅游新业态的出现、旅游商业模式的创新等都推动着旅游产品不断创新发展。

旅游产品根据销售的形态可分为业态型产品、综合型产品和线路型产品三种不同的类型。

3.5.2.1 旅游业态产品

基于新旅游"十八大要素"（食、住、行、游、购、娱、厕、导、智、商、养、学、福、情、奇、文、体、农）形成单一业态产品，如餐饮产品、住宿产品等。单一业态创新产品已经在前篇进行了详细描述，在此不再赘述。

3.5.2.2 旅游综合型产品

旅游综合型产品是指基于综合开发结构，综合多种产品于一身的复合型产品类型，可以分为景区产品、度假区产品、综合体产品、小镇产品、村落产品等。

其中，景区产品是以自然、文化资源为旅游吸引物，能够满足消费者食、住、行、游、购、娱等基本旅游需求，具备相应的旅游设施并提供相应的旅游服务的独立管理区的综合性旅游产品。

旅游景区的创新主要可以通过五个途径解决：

一是打造核心吸引力。景区应综合利用多种自然资源，并通过文化的梳理和深度挖掘，运用体验化的方式打造景区核心吸引力和独特卖点。

二是形成内外交通网络。对外形成连接各主要旅游客源地的交通网络，对内形成辐射各主要景点的特色交通体系，打造快进、快出、慢游的旅游方式。

三是从观光业态到多元业态升级。景区要突破传统观光局限，大力发展餐饮、商业、娱乐、演艺等休闲业态，尤其是夜游项目和互动体验项目，打造多元化增收模式。

四是完善体验经济下的景区服务。景区应借助信息技术的整合应用，为游客提供便捷的预订、导航、导览等服务，并能够根据游客的不同需求提供定制化、互动化的服务。

五是形成泛旅游产业结构。景区开发要与旅游产业发展紧密结合，利用自身带来的人气，带动相关产业的发展。

3.5.2.3 旅游线路型产品

旅游线路产品是指旅行商通过采购景区、景点、交通、食、住等产品，以线路组合的形式打包销售以满足旅游者需求的复合型产品。自主旅游时代，随着人们需求的变化，旅游线路产品的需求更加多样化，也倒逼着旅游线路产品不断地创新发展。旅游线路产品创新通过串联新目的地、细分人群和创新主题三个手段实现。

3.5.3 新技术应用

由于旅游产业以及其延伸产业涉及面较广，与之相关的技术也丰富多样，如互联网技术、虚拟现实技术、游乐设备技术、人工智能技术、区块链技术、大数据技术等，这些都为旅游产业带来了更多的创新可能。

3.5.3.1 网络信息新技术

互联网技术催生了在线旅行社（OTA）、行程预订网站、酒店管理预订系统、目的地智能导览系统、旅游在线社区等多种新型企业，也减少了人们外出旅游信息的不对称性。移动互联网系统对旅游产品在全球范围内的管理和营销推广都发挥着重要的作用，其应用能够使旅游服务商突破词条化、标准化、模块化的商业模式，满足游客碎片化、个性化、多元化旅游需求。

旅游业中的大数据技术应用，是通过先进的数据采集、存储、处理、分析、可视化和系统运维技术，将数据资源转化为更强的洞察力、决策力和流程优化能力，对旅游需求预测和营销推广效果都提供了有效的技术支持。

物联网技术是旅游业管理智能化和服务智能化的关键技术，其相关系统及设备的应用能够实现对潜在风险的有效提示，通过事物之间更广泛的信息互联，提高旅游管理和运营的效率。同时，能够通过消费者与物品之间智能化的互联互通，简化人工服务流程，更精确地满足消费者的个性化服务需求，如智能手机遥控客房内设施等。

区块链基于智能合约的技术理念，和去中心化辅以不可篡改的技术运行手段，能够有效避免支付欺诈、评论造假等问题，同时能够节省旅游企业交付渠道商、分销商的佣金费用，提高交易和结算的效率。

旅游行业中不断涌现的基于人工智能技术发展的旅游服务产品，正在逐渐改变旅游服务的供给形式和旅游者的出行方式。例如，希尔顿酒店的礼宾机器人、杜塞尔多夫机场的停车机器人、日内瓦机场的行李机器人、阿联酋航空旗下度假预订网站的聊天机器人等。

3.5.3.2 展陈及互动体验新技术

模糊现实技术是虚拟现实（VR）、增强现实（AR）、混合现实（MR）和全息投影等一系列模糊现实化的光影成像以及人机互动技术的统称。这些新技术与新材料、先进设施设备制造技术的研发、整合应用相结合，成为打破时间、空间限制和终端设备束缚的突破口，旨在为游客提供更多维、更趣味、更深度的沉浸式旅游体验。例如，部分历史遗迹类景区开始借力 VR、AR 技术，依据科考、史书资料构建文化古迹、消逝景象的数字模型，并将残缺部分的原貌重构通过立体显示技术以虚拟现实、增强现实的方式提供给参观者，使游客能够通过这些方式直观、全面、真实地感受历史文化。

多媒体技术对旅游行业的发展起到了很大的推动作用。一方面，视频、图像等多媒体是旅游目的地、景区、酒店等产品内容的重要展示手段，能够丰富游客在旅游过程中的感官体验；另一方面，多媒体技术是旅游品牌重要的传播手段，能够赋予旅游产品更丰富的展现形式，如视频、音频、直播等，实现多平台、多维度、多区域、多渠道的广泛传播，推动旅游产业的可持续发展。

声光电技术是空间展示设计中的重要内容，能够使产品具有主题性、体验性、故事性等特点，并调动消费者参与到作品当中，直观生动地展现作品内容。

3.5.3.3 设计制造新技术

设计制造技术包括旅游产业中的设施设备制造技术、商品制造技术、材料与建筑技术等，应用于各类旅游活动、景区、展览、文娱活动服务设施体系中。详见表19。

表19 旅游产业设计制造新技术

技术类别	新技术
设施设备制造技术	索道缆车技术、观光电梯技术、观光车船制造技术、游乐设备制造技术、人工造雪技术、通用飞机制造技术、邮轮制造技术、登山装备制造技术、军事体验装备制造技术、康体疗养设备制造技术等
商品生产制造技术	旅游纪念品制造技术、户外用品制造技术、土特产品加工技术、旅游日用品生产技术、旅游活动零配件制造技术等
材料与建筑技术	电子信息材料制造技术、3D打印材料制造技术、高性能复合材料制造技术、纳米材料制造技术、绿色建材制造技术、装配式建筑技术、绿色施工技术、绿建规划设计、建筑改造技术等

3.5.3.4 资源保护新技术

资源保护新技术的应用对产业发展具有积极意义，主要可以分为环境保护技术、文物保护技术和新能源技术。详见表20。

表20 旅游产业资源保护新技术

技术类别	新技术
环境保护技术	污水处理技术、空气净化技术、垃圾处理技术、环保材料制造技术、光催化技术、降噪技术、光污染处理技术、土壤保护技术、污泥处理技术、除尘技术、除雾技术、固体废弃物处理技术等
文物保护技术	文物制作技术、勘探技术、文物检测技术、文物修复技术、文物防护技术、文物陈列技术等
新能源技术	太阳能技术、核能技术、储能技术、地热能技术、海洋能技术、磁流体发电技术、超导能技术等

3.5.4 新商业模式

随着商业模式的迭代升级，旅游产业的发展也从单一门票经济模式向旅游综合经济模式转变，现有的商业模式已经呈现出向多维发展的创新趋势，如共享经济模式、俱乐部模式、众筹模式、时权度假模式、卡式消费模式、投资消费一体化模式、分期付费模式、期权模式、分时分权模式等。

基于旅游市场的多元性，旅游商业模式需要从收入模式、投资分期、经营模式、管理模式、营销战略、融资模式六方面进行综合开发。

旅游景区的商业模式包括以下内容：

3.5.4.1 门票商业模式

门票商业模式是目前国内观光型景区景点的主流商业模式，这种商业模式成功与否完全依赖于其旅游资源禀赋及品位。门票商业模式投资较小，依托资源禀赋及核心吸引物通过有效的营销手段进行推广，从而形成有效的资金循环。

3.5.4.2 旅游综合收益商业模式

"门票＋酒店住宿＋特色餐饮＋商业购物＋N"等多种收益是旅游综合收益商业模式的核心架构，根据市场客群严格控制产品和项目的设计，保证产品品质。这种模式摆脱了单一的门票经济，注重餐饮、购物和住宿等多种收益模式融合，形成综合型开发结构。

3.5.4.3 产业联动商业模式

产业联动商业模式是以旅游平台打造为核心，利用旅游平台资源来开发相关的延伸产业，促进一、二、三产融合发展，从而获得多形式、多渠道的资金收益。例如，农业旅游除了获得旅游收益外，还有农业生产和农业加工的收益来源。

3.5.4.4 旅游地产驱动型商业模式

旅游地产商业模式实际上是产业联动的一种，这种模式是投资商在开发旅游的同时要求当地政府给予一定的土地作补偿，形成"旅游＋地产"的开发模式，通过地产的收益来弥补旅游的投资，使土地资源的利用达到最大化。

3.5.4.5 旅游资源整合商业模式

旅游资源整合商业模式是城郊景区景点开发的传统模式。这种模式是由一个投资商控制资源，做好基础设施，然后对各种项目进行招商，联合许多小投资商一起参与经营。

3.5.4.6 产业资本化运作商业模式

产业和资本运作相融合的商业模式是投资商将景区景点开发到一定程度后，随着资源的升值，通过引进战略投资者进行推出、推广，高价出售景区景点经营权利，以获取资金收益。

3.5.4.7 混合商业模式

混合商业模式适用于非常大型的景区，从前期的资金募集到推出采用多种运作模式相结合。将门票商业模式、旅游综合收益商业模式、产业联动商业模式、旅游地产商业模式、旅游资源整合商业模式、产业和资本运作相融合商业模式6种商业模式综合运用。

3.5.5 新IP打造

当前，IP已不仅仅是"知识产权"四个字可以概括的了，其含义可以理解为"核心吸引力＋全产业链"。"核心吸引力"是IP的主体内容和品牌形成的基础，全产业链则是后续开发的延展性。

绿维文旅根据IP在旅游目的地开发中所起的作用，将IP分为产业IP、项目业态IP、运营IP、服务IP、传统文化IP五种类型。每个产业领域内都有细分的IP资源，不同产业可导入不同的优质IP资源：项目IP是可以直接导入旅游目的地的业态，并以此带动其他业态的发展；运营IP可以借助已有的行业影响力和实操能力，帮助企业实现良性运营；服务IP聚焦教育、商业、金融、物业、健康等多个领域，全方位提供便利的生活服务；文化IP是指动漫IP、文学IP、游戏IP、影视IP等资源，这些IP流量带动性强，可以短期内带来轰动性营销效果。

IP打造的最终目的，是在IP的基础上建立良好的产业生态系统，用一个IP贯穿旅游策划规划、旅游建造、旅游投融资、旅游运营等全程，实现IP带来的体验升级与项目价值提升。在打造的过程中要遵循以下三个要点：讲好故事做品牌、用心孵化推产品、产业扩张建生态。

3.5.6 新媒体应用

在新媒体时代，每个游客都是目的地的发声者，游客通过微博、微信、QQ、Facebook、Twitter、Youtube 等移动新媒体进行实时分享，新媒体的开放性与旅游的分享性，在一定程度上不谋而合。及时便利的新媒体不仅丰富了旅游营销的传播渠道、聚合了精准受众、推动了交互体验转化，还打破了传统媒体信息传播的垄断特权，让消费者成为信息传递的共谋者和分享者，为旅游目的地提供了广阔的创意空间和价值转化的可能性，新媒体也成为旅游宣传与传播的主阵地。

绿维文旅提出了新媒体在景区发展中的"836模型"，即8个助力维度、3大经济效应、6大促进措施，在产品塑造、营销推广、管理服务、信息传播等各方面扩大新媒体的影响力，同时充分发挥新媒体对旅游目的地、旅游企业、游客的能动性，成为新时期旅游业发展的新动因。

3.5.6.1 新媒体对景区的8大助力

包括新媒体引领旅游舆论导向、新媒体加快旅游IP的推广、新媒体助推智慧化管理和消费、新媒体加速旅游品牌塑造、新媒体拓宽旅游信息传播渠道、新媒体重塑旅游营销模式、新媒体调动旅游产业共享共创、新媒体化解旅游公关难题8个方面。

3.5.6.2 新媒体对景区的3大经济效应

新媒体对景区的经济效应包括新媒体助力增强"旅游散客经济"能动性，新媒体让"旅游眼球经济"更活跃，以及新媒体缔造"旅游网红经济"无限可能。

3.5.6.3 新媒体促进景区持续高效发展的6大促进措施

包括扩充自媒体平台、壮大旅游IP、实现企业科学管理、构建旅游公共信息平台、打造智能旅游服务系统以及提升旅游服务智能化水平。

综上所述，新媒体引领着一种新型的生活方式，如今已经成为很多人生活中不可或缺的一部分，同时也是企业打破传统、宣传景区新产品、新业态的重要路径和手段。新媒体也是游客获取旅游信息、制订旅游活动的重要参考。在新媒体环境下，旅游活动变得空前便捷和有趣，新媒体在景区及整个旅游业发展中发挥的推动作用切实为游客带来福利。随着新技术的不断出现和更新，新媒体必将创造出更多更有利于景区及旅游业发展的新模式。

自主旅游时代下，加大创新力度是我国旅游行业提升核心竞争力和真正走向全球化不可缺少的重要组成部分。"六新"创新理念将成为旅游业转型升级的指导方向，而"六新"发展结构将成为旅游景区开发运营的重要抓手。旅游企业应该加大科研投入，以"六新"理念为指导，增强自主创新能力，确保旅游业发展与创新型国家建设和全面建成小康社会同步，从高速发展走向优质发展，从而更好地满足人民群众的美好生活需要。

（林　峰）

4　新技术赋能旅游景区新发展

近几年随着科技的爆炸式发展，各种新技术层出不穷，云计算、区块链、机器人等正在影响着人们的生活方式和消费方式。同样，新技术也开始渗透到旅游行业之中，并逐渐对旅游产业的发展产生重要影响。

其中，建筑信息模型（BIM）技术应用于目的地提升了景区建设效率，工程技术的进步有效地保障了项目安全与体验效果，云计算预防游客拥挤，生物识别减少通过时间，北斗技术提高定位精度，智能导览推荐游览线路，游客画像提供精准营销等，诸多景区新技术应用能够有效提高管理部门的管理能力、营销部门的渗透能力、规划部门的落地能力以及大众游客的体验效果。新技术的应用不仅带来了旅游景区整体质量的提升，更是逐渐成为旅游景区重要的核心竞争力，因此，新技术发展的现状及未来发展趋势的把握对旅游景区的投资、运营都有着重要的意义。

4.1　旅游景区新技术分类

新技术的引入，已是当代旅游产业转型升级的必由之路。旅游景区在新技术方面进行了大量投入，移动互联网技术、人工智能技术、虚拟现实技术以及物联网技术等不仅带来了旅游景区整体质量的提升，更是其重要的核心竞争力。

根据旅游景区业务和用户使用场景，结合业务的逻辑发展顺序，绘制成以下综合应用技术分层图：

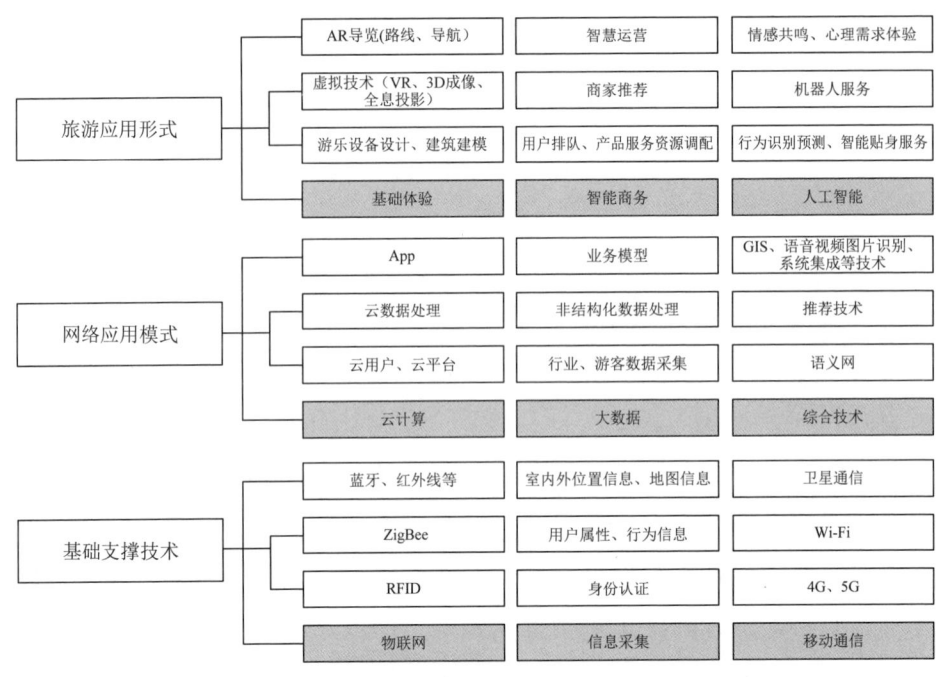

图 1　景区技术应用分层

图中，技术可以分为三层：基础支撑技术、网络应用模式、旅游应用形式。每一层的最下方（加灰底的框）代表该层的主要技术，如物联网、信息采集、移动通信，其上的则是主要技术的分支，如 RFID、ZigBee、蓝牙、红外线等是物联网的分支技术。各层之间，每层的主要技术之间以及每个主要技术的分支技术之间有并列或层次的关系。

总体而言，当前旅游景区的新技术应用呈现出两个特点：

（1）综合性。一方面体现在单一技术的使用比较少见，不同的应用和场景需要综合使用不同的技术；另一方面也体现在新旧软硬件的综合集成上，新应用必须考虑对旧技术系统的兼容和改造。

（2）体验性。与旅游体验性相对应，技术应用的目的性非常强，其核心是以提高用户的体验为目标。不同的业务形态对应的用户体验重心并不相同，导致技术的选择与实施呈现出较大的差异性。

4.2 旅游景区新技术应用现状

4.2.1 旅游目的地核心技术

4.2.1.1 目的地建筑信息模型（BIM）

BIM 最初于 20 世纪 70 年代在美国由佐治亚理工大学建筑与计算机学院的查克·伊士曼博士提出。BIM 的中文术语约定俗成为"建筑信息模型"，也可将其中的 Building 译为建设项目（包括建筑、规划、道路、桥梁、园林等类型）。

对 BIM 概念的理解是：建设项目应用 BIM 技术创建一个数字化、信息化的模型，一个由参与项目的各方面人员共享的数字模型，在这个数字模型中，各个专业的人相互协调、共同完善，知识资源完全开放、共享；通过 BIM 技术能从各个方面（如时间、花费、材料等）预估从项目立项开始到实体建造完成的全过程。即使是该项目完结了，它的 BIM 模型也不会失去存在的意义，仍能通过资源共享得以高效利用。

目前国内外市场上 BIM 软件平台以 AutoDesk 公司的 AutoCAD、Civil3D 和 Revit 软件为主流，近年来国内每年均有中国勘察设计协会联合 AutoDesk 公司举行的"创新杯"建筑信息模型（BIM）大赛，获奖作品类别涉及文化旅游类的有 2018 年的湖南省美术馆及文艺家之家 BIM 应用、BIM 在园林绿化工程的落地应用——鹿岐峰片区沿江风光带工程、基于 BIM 的智能建筑综合运维管理——湘西金湘玺旅游集散中心，2017 年的三峡（国家）工程博物馆、观音法界一期工程观音圣坛主体工程，2016 年的德州大酒店设计项目、日照岚山区文化中心项目、浙闽会馆古建修缮工程等。

案例一：BIM 在新加坡环球影城主题公园项目中的应用

新加坡环球影城主题公园坐落在新加坡圣淘沙岛上，是世界上第四座环球影城，也是东南亚首个环球影城主题公园。新加坡环球影城包括未来水世界、失落世界、古埃及、科幻城、梦幻世界、纽约城、好莱坞、人工湖8个主题区和一个8万平方米的地下设备间及停车场，共设有24个主题游乐项目，其中18个是美国环球影城公司专门为新加坡环球影城设计或修改的。另外该环球影城项目还包括21个餐饮和零售店、45000平方米的景观装饰、园林及道路等。整个项目共有36个主要单体，占地面积约25万平方米，建筑面积约20万平方米。

新加坡环球影城项目受场地面积小、建筑数量多、结构设计复杂、技术要求高等因素的限制，施工过程中存在大量的困难和挑战。建筑过程中使用建筑信息模型（BIM）技术进行了建筑专业、结构专业、机电专业建模，各专业碰撞检查及处理，并对施工进度进行模拟及更新，对工程量进行统计及辅助施工管理，取得了良好成效，显著缩短了工期，节省了造价。

BIM应用实践包括：在深化设计、现场施工及管理协调等环节全面应用BIM技术。用Revit软件建模，通过搭建共享平台，实现建筑、结构及机电三个专业的独立、实时、共享、互不干扰又互相检查的协同建模作业，并结合Naviswork和Primavera6实现了基于建模过程及已建模型进行碰撞检查、工程量统计、施工进度模拟等，进而指导与调整深化设计、现场施工及管理协调等各项工作。

使用BIM软件平台，通过数字化技术建立虚拟3D模型来表示真实世界中对应的实际建筑物，所建立的模型本身涵盖了拟建建筑的空间关系、尺寸大小、构件布局等一系列相关信息，不需要设计人员进行重复性绘制。并且，当设计中发现错误或发生变更时，只需在软件中进行相关部位的修改即可，其他关联之处会自动更新内容，减少了修改的工作量和其他错误发生的可能性。此外，利用BIM软件中的相关命令，可以很容易得到软件中虚拟建筑的各种视图（如平面图、立面图、剖面图、详图等）。

BIM模型采用参数化的三维实体信息描述结构单元，以梁、柱等构件为基本对象，而不再是CAD中的点、线、面等几何元素。同时，通过数据技术模拟建筑结构的真实信息，不仅包含几何形状的视觉信息，还包含大量的物理信息、材料信息等非几何信息，方便从各角度、各方面查看建筑构件的各项信息。

借助 RevitMEP 软件进行机电专业的建模。可以通过引用建筑专业初步设计完成的建筑模型进行预处理，隐藏不需要的对象，建立负荷空间计算单元，提取面积、体积等空间信息，并指定空间的功能和类型，计算设计负荷，选定机电类型。机电选型完成后在建筑模型的空间内根据机电系统的类别进行设备、管线、连接件布置，构建出不同机电系统的模型图，并将其进行组合，形成统一的机电系统。

在机电工程的设计与施工中，常会出现各系统间、各系统与建筑、结构专业之间的冲突，导致大量的设计变更与现场返工。在引入BIM技术后，通过在虚拟的三维环境下进行碰撞检查，提前发现设计中的碰撞冲突，从而及时排除项目施工环节中可能遇到的碰撞，显著减少由此产生的变更，大大提高施工现场的生产效率，降低由于施工协调造成的成本增加和工期延误。

该项目借助 Revit、Naviswork、Primavera、Excel 等软件，将空间信息与时间信息整合在一个可视的 4D（3D+ 时间）模型中，进行施工进度计划的模拟，合理制订施工计划，精确掌握施工进度，优化使用施工资源进行场地布置，对整个工程的施工进度、资源进行统一管理和控制，以缩短工期、降低成本。

案例二：BIM 在上海迪士尼乐园项目中的应用

2011 年，上海建工集团股份有限公司（以下简称"上海建工"）中标上海迪士尼项目。该项目由美方管理，提出的唯一条件就是要运用 BIM 技术。上海建工在面对这样一个国际化项目时，从上到下达成共识，希望通过 BIM 技术的应用来提升企业品牌的影响力和核心竞争力。

从 1995 年美国第一个迪士尼主题乐园建设至今，全球已建成了 5 个迪士尼主题乐园，上海迪士尼乐园是全球第六个迪士尼主题乐园。上海迪士尼项目位于上海市浦东川沙新镇，场地规划 7 平方千米，包括"米奇大街""明日世界""奇想花园""探险岛""宝藏湾""梦幻世界"6 大主题公园。其中最核心的是城堡和一些飞车等项目，而最富互动性的景点则是奇幻童话城堡。在上海的迪士尼主题乐园中，游客可以在其中用餐，也可以进行互动，还可以观赏一些娱乐演出等。

上海迪士尼乐园项目建造的复杂程度非常高，同时，项目对一些主题和外观装饰都提出了非常高的要求。例如，"小飞侠天空奇遇记"对空间提出了很高的要求，"七个小矮人矿山飞车"内部要采取一些非规整空间的结构，对安装的要求非常高，同时测量的点数也非常大，整个矿山飞车里仅支撑钢结构的数量就要达到12000个。

上海建工在整个迪士尼乐园项目中主要承建的项目有泵站、地铁、水处理厂、能源中心、管理中心、静观桥、梦幻世界、H1酒店、H2酒店、餐饮休闲区等。由于迪士尼主题乐园的属性，上海建工不同程度地应用了一些BIM技术，如BIM的可视化应用、BIM深化设计、辅助施工、材料采购管理、物流追踪、工程量统计、成本分析以及基于BIM技术的信息交互平台等。

第一个是BIM的可视化应用。由于迪士尼乐园项目复杂的工艺特点，BIM可视化应用渗透到了各个方面，从深化设计中的方案确定到施工现场中的模型指导，BIM的可视化这一基础应用的优势得以充分体现。此外还有可视化现场的检查，由于迪士尼乐园项目中的结构都不规则，只拿一张图纸无法完成检查工作，因此项目的现场人员就手拿一个iPad，将模型跟现场进行比对，从而检查项目构造是否有问题。

第二个是BIM的深化设计。传统意义上的深化设计模式是通过二维深化设计图纸进行翻模，检验深化设计成果，最终完成方案确认。而BIM深化设计模式是在有限设计资料的条件下，基于BIM模型进行三维设计，在设计过程中通过细节推敲，跨专业整合达到深化设计的深度。

第三个是辅助施工。采用三维扫描进行辅助施工主要应用在梦幻世界、H1酒店和H2酒店的建设中。三维扫描辅助施工是在项目场地形成阶段提出来的，当时上海建工采用三维扫描技术，用一周的时间做出了原本需要30人用一个月时间才能做出来的竣工图。这些关键技术帮助上海建工在迪士尼乐园项目中解决了许多难题。

第四个是4D模拟。4D模拟在整个项目的BIM应用中是最多的，上海建工通过4D模拟可以非常直观地了解项目模型和进度之间的关联度，并通过BIM的4D模拟优化项目进度。

4.2.1.2　游乐项目设备设计生产

随着科学技术的发展和工程技术的成熟，景区游乐设施的发展也日新月异，其发展趋势主要有以下几点：

（1）游乐设施向更高、更快、更复杂、更新颖和更高科技含量的方向发展。一是游客需求上，追求更高、更快、更好的舒适性和更强的刺激感。二是运行形式上，向多样、复杂、新颖方向发展，通常是升降、旋转、倒挂、悬停、滑翔多种运动复合。三是乘坐方式上，由普通的乘坐式向悬挂式、站立式、飞行式、不约束式发展。四是技术发展上，由简单的机械传动向高技术方向发展，如将PLC控制、虚拟仿真、各种传感器技术、磁性动力技术等加入到游乐设施中。

（2）趋向大企业运营，带动区域经济。一是由个人、小企业经营向大企业运营发展。二是与房地产、商业、餐饮、旅游、城市休闲等结合，带动区域经济。三是由单纯的设备进口向产品大量出口发展。

（3）检验难度增高，检验检测工作社会化，安全保障模式多元化。一是使用单位自检责任与功能加强，出现了社会化的检修维保公司提供专业检测与维护保养服务。二是检验检测难度增高，风险加大。对检验人员、技术、手段、方法、仪器的要求越来越高。三是逐步实现停车静态检测与运行动态监测相结合，安全评价与检测监测相结合，定性与定量相结合的多元化安全保障模式。

案例三：专注娱乐设计的弗莱克公司

弗莱克公司（FORREC）是一家总部在加拿大多伦多的专业打造休闲娱乐场所和特色目的地的娱乐设计公司，主要业务是全球主题公园、水上乐园、商业综合体、度假村和游客体验景点的设计，为世界20多个国家打造了多个项目，包括德国乐高乐园、美国佛罗里达环球影城、迪拜环球影城、新加坡环球影城等。

弗莱克公司在设计时擅长以整体性思维入手，构想出动人的故事，包装主题公园亮点，并在实施过程中保持方向正确。

（1）可行性审查和容量分析

拥有超过40年的行业经验，弗莱克公司的主创人员深谙主题公园、娱乐规划业务的方方面面。能够与可行性顾问轻松交流和紧密合作，审查统计数据和市场分析，并将电子表格中的数据转化成图纸。

（2）内容开发

从原始数据到可建造的现实，内容策划将对园区的要求和总体规划联系在一起。用简单的数字来描述独特的访客元素，能够帮助园区有效运作并获益。内容策划考虑到了市场人口情况、主题需求和预算。仔细考虑了目标受众的期望以及每天、每周、每年的预期客流量。内容策划的目标是创建一个非常平衡的、针对适当市场的和经济上可行的公园。

（3）游乐项目的选型和主题包装创造惊艳效果

一个主题公园最吸引人的地方，毫无疑问，就是它的游乐设施。所以在早期确定概念的阶段，我们就已经制定了一个游乐设施和景点的矩阵表，在这个表格的指导下，设计师能够根据数字选择、定制并系统地协调他们的工作。该矩阵表还提供了一个核对清单，用来协调其他公园组成部分。弗莱克公司的行业经验使我们能够从设备选型如何结合到设计方案中，到招标工作协助和现场施工指导等方面提供全程协调服务。

（4）景观建筑

主题公园不仅是风景，本质上还是一个公园，景观建筑需要考虑到公园的所有户外空间，包括连接、聚集、开放和动线区域，我们将对这些区域进行相应的绿化，铺设或饰以水景或其他装饰，从最初的设计到最终的执行，我们都将精确到最微小的细节。景观建筑包括围墙、栅栏、桥梁、道路铺设、音响、灯光、特殊道具、喷泉和标牌等，加上那些郁郁葱葱的绿地，使得弗莱克公司设计的公园成为世界上景观最好的公园。弗莱克公司的景观建筑师打造的空间能够在不影响舒适性的前提下给人留下深刻的印象，同时深化公园的主题。

（5）室内设计

难忘的室内体验设计将公园的主题带向室内，延伸到餐饮服务、零售空间、娱乐设施和公共场所之中。此外，它还能够使许多服务和辅助功能发挥其最大的效率。弗莱克公司的室内设计团队提供了从空间规划到细节设计再到施工的整个过程的一系列服务，并随时根据园区的实际情况调整自己的设计，但从来没有忽视技术方面的要求和预算方面的考虑。

（6）总体规划

一份开发指南从概念到竣工，总体规划用图形的方式描述了园区的组织结构、动线模式和各个分区，以及各个部分之间的关系。各部分的大小和细节可能会随着时间的推移而发生变化，但总体规划的基本结构保持不变。总体规划开始时作为一个意向声明，逐渐演变成设计和施工的参考、竣工项目的检验标准，并最终成为未来园区扩建的模板。

（7）故事线和主题开发

故事将公园的各个部分交织在一起，故事是每一个主题公园的基础。正如总体规划指导一个园区的建设，故事情节引导园区特色开发。故事生成一个园区的主题，建立其独特之处并让整个公园体现连续性。故事可以由客户或者弗莱克公司的设计团队提供。它可能在建设主题公园之前就已经存在了，正如一些品牌产品在建设主体公园之前就已经有了自己的品牌故事，也可能是随着主题公园设计的展开而逐渐流传开来，并为公园的继续设计和建设提供方向。

（8）建筑设计

在主题公园的设计中，游客的体验是第一位的。为了做到这一点，传统建筑优先考虑的方面往往要重新洗牌，从而使建筑完全满足用户对舒适度和享受的要求。主题公园代表了建筑物和空间的复杂集合：除了主空间和结构之外，还有次级设施（服务区）、后勤功能和其他必要的设施。既要让游客有难忘的体验，又要让公园顺利运营，这需要精心的设计和大量的经验。

（9）图形设计及指路系统叙事

方向和特色标牌及图片不只是向人们提供信息，正如每一个公园元素一样，它们也会成为一个园区的特色。无论是指引方向的、提供信息的，还是描述性的，无论是画出来的、打印出来的，还是建成的，标志和图形必须是有用且有趣的。品牌产品需要特别的照顾，因为它们的标识或象征可能以前未曾出现在自然环境当中。弗莱克公司室内设计团队所提供的服务包括协调专业设计师、制造商和供应商。

（10）景点设计艺术与科技相结合激发游客感官

一个"景点"可能是主题公园内的一个特色或一个独立的设施。公园内的景点可以更好地拓展一个主题公园的主题。它们往往结合高科技的骑乘系统、多媒体、互动剧场和身临其境般的特效环境来创造令人振奋的体验。在设计这些环境的过程中，必须确保各个成分能够相得益彰，而且技术的光芒绝不能超越那些能够给游客带来兴奋和喜悦的特色情景。

（11）设计管理保留核心概念

在成功的公园里，核心设计概念体现在游客体验的方方面面。弗莱克公司设计管理服务是为整个大局概念保驾护航，直到所有细节的完成。"我们的专业知识使我们能够为客户扩大标准审查和现场指导的工作范围，甚至包括主题公园特有的项目和施工方法。我们与世界各地的客户、施工管理人员、当地的设计团队和承包商紧密合作。"

案例四：过山车三巨头的产品

过山车类的游乐设备往往是一个主题公园的大型核心项目，目前高端市场上设计生产能力最强的主要是 Vekmo 公司（荷兰）、Intamin 公司（瑞士）和 B&M 公司（瑞士）。它们在近两年的代表产品如表1所示：

表1 世界知名的过山车

产品名称	主题公园名称	国家	生产商
Crazy Cab Coaster	Kid City	印度尼西亚	Vekmo 公司（荷兰）
FlightofthePterosaur	TransStudioMini	印度尼西亚	Vekmo 公司（荷兰）
Formula	Energylandia	英国	Vekmo 公司（荷兰）
七个小矮人矿山车	上海迪士尼乐园	中国	Vekmo 公司（荷兰）
极地快车	株洲方特梦幻王国	中国	Vekmo 公司（荷兰）
创极速光轮	上海迪士尼乐园	中国	Vekmo 公司（荷兰）
时光穿梭	重庆欢乐谷	中国	Vekmo 公司（荷兰）
光速之旅	卡乐星球	中国	Intamin 公司（瑞士）
东盟飞车	南宁方特东盟神画	中国	Intamin 公司（瑞士）
抱抱龙冲天赛车	上海迪士尼乐园	英国	Intamin 公司（瑞士）
云霄飞车	南昌万达乐园	中国	Intamin 公司（瑞士）
Flying Aces	Ferrari World Abu Dhabi	阿拉伯联合酋长国	Intamin 公司（瑞士）
Hyperian	Energy Landia	波兰	Intamin 公司（瑞士）
Wave Breaker：the Rescue Coaster	Seaworld San Antonio	美国	Intamin 公司（瑞士）
Flying Dinosaur	Universal Studios Japan	日本	B&M 公司（瑞士）
Mako	Sea World Orlando	美国	B&M 公司（瑞士）
翼飞冲天	重庆欢乐谷	中国	B&M 公司（瑞士）
云霄飞车	南昌万达乐园	中国	B&M 公司（瑞士）
Valravn	Cedar Point	美国	B&M 公司（瑞士）
Draken	Gyeongju World	韩国	B&M 公司（瑞士）
家庭过山车	北京欢乐谷	中国	B&M 公司（瑞士）
Fenix	Toverland	荷兰	B&M 公司（瑞士）

以上述三家为代表的国外生产商企业投入大量的资源进行研发和推广，以产生技术上的新纪录为动力进行产品的更新，牢牢地把握着这一块利润巨大的制高地。国内生产企业则以中低端市场为主要目标，也在努力地追赶。

案例五：中山市金马科技娱乐设备股份有限公司

中山市金马科技娱乐设备股份有限公司（以下简称"金马公司"）成立于2007年，是一家专业从事游乐设施开发、生产和销售的高新技术企业。公司主要产品为大型游乐设施，具体包括滑行车类游乐设施、飞行塔类游乐设施、观览车类游乐设施、转马类游乐设施、自控飞机类游乐设施及其他各类游乐设施。而且公司凭借持续地创新和研发，将动漫元素融入游乐设施的创意、策划、研发和生产之中，形成了公司的特色。

凭借在大型游乐设施制造业的长期积累，金马公司在创意、策划、研发、核心技术、产品质量、品牌和服务等方面建立了市场竞争优势，已发展成为国内规模最大的大型游乐设施制造企业之一。金马公司拥有中国较为齐全的自主开发的游乐设施产品系列和完备的产品结构，自成立以来，公司致力于树立高质量的品牌形象，客户范围涵盖欢乐谷、方特乐园、万达乐园、恒大海花岛、乐华欢乐世界、大连海昌旅游、宋城旅游等国内大型主题公园，产品远销泰国、马来西亚、印度尼西亚、坦桑尼亚、乌兹别克斯坦、韩国、俄罗斯等多个国家和地区。

金马公司作为国内规模最大的大型游乐设施制造企业之一，通过抓好ISO 9001体系有效运行，推进特种设备制造许可和质量管理体系工作，从产品设计开发到生产安装、从过程产品到最终产品均严格执行国家标准和相关规定。

金马公司注重科技创新和经营创新，具备国内优秀创意、策划、研发、制造团队和良好的科研试验条件以及技术研发中心，每年均有多项国内先进水平的新产品推出市场。同时大力整合创意、策划、研发、制造等方面资源，在行业中树立综合品牌和实力形象。能够提供从产品创意、策划、研发到产品生产的全周期服务。公司的技术水平主要体现在系统的研发模式、专业的创意策划和研发人才梯队、游乐设施核心技术的掌握等方面。

根据游乐设施产品的创意、策划、研发和生产特点，结合多年研发经验的积累，并借鉴国外领先的研发模式，公司形成了一套全面的、系统的、覆盖产品全生命周期的研发模式。同时，基于游乐设施制造行业安全性需求和公司品牌形象树立需求，公司形成了"双通道对比安全验证保障机制"，同批次开发任务运用不同方法、不同团队相互验证比对，提高项目开发的成功率，保障开发产品的安全性。

金马公司现有三个生产基地，总占地面积超 10 万平方米，其中包括游乐设施研发生产基地（中山，火炬高新区）、动漫影视一体化研发生产基地（中山，港口镇）和游乐设施项目生产基地（中山，板芙镇），是目前全国规模最大、设备最完善的游戏游艺制造企业。公司现有各类机械加工、安装、检测设备数百台（套），并且拥有一大批经验丰富、成绩卓越的技术人员和一支高素质的技工队伍，具有雄厚的机加工、玻璃钢成型、金属材料热处理、电子电器制作、钳工装配与安装的能力，生产加工工序齐全，每年生产加工能力达数亿元产值。公司设有开料车间、机加工车间、玻璃钢车间、组焊车间、装配车间、电子车间、安装车间、结构车间，拥有功能齐全的各种金属切削机床、冲压成型设备、数控等离子切割机、氩弧焊、二氧化碳保护焊、热处理高频设备、玻璃钢制造等各类型的先进生产设备，能满足各类大、中、小型游乐项目的加工制作及安装的工艺与精度要求。金马公司不断优化资源、提升产能，从而更好地满足客户需求。

4.2.1.3 游乐项目数字化沉浸式设计

从国际游乐园和景点协会大奖（IAAPA）近年来的得奖趋势判断，经典影视 IP 打造的衍生体验和沉浸剧场占了其中很大比例。例如，迪士尼的"潘多拉星球：阿凡达世界"中的飞行体验 Flights of Passage 凭借其强大的 CG 能力将电影和主题公园联系了起来，让观众能亲身体验在潘多拉星球翱翔的快感。法国未来视界乐园2018年4月最新推出的"极速体验",通过虚构赛车手运输危险化学品的情节,令人们感受到拯救世界的速度与激情。游戏中不仅配备有最新一代的虚拟现实头盔,还有空间化的音效,更有5D体验,人们能闻到气味,随赛车位移还能感受到气体的喷射,打造了一种完全的沉浸式体验,让人们感受冒险的刺激。

4.2.1.4 基于VR、AR的虚拟游乐项目设计应用

虚拟游乐项目是以视觉感官体验为主的游乐项目,因此易于开发与IP相符的内容。同时由于其涉及视觉、计算机软硬件、玩乐体验、内容开发等方面,对于资源的整合、人工协作管理提出更高的要求,也对生产企业发展提供更多的可能性。

关于VR主题公园,目前业界并没有一个明确的概念。一些观点认为,只有整个公园的娱乐项目都基于VR科技与VR游戏,才称得上是VR主题公园;也有观点认为只要拥有通过VR技术去增强原本游乐体验的项目,就可以算是VR主题公园。目前市场中的VR主题公园基本属于后者。

案例六:迪士尼乐园

迪士尼作为娱乐帝国,主题公园产业发展历史悠久,它独有的文化IP世人皆知,米老鼠、唐老鸭是全世界公认的经典卡通人物,但是迪士尼成功的背后,离不开科技的助力,迪士尼科技和文化发展的完美融合是其得以不断吸引游客的制胜法宝,也是其一直处于行业领先地位的核心竞争力之所在。

2008年,迪士尼成立了迪士尼科研中心。目前,迪士尼不仅有想象工程实验室,还有五个研发部门,根据旗下的不同业务,划分出人机交互、电脑绘图、视频制作技术、人体识别、材料研究、行为学等不同科研领域。而每年,在迪士尼工作的化学工程师、软件工程师和机器人专家都可以向老板正式介绍他们最疯狂的创意。一旦这些创意具备经济上的可行性,就会立刻实施。

关于VR技术的应用,迪士尼在20世纪90年代就开始了虚拟现实的

风潮，最先投入的项目就是主题公园。它们与 VWE 合作，于 1993 年在洛杉矶开设了一个虚拟地理社区，其中包括结合驾驶舱体验的蒸朋餐厅，紧随其后还推出了阿拉丁飞毯、火箭专家等佩戴头显的娱乐设施。不过受限于成本和呈现效果，它们并没有走向普及。

2016 年，迪士尼上线了一款名为 Disney Movies VR 的应用，其中不仅包含了旗下大部分热门影片，也包含了一个能够与之互动的虚拟主题公园。除此之外，还研发了一套运动捕捉系统，能够定位物体和人体的位置，并通过虚拟渲染的方式将场景重现于 VR 头盔中。2017 年，迪士尼和虚拟现实线下体验游戏定制公司 TheVOID 共同宣布：两家公司将与卢卡斯影业负责沉浸式娱乐的 ILMxLAB 合作，将在位于南加州和佛罗里达奥兰多的两个迪士尼主题乐园推出全新沉浸式体验"星战：帝国的秘密"，让观众可以置身于星战庞大的科幻外景中。

而在 AR 技术方面，迪士尼也有不俗的表现，并已经陆续应用于市场。2015 年，迪士尼把 AR 技术和上色结合起来，希望通过这种方式鼓励儿童重新爱上上色，激发儿童的创造性。当儿童在给纸上的卡通形象上色的时候，智能设备里的 App 会通过摄像头根据纸上绘画的颜色和形状创建一个相应活动的 3D 模型，并把 3D 模型同绘画实时在软件里叠加显示，儿童可以通过此 App 随时观察自己所画 2D 画对应的 3D 模型。还没上色或图上被遮挡的部分，App 在创建 3D 模型时会采用一些算法智能猜测并填充相应的部分。

2017 年 4 月，迪士尼正式获得了《放映机投影式 AR 系统》的专利，该专利由迪士尼于 2015 年提交申请，展示了根据放映机投影影像反映到现实世界的新 AR 应用。迪士尼的构想是不需要头戴"某些设备"就能体验某种二次元混入三次元世界的 AR 体验。

2017 年 7 月，迪士尼公开了魔法长凳 Magic Bench 项目。Magic Bench 不需要参与者佩戴 AR 头戴设备或借助智能手机。一人或多人坐在长凳上后，看着一个显示他们坐在那里画面的大型显示屏。接下来，卡通大象、兔子或其他卡通小动物会出现并"坐在"凳子上。摄像头和深度传感器有助于该系统在空间中定位多人,并将卡通动物放置在"场景"中。

2017年9月,在德国柏林消费电子展(IFA2017)上,联想与迪士尼合作的一款由智能手机驱动的增强现实头戴设备——Lenovo Mirage,全球首发。此前,联想与迪士尼就联合公布了一款由超级IP星球大战改编的AR游戏——《星球大战4:绝地挑战》。而电子展期间发布的Lenovo Mirage正是用来运行此游戏的沉浸式AR设备,把装有《星球大战4:绝地挑战》游戏App的手机插入此款AR设备中,再配备酷炫的手持设备光剑控制器后,就可以进行畅爽的游戏体验。

2017年8月,迪士尼将自家研发的实时纹理技术发展成了一种有趣的AR应用程序——ARMuseum。只要将移动设备对着博物馆中的2D艺术作品,就可以更改它们的颜色。比如,用手指点一下,就可以将凡·高的《星空》变为绿色调。

2017年10月,优必选正式推出与迪士尼合作的全新产品:AR机器人Star Wars First Order Stormtrooper,主打增强现实(AR)、语音控制、面部识别、警戒巡逻等功能。用户可以获得沉浸式的AR互动游戏体验,也可以发布直接的语音命令,并通过App中的第一视角(士兵视角,可以通过机器人的摄像头向用户展示实时动态信息)和第三人称视角(指挥官视角,可以展示任务区域的全貌)发动攻击。

由此可见,迪士尼在VR和AR领域的技术开发已经颇有成效,相信未来也会不断地创新和深化。

案例七:TheVOID主题公园

TheVOID号称是世界上首家VR主题公园,位于美国犹他州盐湖城,主打多人游戏。TheVOID通过头显、适配电脑与可穿戴智能设备,再结合灯光、烟雾、气味等特效,在真实的空间给玩家打造一个虚拟的全触感空间。创始人甚至在官网上表示,TheVOID的重点不仅仅是虚拟现实(VirtualReality),而是一个超级现实(Hyper-Reality)。在这个主题公园内,玩家将穿上能够再现冲击的体感设备,在现实世界中感受真实的游戏世界，在330平方米的设施内感受虚拟现实的乐趣。手动操作虚拟的面板进行控制，还能够在现实中使用剑或者其他的小道具进行游戏。另外，在体验的过程中，还会有各种烟雾或者是喷水装置，让你有更真实的体验。

为了将现实场景、虚拟图像和光线与音响效果结合起来，TheVOID 使用了 RAPTURE 设备组合。此外，TheVOID 也采用了 LeapMotion 手动捕捉技术，以让玩家能够在游戏中看到他们虚拟的手部。

案例八：ZeroLatency VR 主题公园

ZeroLatency 位于澳大利亚的墨尔本，VR 娱乐中心在一个占地 400 平方米的仓库中，设置了 129 部 PlayStationEye 摄像头，玩家需要背着装有 AlienwareAlpha 电脑的背包进行操作，主打爆破僵尸的游戏。

ZeroLatency 采用了 PSMOVE 光学定位与图像识别技术。PSMOVE 能让不同颜色的光球在 PSEYE 中以不同于背景画面的图像出现，然后再通过空中三角测量算法与计算机视觉算法，来定位真实世界的坐标。每个玩家都有 4 件装备：带标记光球的 OculusDK2、同样带有光球重达 2.5 千克的道具枪、带麦克风的耳机与背包中的 AlienwareAlpha 电脑。

案例九：法拉利 VR 主题公园

世界上第一座法拉利主题公园 Ferrari World Abu Dhabi 位于阿拉伯联合酋长国阿布扎比，Ferrari World 在该主题公园中，用 Holovis Attractions Ride View 软件，给玩家带来独特的 VR 过山车体验。

外媒报道称设计团队正使用 Holovis Attractions Ride View 软件在该公园内打造一个过山车体验，软件将配合 HolovisVRCAVE 所在的环境协同工作，而 HolovisVRCAVE 是一个 3D 立体放映室，可以从 5 个方位投影全息影像并且拥有头部追踪和互动功能。他们也允许任何人包括普通游客参观或参与项目的建设，你可以通过他们的客户机观看和审查项目设计和进行的每个阶段，而且你看到的是一个 1:1 真实比例的实时环境。

4.2.2 数据处理与目的地应用

旅游目的地应用是以用户体验为核心的,因此用户数据的采集处理对于景区提高服务水平、合理改变旅游目的地资源配置有直接的意义。近年来,越来越多的旅游目的地尝试与第三方技术提供商联手,开发各种功能,其背后的逻辑就是形成"数据—服务—体验—数据"的闭环。

案例十:腾讯地图 & 敦煌莫高窟联手推出智慧景区小程序

在2018年9月27日至28日举行的第三届敦煌文博会上,腾讯与敦煌研究院携手打造"解码敦煌——数字丝路文化展",集中展示双方半年多来的合作成果。同时,腾讯地图与敦煌研究院联手推出的智慧景区小程序正式上线,通过移动景区导览的形式,帮助人们解读、体验古老的敦煌文化。

腾讯地图智慧景区解决方案依托腾讯地图精准的定位、导航能力和迅捷的大数据处理能力,以小程序的形式连接线上与线下,融合虚拟与现实,推进莫高窟智慧景区的建设。

该小程序是基于位置场景化服务的智慧化方案,将敦煌莫高窟景区生动写实地还原到手机上,通过提供手绘地图、语音讲解、路线规划、设施查找等服务功能,帮助游客更全面、更深入地体验、了解莫高窟的文化内涵。

小程序覆盖了莫高窟游览的全部流程,进一步升级游览内容服务,可以帮助游客更好地了解景区。在到达莫高窟前,游客即可通过小程序提前熟悉敦煌莫高窟的各项基本信息,包括级别、类型、票价、简介、整体解说、开放时间等;到达莫高窟后,游客将获得景区概况、位置查找、路线规划等来自腾讯地图的精准服务,从而可以快速抵达洞窟、各博物馆、餐厅、商店、停车场、卫生间、出入口等需要的位置,让参观游览过程更流畅、更便捷。不仅如此,智慧景区小程序还可为敦煌莫高窟制定市场策略提供参考,升级服务能力,提高运营效率,优化观览体验,从而进一步提升游客满意度。

腾讯与敦煌研究院的本次合作,总结而言,是以小程序作为纽带,将互联网、公众和莫高窟这一古老文化 IP 连接在一起，利用科技推进文化产业的发展。

4.2.3 旅游目的地新技术整合与应用

景区在数据采集处理到位的情况下，可以综合分析游客的行为模式与心理需求，解决其在出游过程中的痛点。目前出现的排队系统、导览系统、推荐系统及人工智能服务都是基于关键数据的采集和处理。包括用户本身的时间空间信息、用户的行为数据、用户的属性等。功能搭建与添加并不困难，难的是如何在不增加用户学习成本和改变用户习惯的基础上获得数据、处理数据，并据此提高用户体验。

案例十一：美团门票和徐州乐园——游玩指南 & 云排队

2018 年 8 月 10 日，美团门票与徐州乐园正式达成战略合作，双方共同签订合作协议。这项合作也标志着美团门票推出的旅游信息化两大功能——游玩指南和云排队正式落地徐州乐园加勒比水世界。美团成为第一家为景区提供此类服务的在线旅游平台，将旅游信息化全面推进到景区内，实现景区内游玩项目的智能化。

此次的战略合作以旅游信息化为主要方向，其核心内容是美团门票开发的两大功能——游玩指南和云排队。游玩指南为游客提供包含热门项目及美食推荐的一站式游玩攻略，云排队则有效缓解徐州乐园内排队严重造成的拥堵，为游客免去排队之苦，在提升游客体验的同时，为乐园系统化管理提供有力支撑。

游玩指南助力徐州乐园提升服务品质，拉动二次消费。在游客进入距离徐州乐园加勒比水世界 300 米内的区域范围时，打开"美团"App 即可在首页看到徐州乐园的游玩指南卡片，点击进入后即可看到该景区的热门游玩项目推荐，每个项目的内容详情、开放时间、游玩规则等都有详细介绍，并显示游玩过的网友点评供游客参考。此外，美团门票还协同加勒比水世界，在园区内布置了多个二维码扫码处，游客可以随时随地通过手机微信扫码的方式，打开游玩指南页面，寻找自己心仪的游玩项目，无须翻阅纸质资料。

游玩指南内还包含一项重要内容——餐饮推荐。美团门票依托美团一站式生活服务平台优势，在游玩指南中增加了徐州乐园内的餐饮推荐。游客在游玩之余，还可根据自身需求，选择合适的餐饮服务，从而实现吃喝玩乐一站式旅行体验。在给游客带来便利的同时，这项功能也可有效拉动乐园内的二次消费，助力景区走出过度依赖门票收入的"怪圈"。

云排队免除游客等待之苦，线上线下轻松排。在游玩指南基础之上，美团门票还为徐州乐园加勒比水世界提供了线上排队系统，帮助解决热门项目门前排队严重、造成拥堵的管理难题，帮助游客减少排队时间，更能与游玩指南形成密切协作，形成游客有效动线以及更多购买机会。游客通过美团App或微信扫码均可进行"云排队"。

在游玩指南页面，加勒比旋风滑道、漂流河等游玩项目下方均有"排队取号"的按钮，并显示该项目当前排队人数及预估等待时间。想要游玩的游客只需点击该按钮，即可进入相应项目的排队取号页面。在排队取号页面，点击取号并选择同行人数后，即可成功领取到排队号及相应二维码。成功领号后，就可以自由安排游玩计划，其间可随时查看排队号。在快要到号时，游客也会收到系统通知或微信提醒，防止过号。

美团门票云排队的上线，或将打通游客与景区之间的"数据鸿沟"，将客流管控与舒适体验前置到游客端，一部手机在手，游客便可提前获知、自主选择、即时排队。在实地体验过程中，游客均对这一功能给出好评。

相关机构认为，美团门票的"游玩指南"和"云排队"，实现了景区目的地服务信息化水平的升级，实现了智慧旅游的构架，最为关键的是，为景区目的地提升了人效、时效、坪效的运营管理水平。

案例十二：美景听听App——导览&人工智能

美景听听是美景听听（北京）科技有限公司开发的一款移动应用App，是全球第一家海外旅行中文语音导游App。基于人工智能技术引擎，利用大数据和语义理解技术收集数十种语言的全球景点信息，致力于为用户提供有趣的中文语言讲解。

美景听听的主要功能有4点。收听：六大洲（除南极洲）上百个国家的上百个旅游景点任意听，能更深刻地了解目的地，不必在旅行前做大量功课。下载：对喜欢或者用得到的景点音频自由下载，带在路上离线随意听，再也不用担心流量。搜索：美景听听有方便快捷的搜索功能，只需在主界面的搜索框内输入关键词，想要的音频立刻呈现。分享：对中意的景点介绍不舍得放走，有分享功能，一分钟即能分享到主流社交平台。

目前，美景听听团队紧扣"提升景点游览体验"这个突破点，完成了美景听听业务的快速推进。根据最新资料显示，其App目前支持全球超过100个国家和地区的5万多处景点的中文语音讲解服务，基本上，全球所有热门景点已经实现覆盖。此外，携程App"景点玩乐"频道内，全球约60%的海外景点的中文讲解服务均由美景听听提供，欧洲景点的占比则高达80%；途牛很多热门的机票+酒店自由行明星产品都直接与美景听听语音讲解服务绑定；在中国地图出版社最新出版的"智慧地图"中，用户更是能够通过扫描对应的二维码听取相关语音内容。

美景听听团队表示，会根据游客实际游览习惯及景点之间的相关性，去设置最佳的导览动线，他们认为最好的效果，是让游客在边听边看中流畅地完成参观，移步易景却感受不到卡顿和跳跃。在景点讲解方面，美景听听将讲解服务的重点放在了景点背后的历史和人文故事上，将以往乏善可陈的导游词揉碎在精心设计的故事情节中，并辅以幽默轻松的表达让用户有代入感和亲近感。

在业务创新上，美景听听于2017年App内上线了"博物馆之眼"——基于图像识别技术的博物馆藏品识别功能，该功能对博物馆展品的识别率能够达到95%以上，收到了用户的良好反馈。

目前，对于美景听听来说，一方面是核心的出境游景点中文语音讲解服务，另一方面他还将打造自有IP作为今后发展战略的重要领域，争取充分利用拥有的 5 万多条全球景点素材。事实上，美景听听的内容团队正在从其海量素材库中进行二次筛选，并投入导演、编剧人员开展系统性开发与创作，为旅游目的地和国家设定特色鲜明的人物形象，他们彼此之间能够独立存在，也能联合构成一个气势磅礴的故事。

4.3 旅游景区新技术应用的未来发展方向

对于未来新技术在旅游景区的应用，有以下几点值得注意。

4.3.1 强调技术介入旅游景区策划与运营

我国旅游景区经过多年的发展，虽说从定位到规模形式，都越发成熟，但在文化挖掘和产品创新上并不突出，其原因便是市场缺乏真正"新、奇、特"的产品，难以构筑一个有灵魂的旅游景区。在景区策划环节引入新技术将会有效缓解这一现象，打造具有独特吸引力的景区产品。

此外，出于对品牌的宣传、品牌口碑的树立、IP 形象的推广、线上的销售以及能够及时引导舆情走向等原因，各旅游景区都开始逐渐重视自身在互联网平台上的运营，特别是在新媒体方面的运营。

4.3.2 注重基于新技术的用户体验提升

服务设计是服务质量管理的重要环节，良好的服务设计是保障服务质量的先决条件，服务蓝图（Service Blueprinting）设计是现今国际上极为流行的旅游服务设计方法。服务蓝图理论由美国学者 G.Lynn Shostack 于 1984 年提出，她将服务蓝图定义为"服务所有要素的组合图表"，概括为：服务蓝图是一种基于流程图的服务分析设计工具，合理划分服务过程模块，再逐一描绘服务系统中的服务过程、接待顾客的地点以及顾客可见的服务要素，是解决服务叙述不完整、过度简化、描述偏差和解释困难等问题的方法论。

服务蓝图主要由 4 种行为、3 条分界线、连接行为的流向线和设置在顾客行为上方的有形展示构建而成。其中，4 种行为包括：顾客行为，展示了顾客从进入到离开服务系统的整个行为过程，把顾客的行为步骤和行为过程置于服务蓝图的上方是为了突出以顾客为中心的服务理念；前台服务行为，指前台直接与顾客接触且服务于顾客的员工行为，是顾客能够直接感受到且看得见的行为活动；后台行为，是发生在幕后、不直接与顾客发生直接接触的员工行为，如主题公园官网的技术维护等；系统支持行为，指组织内部给前台与后台员工的支持性工作内容，可以是系统性文件或管理系统等。3条分界线分别为：互动分界线、可视分界线和内部互动作用线。

旅游景区服务蓝图有助于服务企业了解服务过程的性质、控制和评价服务质量以及合理管理游客体验等。服务蓝图具有直观性强、易于沟通、易于理解的优点，主要表现为：一是促使管理者全面、深入、准确地了解所提供的服务，有针对性地设计服务过程，更好地满足顾客的需要；二是有助于公园内部建立完善的服务操作程序，明确岗位服务职责，开展岗位培训，有效保护游客的权益，提升员工的服务水准。

常态运行下的旅游景区，对于提升游客的体验感，主要考虑以下几个关键点：

4.3.2.1 提高设备的科技体验特性

设备是项目的主体，只有体验性高的项目才会有吸引力，不断提高设备的可体验性、可玩性才是持续发展的必经之路。创新设备，软硬件配合，具有国际领先水平的可玩性会不断地吸引客源体验。

4.3.2.2 提升运营团队的应急能力

旅游景区随时都将面临各种各样的问题，如出现游乐设备机械故障，由于天气原因项目或表演无法如期进行，园内排长队，由于餐饮设施的不良设计所引发的餐饮店低效率，旅游商品质量问题，内部员工问题等。应对和处理这些日常问题，都必须要有丰富的运营经验和训练有素的员工队伍。

4.3.2.3 升级游客体验

站在游客角度，这是对旅游过程的直接观察或参与以及在此基础上形成的感受。如何管理排队？最好的办法是消除排队，如不能就应让游客知道需等候的时间，为他们提供互动娱乐活动以转移他们的注意力。如何有效处理游客投诉？在建立一套处理投诉程序的基础上，授权员工及时处理游客投诉的小问题；针对不同的投诉分类提出不同的处理方案；快速解决问题，尽量减少游客的停留时间，确保有更多的时间进行游览游玩。同时，管理好景区的环境，要使游客觉得景区环境干净整洁、维护良好。

主题公园以文化为主题，以公园为载体，以游客的体验为本质。对于主题公园的消费者（游客）而言，主题公园的氛围是他们体验主题公园最直接的途径。前迪士尼幻想工程师兼创意副总裁乔·罗德（Joe Rohde）曾说过"创作者必须把游客放在沉浸式幻想世界的中心""我们建造的是故事世界，而不是故事情节"。因此，问题的关键在于，我们是否可以创造出令游客身临其境、无可取代的体验，让游客体会到差异化的文化。

4.3.3 促进公园主题形象提升与品牌营销

在迪士尼乐园，随处可见的是经典影片中的人偶形象，以及相应主题的游乐设施。无论是在乐园中游览，或是在其中消费，实际上都是在消费迪士尼IP。例如，在迪士尼乐园需要多停留一天的游客，常常会选择入住园区内的迪士尼酒店，因为只有在这里才能享受到迪士尼的主题。有数据显示，迪士尼酒店的入住率平均高达98%。在迪士尼乐园中每个游戏项目的出口，都设置了一家礼品商店，其中销售迪士尼经典动画形象的衍生品。这些衍生品并不仅在乐园内售卖，其品牌还进入购物中心等商业渠道，较好地扩大了品牌影响力。推广会员制营销，主题公园的年卡会员普遍具有重游率高的特点，他们每年平均重游5次左右，对于主题公园而言，是稳定的客源，但是有一点值得注意的是持年卡游客的二次消费一般都比较低，更多的是体验游玩。

当下互联网时代的传播特质很鲜明：人人都是自媒体。随着互联网科技的进步和互联网文化的繁荣，传播不再是媒体主导公众的时代，而是粉丝自发的传播扩散。社群的建立将粉丝充分聚拢，发挥粉丝的主导传播作用，引发到周边人群的传播，通过朋友圈、通过空间乃至通过个人社交账号，把信息传播出去。充分发挥社交媒体的力量，与粉丝进行良好沟通和互动，不断挖掘粉丝的潜在需求，势必会为旅游景区的经营带来不容小觑的力量。

（华侨城旅游研究院暨南大学深圳旅游学院联合课题组）

5 不同体制景区运营管理需要注入新活力

5.1 引言

5.1.1 研究背景

我国旅游产业自 20 世纪 70 年代改革开放发展至今，已取得了举世瞩目的成绩。截至 2017 年年底，我国国内旅游人数达 50.01 亿人次，比上年增长 12.8%，国内旅游收入 4.57 万亿元，比上年增长 15.9%；入境旅游人数 1.39 万人次，比上年增长 0.8%；国内居民出境旅游人数 1.31 亿人次，比上年增长 7.0%[①]。旅游景区也发展迅速，我国到 2017 年年底共有旅游景区 3 万多家，其中国家 A 级旅游景区 10340 家（包括 5A 级 249 家、4A 级 3034 家），世界遗产 53 项，全域旅游示范区创建单位 506 家，红色旅游经典景区 300 家[②]。

旅游景区作为旅游产业重要的资源基础，是旅游核心吸引物之一，在旅游产业发展中起着关键性的作用，也是与人民群众息息相关的幸福产业的重要物质基础。我国从 1979 年开始建立风景名胜区管理体系，到了 2017 年，自然和人文景区数量从少到多，旅游文化 IP 从无到有，主题公园、度假区业态不断升级换代，各类景区规模从小到大、实力从弱到强；同时，景区的管理制度也在不断出台、变化、创新和完善，各地的景区都努力根据自身的实际情况和基础条件，逐步探索适合自身发展的模式和管理方法。

然而，在旅游景区呈现积极发展态势的同时，也出现了很多问题，尤

---

① 数据来源：国家旅游数据中心。
② 数据来源：文化和旅游部副部长李金早在"2018年全国旅游工作会议"上的讲话。

其有一些深层次的结构性问题：一是景区管理体制不科学，很多景区发展面临多头管理的体制和机制困境，改革发展很难推进和实施，制约着景区行业的发展；二是景区产品单一，区内二次消费少，尚未摆脱门票经济的束缚，加上创新力度不足，尤其是缺少内容性产品的开发，参与度和体验感差，旅游商品纪念品也缺乏创意，无法满足游客多元化的消费需求；三是景区经营情况分化，总体盈利能力较弱，原有的景区更新换代慢，很多景区因为盈利能力弱导致资金投入不足，没有能力更新陈旧设备，有的景区甚至亏损倒闭；四是新增旅游景区供给明显不足，节假日景区到处人满为患，无法满足消费需求和提升人民群众的幸福感。因此，景区需要行业管理部门和业者正视目前的环境和经营实际，不断地研究、探索，找出更优的解决方案。

当前，大众旅游时代已经到来，人民群众的旅游需求正在向休闲度假游和深度品质游发展；国家倡导全域旅游的发展方向，给景区的发展提供了新机遇，也使景区的发展面临更多挑战。未来，旅游景区应如何定位？在全域旅游中扮演什么角色？旅游景区在运营管理中应该做出哪些改变？不同体制下的景区如何变革？如何转型？都是景区行业管理者和业者要面对的严峻课题。

旅游景区的改革创新与转型升级，是旅游供给侧改革的重要工作之一，是能否进一步满足人民群众的生活需求、提升幸福感的关键。本研究通过实地调研、问卷调查等方法了解和把握旅游景区的实际问题，拟有针对性地提出相应的解决方案，希望研究成果对景区未来的改革创新与转型升级，对国家景区管理体制的改革与提升，起到一定的借鉴意义。

5.1.2 研究方向

本研究的主要研究方向包括以下三方面：

一是通过实地调研和问卷调查了解我国旅游景区的现状，总结制约景区发展的体制障碍和经营发展问题。本研究对全国范围的100多家旅游景区发放了问卷；并选择了在全国具有一定代表性的四川、西藏、广西、广东四省区的部分景区进行实地考察、调研，对相关景区的负责人开展访谈，并与四省区景区协会和政府风景区管理部门的负责人共同召开有当地代表性景区企业参加的座谈会，了解和对比了东、西部景区的发展情况，总结出旅游景区体制和经营发展的实际问题。

二是结合国内外的经验，提出在新的形势下中国旅游景区发展与管理体制改革的初步思路和建议。针对我国旅游景区的现状，结合美国、日本等西方国家的经验，尤其是借我国自然资源部成立后正研究推出资源保护类的管理体制改革之契机，对我国景区进行初步的分类，为不同类别的景区提出具体的改革、转型的建议。

三是中国旅游景区的发展，离不开政府部门的引导和监管，结合旅游景区体制改革和转型方向，明确政府、协会和企业的角色定位；根据初步研究出的解决方案，提出相关的政策建议，对中国旅游景区协会下一步工作提出有针对性的意见建议。

5.1.3　研究目的和意义

本研究希望通过对上述问题的研究，达成以下研究目的：

一是通过对景区的实地调研，以及对地方景区协会、政府景区管理局的访谈、座谈，对景区管理体制及治理模式进行梳理，明确景区的管理主体、治理目标、经营管理机制等问题，让旅游景区、行业协会、政府监管部门对景区现存问题有更明确的认识，各司其职协同做好工作。

二是通过探索体制、机制等方面的改革，提出转变政府监管思路的建议，创新景区管理和发展新模式，为景区行业更好、更快地发展提供有力的体制、机制和制度保障。

三是通过积极探索旅游景区经营管理和发展的新模式，引导旅游景区在新的形势下明确自身定位，不断创新发展，向品质更优、体验更好的方向进发，为广大百姓提供更舒适的旅游服务，进一步提升人民群众的幸福感和满足感。

四是通过对景区行业目前的问题进行梳理总结，从行业管理、行业自律的角度，对中国旅游景区协会下一步的工作提出建议。

5.1.4 研究方法

本研究采用实地调研、深度访谈、问卷调查、桌面研究、案例分析等研究方法。

实地调研：考察对象是川、藏、桂、粤四省区的特色、典型景区，如剑门关、稻城亚丁、雅鲁藏布大峡谷、巴松措、布达拉宫、罗布林卡、龙脊梯田、世界之窗、锦绣中华等景区。

深度访谈：访谈对象以川、藏、桂、粤四省区相关景区负责人为主，了解旅游景区的现状和存在的问题，获取未来景区发展的资讯和建议；与四省区景区协会和政府风景区管理部门的负责人共同召开有当地代表性景区企业参加的座谈会，进一步了解、总结出旅游景区体制和经营发展的实际问题。

问卷调查：中国旅游景区协会向全国的景区发放问卷，调查景区的发展现状。

桌面研究：即二手资料研究，通过网站、公告、出版物、行业报告、学术文献等现有二手资料，分析和研究旅游景区的产业背景、竞争态势、投资环境、旅游消费者需求。

案例分析：精选景区管理运营的典型案例，为旅游景区探寻可复制的、合适的发展模式，培育可复制的商业模式。

5.2 现状

5.2.1 调研现状

此次，我们跟随中国旅游景区协会选择了四川、西藏、广西、广东四个省区开展实地调研。一方面，这四个省区的景区发展在东西部具有一定的代表性；另一方面，选择的景区在体制、运营管理方面也具有行业共性特点和代表性，四川、西藏的主流景区大多是政府直接管理，而广西和广东的景区发展得早，国有、民营的大企业都有，市场化程度高，尤其是广东的市场化走在全国前列。

四川是著名的旅游资源大省。它地处中国西部，地形复杂多样，既有盆地也有山地、高原，地质地貌景观丰富，形成了美丽的自然风景，有多家全国一线自然景区；它又是古巴蜀之地，文化底蕴深厚，有着众多的传说和故事，如我们耳熟能详的三国故事就发生在这里；同时，四川民族风情浓厚，是中国第二大藏区，最大的彝族聚居区和唯一的羌族聚居区，这里有55个少数民族，其中彝族、藏族、羌族、苗族、回族、蒙古族、土家族、傈僳族、满族、纳西族、布依族、白族、壮族、傣族14个少数民族世代居住在四川，特色明显。

近几年四川的旅游发展迅速，2017年全年实现旅游总收入8923.1亿元，比上年增长16.1%；其中接待国内游客6.7亿人次，增长6.2%；国内旅游收入8825.4亿元，增长16.1%；接待入境游客336.2万人次，增长9.9%；实现旅游外汇收入14.5亿美元，增长16.7%。四川旅游景区众多，现有国家级风景名胜区14处，省级风景名胜区75处，国家5A级旅游景区12家，既有老牌的峨眉山、青城山、都江堰、九寨沟、黄龙等自然遗产和景区，也有后起之秀的稻城亚丁，都深受游客的青睐。

西藏以建设重要世界旅游目的地为目标，旅游经济运行平稳，实现逐年增长。2017年累计接待国内外游客2561.4万人次，实现旅游收入379.4亿元，分别增长10.6%、14.7%，旅游占西藏经济比重达28.95%。游客量和旅游收入较5年前（2012年）分别增长142%、187%。2017年西藏旅行社达311家、星级饭店（宾馆）243家、A级旅游景区115家、导游3156人，全行业固定资产接近200亿元，旅游业规模经济效应已初步形成。西藏的景区行业相较其他省区市发展落后，主流景区有布达拉宫、大昭寺、扎什伦布寺、罗布林卡等人文景区，自然景区较著名的有雅鲁藏布大峡谷、纳木错、羊卓雍错、珠峰大本营等，整个区域开发数量较少，水平也不高；而地理条件相对好的林芝地区开发相对较多。西藏景区发展滞后有经济发展水平的原因，也有地理环境、游客进藏规律的因素，大多景区每年仅能经营4~5个月，淡季时间较长影响投资回报，加上环境脆弱、重视资源保护等，故开发的景区项目仍然很少。

近年来，以桂林为首的广西旅游产业迅速发展。数据显示，2017年广西共接待国内外游客5.23亿人次，同比增长27.9%，实现旅游总收入

5580.36亿元，同比增长33.1%；其中，接待入境过夜游客512.44万人次，同比增长6.2%，国际旅游（外汇）收入23.96亿美元，同比增长10.7%；接待国内游客5.18亿人次，同比增长28.2%，国内旅游收入5418.61亿元，同比增长33.9%。

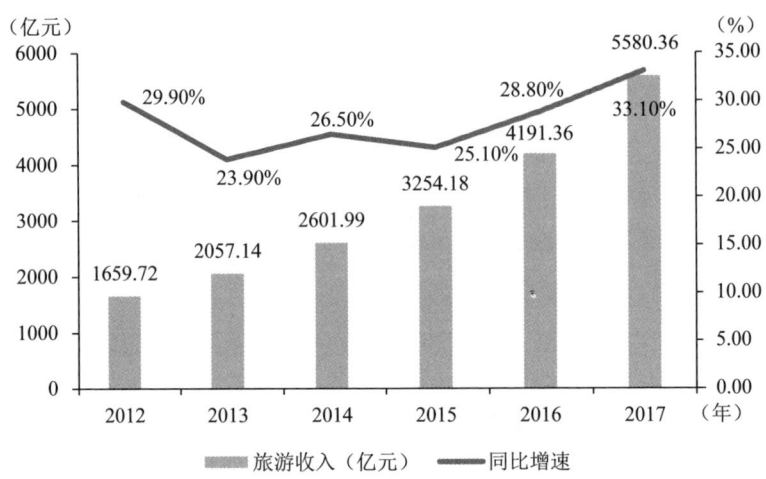

图1　广西2012~2017年旅游收入统计情况

广西属景区行业相对发达的地区，开发的自然景区早且多，形成了一些有地方特色的做法，如漓江景区游船、阳朔西街、龙脊梯田等都有独特的经营特色，旅游演艺《印象·刘三姐》在挖掘当地文化内涵、市场营销、运营管理等方面也做得较好。

广东省是旅游消费大省，过去是不少旅游目的地的最大客源地。与国内其他的地方相比，广东缺少名山大川，但是现代主题公园的崛起改变了这种局面，成为我国主题公园的"鼻祖"和重要的开拓者，创造出多个国家5A级旅游景区，吸引了数千万量级的游客量，产生惊人的经济与社会效益，进而成为我国主题公园行业的引领者。广东2017年接待入境过夜游客3647.56万人次，增长3.7%。国际旅游外汇收入196.50亿美元，增长5.8%。国内过夜游客4.07亿人次，增长12.5%；国内旅游收入10667.02亿元，增长15.9%。

从实地调研和座谈中,我们认为景区行业存在的主要问题有:

一是景区管理体制多样,采取哪种体制取决于当地政府的不同需求和监管思路,体制、机制问题限制景区发展,实际运营管理中存在着较多管理与运营脱节的现象。如四川的峨眉山、九寨沟、黄龙、都江堰等景区,景区管理单位是政府派出的管理局、管委会(事业单位),景区运营则由国有企业负责;剑门关景区的管理是国有企业剑门关旅游发展公司负责,企业代行部分管理职能,实行收支两条线,景区内的交通、索道等运营由下属股份公司负责。多家参与座谈的景区认为,不少景区在所有权、管理权、经营权分离的情况下,客观上存在管理与运营脱节、出现问题相互推诿、推卸责任的现象。以九寨沟"102"九寨沟游客滞留事件为例,九寨沟景区管理局作为阿坝藏族羌族自治州派出的事业单位,负责景区的管理工作,而景区交通、索道等运营由企业负责,管理局更多从保护、安全等方面实施管理,对市场、一线的经营情况了解相对较少;运营企业更多考虑经营效益,当时没有预估到会有那么多的客源涌入,故将一些车辆资源调拨到其他更赚钱的业务方面;游客滞留情况出现后,两个单位也没能很好协调,管理局也无力根据当时的情况协调资源,及时解决有关问题。西藏各景区的管理体制也较为多样,景区有政府管理的,有国有企业管理的,也有民营企业管理的,如布达拉宫由文物局管理,扎什伦布寺由政府宗教部门管理,罗布林卡由政府园林部门管理,雅鲁藏布大峡谷、南伊沟等由民营企业开发管理,从目前了解的情况看,多种主体运营管理水准不一,经营效果也各不相同,但体制机制带来的管理与经营脱节明显;除布达拉宫外,很多景区经营效益不理想。

二是没有统一的管理身份,存在多头管理的现象,同时,景区管理权责不对等,普遍没有行政执法权,工作较难开展。由于景区管委会的上级单位不尽相同,有建设、旅游、林业、环保、地质、文物、科技、农业、水利等多个单位,有些景区还要面对交叉管理的情况,不同的部门有不同的要求,很多事务需要多个部门审批,降低了景区的管理效率。目前,景区管委会大多虽为政府派出的机构,但往往只有管理职能,没有行政执法权，权责不对等，很多工作难开展，也不利于快速解决问题。

三是有的地方政府过分追求经济效益，不少景区没有足够保护经费，在一定程度上影响生态保护和景区可持续发展。不少地方政府将景区作为地方财政的重要收入来源，景区管理实施收支两条线，门票收入全部上缴地方财政，景区的支出则通过预算管理由政府下拨，如四川自然灾害较多，景区经常需要维护修补，在收支两条线的情况下，有些地方政府不愿意支付更多的费用用于景区保护，即使给予一些补贴也往往不能及时到位。还有不少政府对景区管理的考核指标除一般事业单位考核指标外，更看中景区的游客增量、收入增量等，这些导向性的指标使得景区承压，甚至影响景区的科学管理和可持续发展。

四是开发理念相对落后，基础设施配套尚待完善，未能深挖文化内涵和突出特色；收费模式单一，高度依赖门票经济；景区IP、创新明显不足，尤其缺少文化创意和富有体验感的元素。四川的旅游基础设施相比云南薄弱，很多地方还未能与景区的发展形成有效配套；景区开发大多延续过去观光游的路数，如稻城亚丁已有较大的开发力度，但挖掘藏文化内涵至今没有很好破题，好内容却未能形成有深度的产品并传递给游客，未能给予游客更多好的旅游体验；九寨沟、稻城亚丁等景区都过于看重游客量，对生态的保护和可持续发展重视不够，在景区开发、游客增速与景区生态保护之间未能找到好的平衡点；大多景区高度依赖景区自身的资源禀赋，缺少文化创意活动和文创产品以及能让游客深度参与的特色体验，如林芝南伊沟景区由一家民营企业运营，仅修了公路和游客中心，其他方面仍处于较原始的开发初级阶段；交通方面仍存在不少隐患，如川藏不少道路错车仍然困难，山体滑坡阻碍交通也时有发生；雅鲁藏布大峡谷和巴松措，都只有门票收入，特色活动、特色旅游商品很少，少有二次消费。

五是景区普遍存在季节制约因素强，影响景区经营和投资回报的情况，尤其是西部高原地区的自然景区表现尤为突出。西部的景区大多深受旺季时间短、淡季时间长的困扰，像四川稻城亚丁由于冬季高原地区温度低，地下自来水管道冻管，加上藏区氧气量少，每年11月到下一年4月稻城亚丁几乎处于无游客状态。西藏也存在类似的问题，冬季空气含氧量较夏季低，加之昼夜温差大、气候干燥，加剧游客对高原环境的不适程度，所以从11月开始到次年4月均为淡季，游客量很少，对经营影响明显；每年5月开始到10月初是西藏的旺季，花费最多的月份是7月至10月初。尽管西藏旅游主管部门正在想办法破解难题，但要做到淡季不淡客观上仍有较大难度。

六是普遍存在更新换代缓慢和创新之困，用地问题也阻碍了主题公园迭代升级。不少主题公园建设时间较早，有些产品已难以满足现在的游客需求，迫切需要升级换代；有的景区早期人流量少，随着接待量的大幅增加，接待设施已无法满足新的需求；还有从景区的产品生命周期看，在经过一定时间后都需要更新或增添设施，升级换代，但这些景区的升级更新改造经常会涉及土地问题，由于当初的规划考虑不足，没有给景区升级预留足够的空间，甚至还有些没有规划，导致景区改造审批通过不了，严重影响了景区的可持续发展，如世界之窗、锦绣中华和中国民俗文化村、青青世界、深圳野生动物园等，都遇到类似的问题。世界之窗、锦绣中华和中国民俗文化村是国有企业开发的主题公园，按照企业的定位要成为全球顶级的主题公园，但国有企业对员工出国有严格的限制，很多骨干员工无法到国外考察，无国际视野就很难有所创新，也大大降低了创新的速度。

七是景区成本压力大，新兴景区为传统景区带来压力和挑战。景区主要的成本压力来源于人工成本和高税收，发达地区每年人员工资需要上涨5%~8%，而景区要维持这个增长率存在难度。当前政府部门正加大景区门票降价的力度，相信景区的压力还将进一步加大。新的主题公园崛起，对传统主题公园和其他传统景区也带来新的压力与挑战。例如，长隆海洋王国（珠海）作为主题公园的后起之秀，是近年来经营的佼佼者，长隆系珠海和广州两家主题公园年收入达到80多亿元，接待游客量达1600多万人次，为广东的其他传统景区带来一定的压力与挑战。传统主题公园的竞争压力不仅来自于同类型景区，还有新兴业态的休闲娱乐场所，如政府补贴的大型公园、大型购物中心内的游乐园等。

八是旅游景区人才匮乏，制约景区发展。较其他产业而言，景区尤其需要懂景区管理、市场营销、文化、社会学、心理学，还能处理社区关系的综合性人才。但目前景区企业对高端人才的吸引力较弱，导致整体的专业素质不高。在西部地区尤其是偏远地区这个情况更为严重，一般景区管理者的薪酬由政府来定，普遍存在缺少激励机制，很难招聘到优秀的管理人员，景区人才匮乏普遍存在。很多地方欠缺人才培养机制，不少偏远地区培训远跟不上，对景区管理和服务质量的提升形成较大的制约，对景区可持续发展也带来一些负面影响。

5.2.2 问卷调查情况

本次问卷调查我们共调研了100多家景区，其中有课题组做过访谈的漓江游船公司、龙胜温泉度假区、四川黄龙国家级风景名胜区等，也有本次没调研的武当山景区、北京欢乐谷等。景区主要分布于西南、华南地区，其次是华北、西北地区（见图2），以国家4A级和5A级旅游景区为主，其中5A级旅游景区企业占43.6%，4A级旅游景区企业占41.6%，政府直管景区占36.6%，国有企业经营景区占26.7%（见图3）。

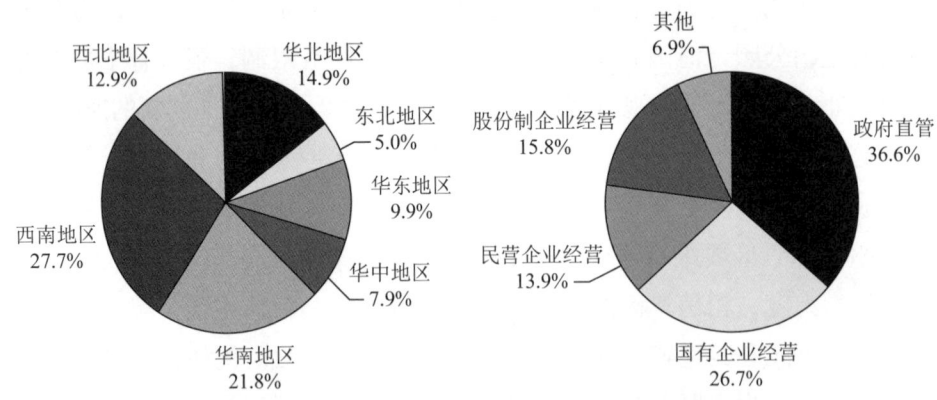

图2 调研景区的区域分布　　图3 调研景区的类型分布

从问卷的反馈结果分析，目前旅游景区的发展现状可以概况为以下几点：

一是旅游景区的盈利能力相对乐观。被调查景区中，近三年，半数以上的景区总收入实现增长（见图4），平均净利润率超过6%（见图5），约四成景区的平均净资产收益率超过5%（见图6）。

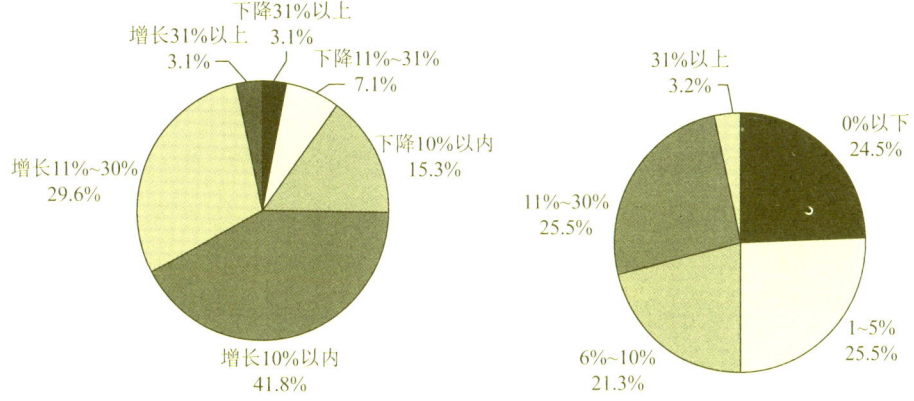

图4　景区近三年总收入平均增长情况　　图5　景区近三年平均净利润率情况

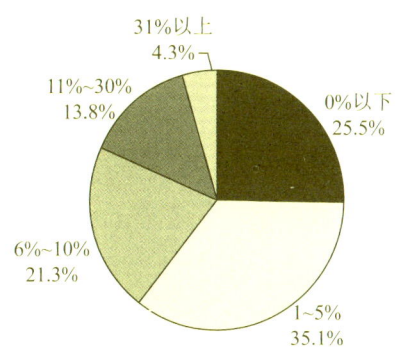

图6　景区近三年平均净资产收益率情况

二是收费模式较为单一，门票依然是主要的收入来源。从2017年景区项目收入占比情况（单项收入/总收入）情况看，45%的景区门票收入占比超过50%（见图7）。除景区门票外，旅游餐饮、景区交通、酒店/民宿、旅游购物等产品/项目的收入占比较高（见图8）。

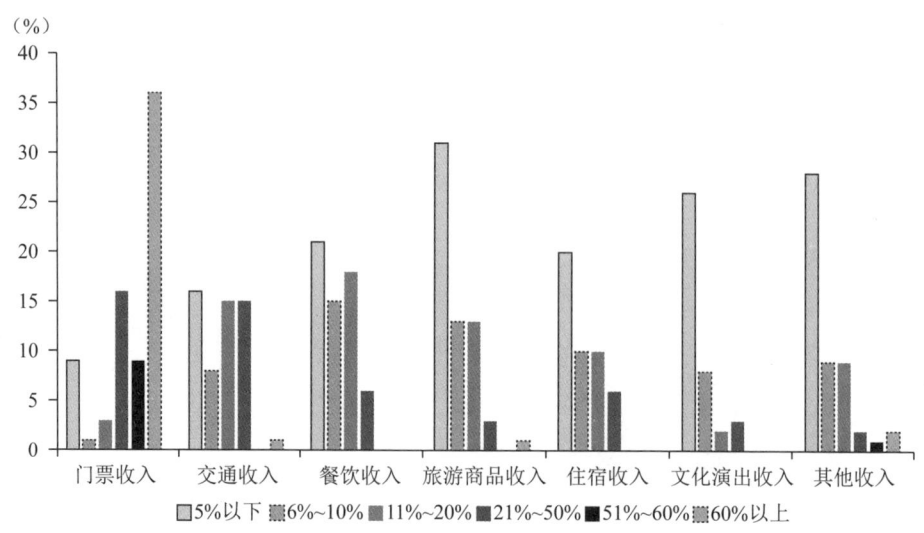

图 7　景区项目收入占比情况

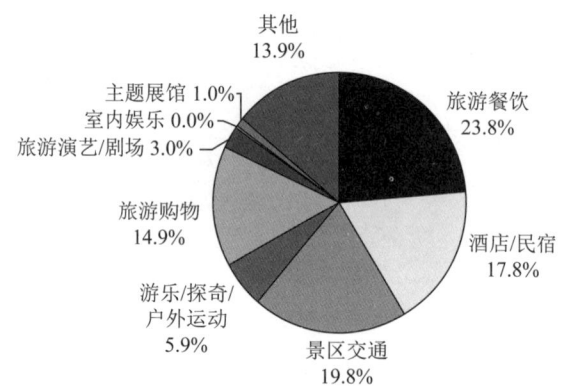

图 8　除门票外其他项目占比情况

三是创新力不足，产品雷同。根据调查数据显示，景区推出新产品或服务的频率多是一年一次，一年两次以上的景区仅占被调查景区的16.8%（见图9）。创新的方式也较为单一，仿效居多。目前半数以上的景区开发了演艺类产品，主要有剧场演艺类、巡游表演类、山水实景演艺类以及其他小表演或演艺活动。

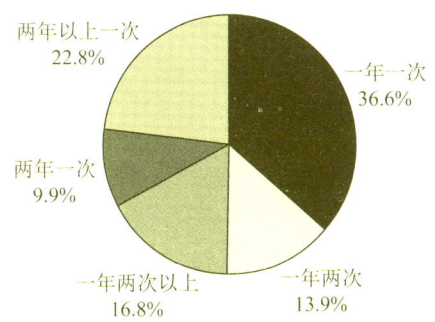

图 9 景区的创新频率情况

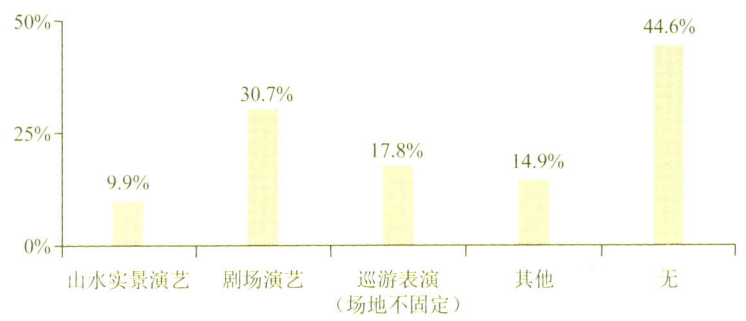

图 10 景区开发演艺类产品的情况

四是人才是阻碍景区创新的主要"瓶颈"问题。调查结果显示,景区开发二次消费项目的难点主要是缺人才、缺资金、缺项目,以及体制约束,其中62.4%的受访景区认为缺人才是最核心问题(见图11)。

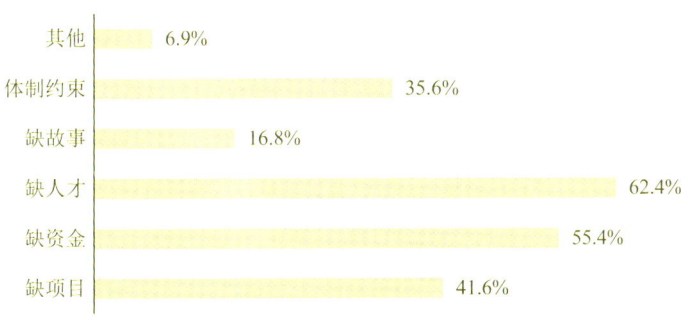

图 11 景区开发二次消费项目的难点问题

五是景区的发展更多希望得到政策和行业组织的支持。92.2%的受访景区希望得到政府政策和行业组织的支持,其次是资金、项目、人才、培训、研究等方面的支持。

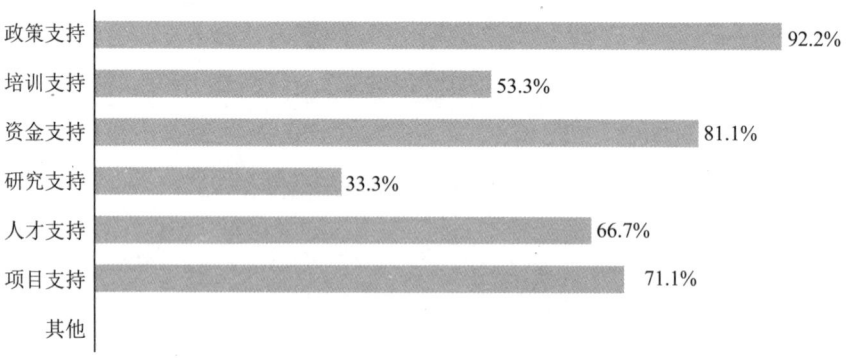

图 12　景区希望得到的支持情况

5.2.3　小结

从实地调研、座谈会和问卷调查的情况看,旅游景区的发展过程中遇到的问题可以大致归纳为三大类。

第一类是体制问题。由于管理体制不适当,制约了景区创新。一些景区应该保护的没有得到很好的保护,而一些应该市场化运营的又被体制牵绊,束手束脚,无法获得最大的经济和社会效益。同时,"两权分离"带来的经营问题日益明显。

第二类是监管问题。一方面,多头管理的乱象在旅游景区行业普遍存在,政府管理部门职能交叉,景区需要多方协调,减低了运营效率;另一方面法律保障体系不完善、不健全,出了问题景区没有执法权,不知该找谁,一些地方监督不到位,执法不严较为突出。

第三类是景区自身发展问题。很多景区缺乏管理人才,由于人才缺乏,带来一系列后续问题,如创新不足、收入模式单一、产品更新换代速度慢、缺少内容产品的开发、景区吸引力下降等。

要解决上述问题,我们建议要对旅游景区进行重新分类管理,对于不同类型的旅游景区应采用不同的管理体制,并引导企业在不同的管理体制下探索和采用不同的运营方式。

本研究将旅游景区归为两大类四小类,两大类为公共公益类景区和商业类景区,其中公益类景区包括自然和文化遗产保护类景区、城市和社区公益类景区,商业类景区包括半市场化景区和完全市场化景区(如图13)。自然和文化遗产保护类景区主要指建立在国家或省级自然文化遗产资源的基础上,具有全民共有属性,以保护利用为目的的景区,如国家或省级风景名胜区、森林公园、地质公园,自然和文化遗产、文物保护单位等;城市和社区公益类景区主要指城市和社区的公园,以服务百姓为目的,具有公益属性,是城市基础设施的一部分;完全市场化景区主要指建立在人造资源基础上,实施商业性开发、以营利为目的的景区,如主题公园、综合旅游度假区、旅游综合体;半市场化景区是结合较低级别自然、人文景区,借助一定的资源进行商业性开发,有市场化景区的特点,景区可以开展旅游商业活动。

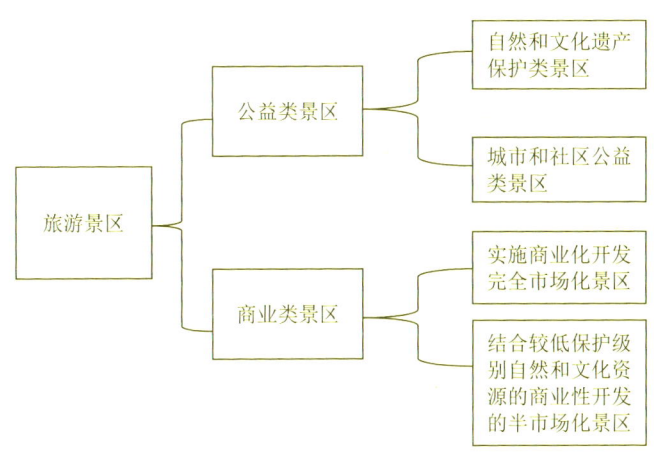

图13 旅游景区分类

5.3 不同体制下景区的运营管理

5.3.1 公益类旅游景区运营管理模式

公益类景区包括各级风景名胜区、森林公园、地质公园、各类自然保护区、各级文化遗产、文物保护单位等,其本质上是全国社会公众共有的资源,是社会公众的共同财富,社会中的每个成员都拥有享受这些旅游资源的权利。在当前政府强调民生、惠民以及人民的幸福感、满足感执政理念的指引下,这类景区的公益属性会越来越受到重视,也将进一步回归其公益的本质。

本届中央政府推动和实施了国务院机构改革方案:一是将文化部、国家旅游局的职责整合,组建文化和旅游部,作为国务院组成部门,负责研究拟订文化和旅游政策措施,起草文化和旅游法律法规草案;统筹规划文化事业、文化产业和旅游业发展,拟定发展规划并组织实施,推进文化和旅游融合发展,推进文化和旅游体制机制改革;管理全国性重大文化活动,指导国家重点文化设施建设,组织国家旅游整体形象推广,促进文化产业和旅游产业对外合作和国际市场推广,制定旅游市场开发战略并组织实施,指导、推进全域旅游;负责公共文化事业发展,推进国家公共文化服务体系建设和旅游公共服务建设,深入实施文化惠民工程,统筹推进基本公共文化服务标准化、均等化;统筹规划文化产业和旅游产业,组织实施文化和旅游资源普查、挖掘、保护和利用工作,促进文化产业和旅游产业发展……与旅游景区相关的资源开发司的职能是:承担文化和旅游资源普查、规划、开发和保护,指导、推进全域旅游,指导重点旅游区域、目的地、线路的规划和乡村旅游、休闲度假旅游发展,指导文化和旅游产品创新及开发体系建设,指导国家文化公园建设,承担红色旅游相关工作。二是将国土资源部的职责,国家发展和改革委员会的组织编制主体功能区规划职责,住房和城乡建设部的城乡规划管理职责,水利部的水资源调查和确权登记管理职责,农业部的草原资源调查和确权登记管理职责,国家林业局的森林、湿地等资源调查和确权登记管理职责、国家海洋局的职责、国家测绘地理信息局的职责整合，组建自然资源部，作为国务院组成部门，统一行使全民所有自然资源资产所有者职责，负责自然资源调查监测评价、统一确权登记工作、合理开发利用和有偿使用工作，推动自然资源领域科技发展，实现山水林田湖草整体保护、系统修复、综合治理方案提出统一行使所有国土空间用途管制和生态保护修复职责，着力解决自然资源所有者不到位、空间规划重叠等问题……在此形势下，未来自然资源的保护和合理开发利用将会进一步加强，会建立健全一套从源头保护和全过程修复治理相结合的工作机制，创新激励约束并举的制度措施，实现整体保护、系统修复、综合治理，推进自然资源节约集约利用。目前，涉及未来景区管理的国家林业和草原局的官网，已同步挂出国家公园管理局的牌子。我们分析认为，随着国务院机构改革和两部委职能的调整变化，未来以上两个国务院组成部门的偏重会不一样，公益类景区的公共属性以及保护会越来越受重视，并将进一步落到实处；而旅游景区产业属性有可能会有所弱化，这将是一个大的趋势。

未来从景区定位看，公益类景区由于资源和目标取向的不同，其定位也存在差异：一类是自然和文化遗产保护类景区，它作为一种稀缺资源，以保护和合理开发利用为主要目的，让更多的人享受到历史和大自然留给我们的财富；另一类是以城市公园为代表的公益类景区，它服务当地老百姓，是当地公民日常活动、休闲休憩的场所。因此，从景区管理体制上看，公益类旅游景区应该由政府直接管理，由政府财政直接拨款支持，在利用上应体现公民间享受权利的平等性。政府直接管理的景区，目前管理基本遵循原来的风景名胜区、森林公园、地质公园、自然保护区、自然和文化遗产、文物保护单位等体系来设置管委会或管理局等管理机构，每个模式都具有各自的优点和不足。我们推断未来不排除将由自然资源部、文化和旅游部分别统筹考虑、推出和实施符合本部职能、新的统一的管理模式，前者有可能是保护区或国家公园模式，后者除加强文化遗产、文物保护外，将注重引导合理利用并加强行业和市场监管。

本研究认为，现阶段有必要对现有的景区管理模式先行进行梳理，摸索在新形势下管理和运营规范，配合国家新推出的制度开展试点，逐步总结提升再行推广。

结合西方发达国家公园的治理体制和经营管理经验，美国和日本国家公园模式是未来我们可以借鉴的模式：

美国国家公园治理模式。美国是世界上第一个建立国家公园的国家，也是世界上国家公园保护与管理体系相对完善的国家。美国国家公园以保护自然、文化遗产为主，本着"保护第一，强调公益性"的原则，在具有公共资源性质的旅游资源基础上，建立起具有公共产品性质的地域空间系统，为全体国民提供观光旅游的机会。1872年美国出现第一个国家公园——黄石国家公园，国会于1916年通过法律成立了国家公园管理局，其管理所涉及的内容主要有国家公园体系管理、国家公园项目管理、国家公园自身管理等；国会还先后通过了《黄石公园法案》《国家公园事业法》《国家公园管理局一般授权法》《国家公园系列管理法案》等一系列法案，形成一套完整的国家公园管理体系。

国家公园的经费主要靠政府拨款，部分靠私人或财团捐赠，门票收入不用于公园的日常开支和管理人员的工资，除部分上缴财政外，收入主要用于环境和资源保护建设，以及环保宣传教育支出。同时，国家公园管理局还与土地局、渔业和野生物局、旅游局、环保局、气象局、海洋局以及自然保护协会等民间机构相互联系，并得到其协助。为了促进地方经济发展，许多国家公园还与社团合作，把保护资源与吸引游客很好地结合起来；这种国家公园管理体系既保护了资源和历史遗迹，并为日益庞大的群体提供游憩机会，也体现了人们对自然、遗产体系认识的提高，体现出历史的进步，在国际上具有代表及借鉴作用。具体治理模式体系见图14。

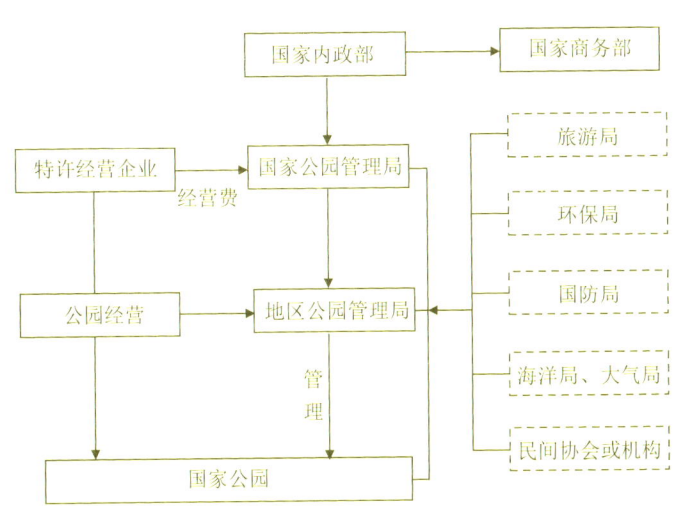

图14 美国国家公园体系治理模式

在管理体制方面，美国国家公园采取中央集权的管理模式，由内政部的国家公园管理局统一管理，国家公园管理局下设10个地区分局分片管理各地的国家公园，即实施国家管理局、地区管理局、公园园长三级管理体系，三级管理机构与公园所在地政府没有直接业务关系。美国国家公园制定了具有适合性、可行性的全国性管理标准，对国家公园体系中各成员进行管理。国家公园实行国家公园管理局领导下的公园园长负责制，国家公园管理局负责所有国家公园日常管理和公园建设及保护规划的实施。美国国家公园这种垂直领导的管理体制职责分明，工作效率高，避免了与地方政府的矛盾。

在经营体制方面，美国国家公园的管理与经营是相分离的。1965年美国国会通过了《特许经营法》，规定国家公园为非营利性公益事业，国家公园管理机构不得从事商业性经营活动。国家公园管理经费主要靠国会拨款，其中很小一部分来自国家公园的门票收入，国家公园管理局从不下达创收指标，以防止公园借口搞开发项目。国家公园内的住宿、餐饮、娱乐等商业经营项目通过特许经营的办法委托企业进行经营，管理机构从特许经营项目收入中提取一定比例的费用用于改善公园管理。美国国家公园这种特许经营制度的实施，形成了管理者与经营者角色的分离，避免了重经济效益、轻资源保护的弊端。

在参与机制方面，美国国家公园鼓励并号召社会及公众参与，支持国家公园的公益性建设。参与公众主要有志愿者、合作伙伴、公园合作的民间协会、赞助商以及公园基金会等。像国家公园管理机构一般会在旅游旺季时招募大量志愿者，以保持公园的平稳运作。如今，许多国家公园越来越依赖志愿者的帮助来弥补其工作人员经费预算的不足。此外，国家公园的经费也有相当一部分来自社会各界的捐赠。

日本国家公园治理模式。日本国家公园由国家环境署主管、自然保护委员会协管。由于目前日本的国家公园内的土地存在着多种所有制，即国家所有、地方政府所有和私人所有，也存在农业、林业、旅游业、娱乐业等多种经济活动，因此日本的国家公园在管理上注重发挥中央政府国家环境署、地方政府、特许承租人、科学家、当地群众的积极性，共同参与管理。同时，为严格控制对环境或资源产生有害影响的人类活动，日本国家公园通过地方政府发行公共债券的形式购买国家公园内的私人土地。

与美国国家公园不同的是，日本国家公园没有专门的管理机构对公园进行管理，而是由国家环境署与县政府、市政府以及公园内各类土地所有者密切合作进行，在国家公园和野生物种办公室下设立公园管理站。在资金来源上，日本国家公园经费除了来自国家环境署及各级地方政府外，还有相当一部分来自于地方企业。日本国家公园治理模式见图15。

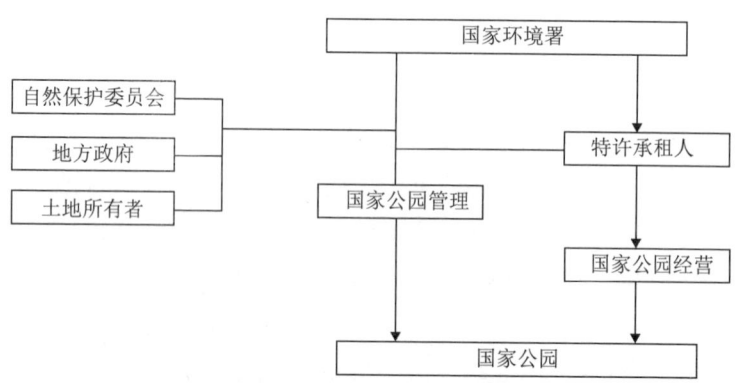

图15　日本国家公园治理模式

在管理体制上，日本国家公园属于综合治理型，既有政府部门参与，地方政府又有一定的自主权，且私营及民间机构也十分活跃。日本国家公园由国家环境署主管，自然保护委员会协管，并与各地方政府及公园内各类土地所有者密切合作。《国家公园法》的执行由国家公园管理人及公园的其他员工、地方政府官员会同公园的各类土地所有者合作完成。

在经营机制上，日本国家公园内由国家环境署和地方政府共同出资建设与自然环境和谐统一的公共服务设施，以便使国家公园具备优美的自然环境、旅游通道、露营场、游客中心及其他服务设施，并由国家公园管理机构对其进行经营管理。同时按照日本《国家公园法》，个人在取得国家环境署颁发的国家公园经营执照后，可以在国家公园内经营酒店、旅馆、滑雪场和其他食宿设施。此外，在国家公园内自然环境优美的地方建立以娱乐为目的的国家度假村，度假村以健康、简洁、实惠为特点。度假村内的景点、小路、露营点等部分公共设施是非营利性的，由国家环境署和相关公共团体经营管理的酒店、旅馆等营利性的设施由国家度假协会管理。

在参与机制上，日本国家公园注重公众的支持及参与，在对国家公园的管理上与各相关公共团体及私营业主密切合作。此外，为促进和鼓励国家公园游客集中区域的美化和清洁，组织由地方政府、特许承租人、科学家、当地群众等组成的志愿队伍，从事国家公园美化项目。

表1　美日国家公园治理模式综合比较

类别	美国国家公园模式	日本国家公园模式
经营管理理念	公益性	公益性
治理目的	保护资源	保护资源
资金来源	国家财政支出	国家财政支出为主
法律体系	完善	比较完善

续表

类别	美国国家公园模式	日本国家公园模式
国家公园管理	内政部下设国家公园管理局垂直统一管理	国家环境署主管，自然保护委员会协管
国家公园经营	政企分开，经营性项目采取特许经营方式委托企业经营	企业或个人取得国家公园经营执照后对经营性项目进行经营
社区参与	重视	重视

我们可深入研究美国和日本的国家公园模式有哪些值得我们学习，有哪些适用于我国遗产保护类景区的经营管理，我们又应该建立什么样的适合国情的国家公园治理和经营管理机制。

5.3.2 商业类旅游景区运营管理模式

商业类景区包括通过政府规划、由投资商开发的主题公园、休闲度假区、城市休闲综合体等完全市场化景区，以及结合较低保护级别自然或文化资源、商业性开发的半市场化景区。总体而言，商业类旅游景区主要由企业通过市场化的方式进行运营。相较于公益类旅游景区，商业类旅游景区的运营管理模式更为复杂多样，创新的潜力和发展的空间更大，其中，完全市场化景区和半市场化景区的差异在于，前者根据政府批准的规划投资开发，所有权、经营管理权归投资商所有；半市场化景区中存在部分自然或文化类的稀缺资源，不排除具有一定的公益性质而受到政府一定的规范管理和约束。

商业类景区的开发、运营、管理、盈利方式千差万别，大致可以归纳总结为以下四种：

5.3.2.1 "门票+"模式

这是目前大多数景区的主流经营模式，其盈利模式主要靠收取门票，除此之外还通过索道、区间交通车等方式获取利益。这对于自然类景区，其成功与否取决于资源的品位；对于主题公园、休闲度假区等，主要取决于综合吸引力和经营绩效。这类景区在经营过程中，如何策划活动，营造卖点、热点，对营销结果很重要。

5.3.2.2 "产品+"模式

单一的门票经济不适合现阶段快速变化的消费需求，收益也非常有限。"产品+"模式摆脱了单一的门票经济，更多的是依靠体验产品、活动、餐饮、购物和住宿等多种产品收益形式，重视综合性的经营。比如，浙江乌镇景区，除了门票外，还有度假酒店、商业、餐饮、旅游纪念品等上下游产品，其门票收入占比为46%，而西栅的酒店和餐饮类商业地产运营收入则占到景区总收入的61%。

5.3.2.3 "产业+"模式

这种模式以本地的特色产业为支撑，利用旅游这个平台资源进行综合开发利用，并拓展相关的产业链，从而获得比较多的收益。比较典型的是农业旅游，即依托一定的农业资源，有农业和农业加工的收益，还增加了旅游、购物等收益。比如，广东新会陈皮小镇就是通过发展陈皮的种植、销售等产生完整的产业链从而增加旅游收益。

5.3.2.4 "地产+"模式

这种模式是投资商在开发较大规模旅游项目的同时，要求政府给予配套的土地，旅游和地产同时开发，通过地产的收益来弥补旅游的投资。比如，国内典型的万达、华侨城、复星、观澜湖等集团所开发的综合文化旅游体项目。该模式的优点是可通过做项目树立品牌，探索可复制的模式，盈利点包括旅游经营、土地升值、地产销售、资本运作，其中土地升值、地产销售是核心盈利环节，不少集团的旅游经营资产投资回报周期长，甚至常常出现投资回报不理想的情况。因而，越来越多的开发商开始寻求上市和资本运作来减少资金和现金流的压力，谋求可持续的、更长远切实的资本收益。

随着当前政府倡导的政策导向、技术变革以及消费升级的到来，尤其是政府对土地的控制越来越紧，以上有些旅游景区的运营和盈利模式面临着严峻的考验，"地产+""旅游搭台，地产唱戏"模式将难以为继，"门票+"的模式也会越来越难，商业类旅游景区需要谋求新的发展方向。

从调研中我们认为未来商业化景区运营管理发展的方向如下：

一是以消费需求为导向，开发适应市场的景区产品。大众消费升级对景区的发展提出了两方面的要求，服务更便捷、贴心，产品更多样化。结合消费者的需求，景区一方面应提升服务的质量，通过加强景区基础服务设施建设，应用智能化系统和信息科技手段，简化入园手续，拓展售票渠道，缓解节假日的拥挤现象，满足大众对美好旅游生活的需求。另一方面开发多种产品满足消费者的多样化需求。健康旅游、亲子旅游、研学旅游等产品都是景区可以考虑开拓的产品，这些项目处于市场探索期，市场前景可观，提升空间大。景区可以结合特色旅游设计新产品，如在景区设计中考虑老年人、成年人、儿童的不同层次需求，为亲子游带来更好的体验。

二是内容为王，创新模式，应用新技术。大众旅游诉求正在从看美丽风景向追求深度体验转变。首先，内容是体验不可缺少的元素。要将什么样的价值主张传递给消费者，是每个商业类景区必须思考的问题。尤其在文旅融合的背景下，必须以传统内容为原料，深入挖掘、整合，做出新的内容。其次，研究新技术在商业类景区的应用，如通过VR、AR等新技术开发沉浸式娱乐体验产品，不断创新景区的互动体验设计，同时开发夜游产品，延长游客逗留时间和加深游客体验，加大体验式消费产品布局。通过人工智能的应用，开发即时、可触摸、动态的新型虚拟解说系统，减少一线服务人员工作量和用人成本，提升景区整体服务品质。除了这些技术还有哪些技术可以应用到景区，也是景区运营必须关注和研究的。最后，新技术的应用必然带来模式上的突破，景区必须积极思考如何创新模式，适应技术带来的新变化。如无人酒店、无人餐厅出现之后，会不会接着出现无人景区。

三是整合产业链资源，形成产业协同效应。旅游景区属于重资产行业，投资规模大，投资回收周期长，投资利润少。从旅游产业链角度看，旅游景区产业位于产业链的上游，旅游景区企业可以考虑向上下游延伸。一方面向上游延伸，整合规划资源，做轻资产运营，以自身的经验和品牌为其他景区做规划以及管理输出。另一方面向下游拓展，借助微博、微信、H5、网红、创意App、游戏、纪录片、直播、抖音等多个渠道传播景区品牌，尤其是高热度的电影电视剧、综艺节目和歌曲的植入。同时，与线上旅游服务商或互联网巨头跨界合作，借助大数据和云计算技术实现精准营销，为景区拓宽营销渠道。

四是跨界融合，实现产业联动。跨界思维越来越普遍，"旅游+"其实就是跨界融合的一种形式。跨界在景区产业已经开始了，如"景区+演艺"就是跨界的案例。未来，商业类景区还需继续思考还有哪些方面可以跨界，还有谁可以联手，怎样让产品本身融入更多的跨界元素。跨界融合就是创新的过程，通过创新产生与众不同的产品体系，实现景区发展产业链和跨产业链的联动发展，不断增强景区的吸引力和核心竞争力，扩大经营性收入。

五是探索共享机制，以景区带动全域旅游。旅游景区在全域旅游中扮演着核心吸引物的角色，从发展趋势上看，景区未来将越来越开放，边界越来越模糊，旅游场景也将从固定的地点延伸至区域产业的各个环节。在商业类景区的发展过程中，应考虑建立共享机制，未来才能走得更好更远。一方面，与区域内的利益相关机构建立共享机制，让利益相关机构能从旅游目的地的建设中获得良性、持续的回报，共同提升旅游的品质；另一方面，与当地居民建立利益共享机制，为他们提供更多的工作和商业机会，分享更多的旅游红利，他们才会更支持景区的发展。

六是探索多元化激励方式，建立人才队伍。商业类景区采用企业运作方式，人才激励方面较公益类景区更为灵活，应探索多种方式激励员工，做好景区的人才培养工作。如探索股权激励方式，将景区的发展与员工的利益捆绑在一起，从而提升员工的工作绩效。在激励的同时，加强景区管理人员的培训，探索校企合作培育人才的新模式，注重中高层管理人才的培养。

5.4 政策建议

5.4.1 公益类景区

我们对公益类景区初步的政策建议如下：

一是建立统一的法规制度、管理规范，同时，要强调公共资源的公益性，将全民共享、低价惠民真正落到实处。改革国家公园管理模式是当前最迫切的要务，以破解我国现阶段景区管理存在的部门职能交叉、条块分割、多头管理的乱象。要尽快建立自然资源部垂直领导的中央集权、省区市配合的国家公园管理机构和体系，将过去各级风景名胜区、森林公园、地质公园、各类自然保护区统一归口到国家公园体系，避免再出现政出多头或多头管理的现象，建立符合我国国情的、统一的公园管理制度；尤其要通过立法方式强化保护和管理规则，解决好执法权的问题。鉴于我国疆域辽阔，有些地区又有一定的特殊性，建议可参照日本的做法，地方政府适度参与分级管理，明确各自的界限。国家公园要强调公共属性和公益性，由全民共有共享，要切实改变过去忽视公益性、高门票价格的做法，真正做到惠及普通民众。

二是建立中央政府拨款为主、有能力的地方政府适度支持、社会赞助为辅的多元化资金保障机制，确保景区具有足够的保护、配套公用设施建设和运营经费。建议国家公园的经费主要由中央政府和地方财政拨款，安排专项资金保障景区有足够的资金用于资源保护、运营管理和必要的配套公用设施建设；要制订资金来源方案，研究并确定政府投资、个人和社会捐赠的渠道和方式，科学预测景区运行成本，保证稳定的经费来源与资金合理分配。除财政拨款外，还可以考虑通过发动社会捐赠、企业赞助、建立遗产保护基金等方式，有效吸收社会资金参与政府控制下的国家公园保护与运营管理；同时，要鼓励一些财力较好的省区市支持配套公用设施建设。考虑到不少优质的自然资源分布在经济相对不发达的中西部地区，此前这些地方政府的财政收入对这些自然景区有一定的依赖性，可以采取中央财政转移支付支持地方政府补齐降低自然保护景区收费的缺口。

三是国家管理的自然资源，要强调以保护为目的，突出生态环境保护，实行分类管理；同时要考虑参观者的需求，经过评估在保护区内适度引入特许经营制度。建议制定国家公园保护管理规范，按照生态系统脆弱性程度进行分区管理、分类指导，实施在统一制度下的分类管理，对不同类别的保护区有不同细分管理办法。自然和文化遗产类的景区,要加强对自然环境特点和资源禀赋的科学评估,明确不同区内的资源用途及开发强度;在管理中要充分体现公益性,不能以经济效益为考核标准,宜采取预约入园制度,控制好入园人数,切实做好保护工作,严格控制景区的商业开发;同时应适度考虑参观者的游憩需求,对国家公园内的住宿、餐饮、娱乐等商业经营项目,可通过特许经营的办法委托企业进行经营,管理机构从特许经营项目收入中提取一定比例的费用用于改善公园管理。

四是建立专业化的国家公园管理人才队伍,做好人才的激励和培养工作。国家公园的经营管理最终要落到人才的问题上,国家和地方政府要下决心建立一个专业化的国家公园保护和管理团队。从实地调研和问卷调查的反馈来看,自然和人文景区产业人才不足的现象十分明显。国家公园应该打破传统体制的束缚,加强人才的定向培训,建立健全激励机制,实行市场化薪酬,对于一些偏远地区给予政策倾斜。同时,可以发挥行业协会的作用,协助组织专家、学者、社会力量做好景区保护,协助提升运营和服务水准,由协会协助组织特许经营的相关工作。行业协会也应在专业培训方面发挥积极作用,为提升景区的管理水平做出自己的贡献。

五是创新运营管理机制,提升自然保护区和文化遗产类景区的服务价值。国家公园具有公益性,应实行低门票或免门票的价格机制,以及预约参观的办法。这样可以避免人满为患而使消费者的体验感下降,使遗产资源承压,造成一定的破坏。国家公园可考虑采用网上预订的形式对公众开放,根据景区的容纳能力和现实情况,限制每天的入园数。同时,可以创新性地开展一些文化、体育活动,给参观者更多的知识和良好的体验,进而提升景区的吸引能力。

六是建议重视并妥善处理景区与周边居民的关系,促进与社区互惠共享、和谐发展;鼓励公众加入志愿者团队,参与国家公园和文化遗产类的监督和管理,提升国家公园的运营和管理水准。促进国家公园和文化遗产与周边居民互惠共享,鼓励社区居民参与国家公园试点区规划、管理等环节,提高社区居民的生态保护意识、可持续经营理念,提升其参与意识和能力，优先安排社区居民就业，对居民有损失的进行合理补偿；鼓励公众参与社会投资与捐赠、志愿者招募、科研合作与交流、国家公园和文化遗产的管理、监督。

5.4.2 商业类旅游景区

文化和旅游部的职能是指导重点旅游区域、目的地、线路的规划和乡村旅游、休闲度假旅游及全域旅游的发展，指导文化和旅游产品创新及开发体系建设，因此，文化和旅游部将会加强对商业类旅游景区的指导和管理。建议文化和旅游部能加强对景区行业组织和商业化旅游景区投资商、运营企业的指导，鼓励打造我国独特的IP，在深挖景区的文化内涵上下功夫，更好地将文化融入旅游景区，通过旅游市场手段扩大文化影响力。在具体的做法上建议如下：

一是建议文化和旅游部重新定位政府和行业协会的关系，理顺商业化景区的管理体制。文化和旅游部要承担起商业化旅游景区的管理责任，政府的职能更多应该放在如何营造良好的营商环境、推动商业化旅游景区产业发展上，支持景区企业化经营，构建现代企业制度，采用市场化运作增强景区发展活力，促进商业化旅游景区进一步发展壮大。而景区行业协会的作用是作为政府和景区的桥梁，为政府制定政策提供支持，制定行业标准，实施行业自律；代表和维护景区行业的共同利益，为景区建立核心竞争力、提升服务水平提供指导和帮助。

二是从政策导向鼓励景区转型升级，打造独具特色的主题IP，鼓励发展和应用科技，以创新推动行业发展。旅游行业是一个传统产业，转型升级是必然的趋势，而创新是行业发展重要的推动力。政府要鼓励创新，打造体现我国文化特点和民族特色的主题IP，鼓励发展和应用科技，这方面除了发挥景区个体的主观能动性外，政策的引导和鼓励也十分重要。很多景区在调研中表示希望得到政策支持。从具体的鼓励方式上看，除了政策引导外，政府应该搭建旅游创新平台，聚集各类创新资源，对关键创新资源进行一定补贴，通过平台的网络外部性，利用关键创新资源带动整个产业的创新，为景区的转型升级创造条件。

三是为景区行业的发展拓宽资金渠道，建立多元化的投融资机制。商业化景区应尽量拓宽融资方式，积极拓展新的融资渠道和探索新的融资模式，吸引和引导更多资本参与旅游景区的开发建设和经营管理，通过"投资主体多元化"来实现"融资渠道多样化"。同时，要鼓励企业运用多种方式进行融资，如股权融资、引入产业基金等，也可尝试股份制改革，打包上市，保障资金量充足。鼓励有资金实力的企业通过兼并收购、合资合作等方式进入旅游行业，实现投资主体多元化。

（陈文杰　朱舜楠）

第二部分
景区品牌篇

1 四季旅游文化：沙湖生态旅游区

1.1 景区介绍

沙湖生态旅游区，是首批国家 5A 级旅游景区、国家级水利风景区、自治区级自然保护区和风景名胜区。沙湖，地处宁夏回族自治区的北部，距首府银川市 42 千米，距银川河东机场 50 千米，109 国道及包兰铁路傍湖而过，京（北京）萨（拉萨）高速直达景区。景区总面积为 198 平方千米，用于旅游开发的面积为 80.10 平方千米（湖泊面积 45 平方千米，中心游览湖泊面积 21.80 平方千米，沙漠面积 22.52 平方千米），平均水深 2.2 米，最深处 4~6 米。

沙湖以沙漠、湖泊、湿地等自然资源为主体，碧水、金沙、翠苇、飞鸟、游鱼、远山、彩荷七大资源有机结合，景观质量得天独厚、自然淳朴，是一处融江南秀色与大漠风光为一体的塞上旅游明珠，是鸟的天堂、鱼的世界、旅游者的乐园。

沙湖先后获得中国旅游 35 个王牌景点之一、中国旅游百强景区、中国十大生态旅游景区和全国文明单位，被央视评为"中国十大魅力湿地"等称号，被美国知名媒体 CNN 评选为中国必去的 40 个景点之一及中国观鸟首选之地。

1.2 资源优势

沙湖水辽阔、明朗、清秀；沙湖水纯洁、美妙、宜人。湖泊清澈，水质良好，适合鱼类繁衍生长，水产品众多，有 4 目 8 科 23 种，不仅有常见的鲤鱼、鲢鱼、草鱼、鲫鱼，而且有北方罕见的武昌鱼、娃娃鱼。沙湖的鱼不经人工养殖，尽享天然而肥美的饵料，直至长成。这其中最出名的当数花鲢鱼，其鱼脑更有"脑黄金"之称。沙湖大鱼头作为国宴名菜，在2008年北京奥运会的开幕式与闭幕式宴会上均被列入菜单，受到国内外宾客的好评。

2013年，中央电视台科学·教育频道（CCTV-10）在"最美中国十大魅力湿地"颁奖典礼中，这样评价沙湖：如果说当年盐碱滩上的一片清泽，是大自然赐予的礼物，而靠人拉肩扛堆起的百亩鸟岛，则是人类对大自然恩赐的回报。沙湖的存在让我们相信了，一颗芦苇的种子，可以变成绿洲；相信贺兰山阙的塞外荒原，也可以柔美如三月的江南。只要用心呵护，合理运用，一切皆有可能!

沙湖在保护湿地生态环境、合理开发利用旅游资源方面，积极探索、勇担责任、与时俱进，永葆生物多样性和自然风光。"沙湖慷慨飞百鸟，换得美丽悦人间。"沙湖是中亚候鸟迁徙路线的重要节点，是候鸟极为重要的繁殖与迁徙停歇地。沙湖有鸟类17目44科198种。每年的4月至10月，鸟儿在沙湖相识、相知、相恋、繁衍生子，最多时可达150多万只。它们在这里朝出暮归，与游人和谐共处，构成了一幅人鸟欢歌的动人画面。

1.3 品牌举措

凭借丰富多彩的旅游资源和良好的自然环境，沙湖深度挖掘特色文化，打造每年一届的四季旅游文化品牌：春有国际观鸟节，夏有沙水冲浪季，秋有渔歌唱晚季，冬有冰雪狂欢季。

自2012年起，每年春暖花开之季，中国·宁夏（沙湖）国际观鸟节如期举办。7年来，得到亚洲开发银行、国家湿地办等单位和部门的支持与帮助，沙湖国际观鸟节也从无到有，影响力从地方到全国，并逐步走向国际，成为国内观鸟知名品牌。

1.4 创新突破

中国·宁夏（沙湖）国际观鸟节，融合观光休闲游、研学旅游、体验旅游，每年吸引游客和社会公众30余万人次。荣登"2016最美中国榜——

首批最具影响力特色节庆"。2015 年第四届国际观鸟节推出"天下之水汇沙湖"创意营销活动，荣登"2015 中国旅游风云榜"。并与台湾日月潭缔结为"姊妹湖"，不仅推动了"两岸一家亲"文化旅游交流与合作，也使得沙湖借助国际观鸟节走出大陆，为沙湖"借节出海"奠定了基础，还为宁夏旅游走出全国、迈向世界提供了新视角，打开了新思路、新渠道。

2017 年，沙湖国际水上运动旅游文化节开幕。实现了沙湖景区沙水产品内容持续升华，满足游客"南看水艺，北乐沙娱"的旅游体验及诉求，深受游客好评。

沙湖国际水上运动旅游文化节秉承运动、健康、环保的理念，以沙湖景区自然资源为依托，以帆船、赛艇、皮划艇项目为引领，建立了内陆地区最大、设施最完善的帆船体验基地，开展丰富多样的水上运动主题文化活动，打造水上运动旅游文化品牌，使其成为宁夏新的旅游名片。

1.5 投入产出

沙湖是宁夏旅游行业的领航者，自开发建设以来已累计接待海内外游客 1700 多万人次，实现旅游收入 21 亿多元，利税 1.5 亿元，带动相关产业发展，解决了近万人的就业问题，经济效益、社会效益、生态效益显著，是反映宁夏经济社会发展的"精装缩影"。沙湖先后荣获"全国创建文明景区先进单位""全国旅游行业先进集体""优秀企业文化示范基地"等荣誉。

1.6 特色总结

沙湖致力于抓好生态观光、休闲度假、特色文化品鉴三大旅游产品开发，力争用 3~5 年时间把沙湖建设成为影响西部、辐射全国、面向国际的国家精品旅游目的地和度假区，实现年接待游客 150 万~180 万人次，旅游总收入达到 3 亿元。

2 禅文化：经律论文旅小镇

2.1 景区介绍

经律论文化旅游小镇景区是一家以"禅"文化为主题，集禅修养生、温泉度假、休闲旅游、健康娱乐于一身的综合型文旅特色小镇、国家4A级旅游景区，位于韶关市曲江区小坑国家森林公园内。小镇自2014年10月开业以来，以其卓越创新的"修心、养身、健康"为核心经营理念，独特的"尊"字风格和"禅"式服务，获得社会各界的赞誉，先后获得国家文体休闲旅游服务先进标准体系试点单位、全国休闲渔业示范基地、国家"千企千镇"项目、游客最满意的文明旅游示范景区等荣誉。

小镇中的"经律论"取自佛教经典总集《大藏经》，原版拓印的《乾隆版大藏经》存放在小镇的自在楼。小镇的自在天（翡翠艺术博览馆）有一尊世界上最大的翡翠观音造像。

小镇建筑单体设计主要采用东南亚地区建筑风格，建筑面积达10万平方米；小镇有全省唯一的大水量含氡温矿泉，拥有各类型泡池60余个。此外，小镇还拥有路亚基地、天禅谷、玫瑰园、湿地公园、许愿台、圆满山道、梅园、竹林等户外景观，是游客观赏森林、探险、健康养生的不二之选；游客服务中心、祈福广场、生肖广场、孔雀园、观音壁为室外大型活动场地，是游客休憩、观景、祈福的好去处。

2.2 资源优势

小镇拥有三大生态特色资源——氡温泉（广东省首批真温泉）、原始森林（有16万亩山林）、龙湖（水域面积400多公顷），融入三大特色文化资源——"禅"文化为核心、"经律论"文化为根本、"客家"文化多元发展，在文旅特色小镇中具有得天独厚的资源优势。

小镇所处的韶关市是粤港澳大湾区辐射内陆的"黄金通道"，进入珠三角两小时旅游出行圈，为此，珠三角地区为小镇核心客源区。珠三角客源市场庞大，消费能力高，家庭出游意愿强烈，疗养度假旅游需求大。2018年度，珠三角来小镇旅游人数达20万人次，在粤北地区首屈一指。

2.3　品牌举措

经律论文化旅游小镇依托禅文化和氡温泉资源优势，在原有休闲旅游度假产业的基础上，丰富产品业态，打造集禅文化体验、温泉度假、森林休闲、绿色饮食、康体养生于一身的"禅文化"生态养生文化旅游综合体，为游客提供养生以及禅修之旅文化体验，在旅游的同时感受特色文化氛围和禅式服务。

活动推广主要以禅修体验、温泉养生、森林休闲等旅游项目开发各类旅游活动。推广途径主要以珠三角地区各个合作旅行社宣传渠道、广州白云机场、香港九龙高铁至韶关段《粤直通》、珠三角地区报纸广告（《信息时报》《广州日报》等）、线上新媒体（微信号、抖音等）推广为主。同时小镇与携程网、去哪儿网、驴妈妈旅游网等结成战略合作伙伴，积极参加展销会、推介会，通过公众展示、业内交流等传统模式，加强与行业协会、文化、教育、体育、科技、商业等诸多行业的联系，利用社会力量推广文旅特色旅游产品。

2.4　创新突破

经律论文化旅游小镇就是在充分挖掘"禅"文化的深度内涵，将特色"禅"文化与旅游业有机地结合在一起，在此基础之上加入现代的元素，进而创造出独特的品牌。坚持"尊贵独有"的禅式服务理念，在为客人提供个性化、具有独创性、高水平的优质服务的同时，从建筑、装修、摆设、服务、客人参与活动等全方位融合禅文化的理念，让消费者时刻沉浸在禅文化氛围中。在这里抄经是禅、品茶是禅、赏景是禅、参拜翡翠观音是禅，认识《大藏经》文化是禅，温泉文化灌输禅意，客房布置关注禅味，围绕禅文化这个主题为每一位客人提供高质量的旅游服务。另外小镇创新开发了极具本地特色的旅游商品，如让客人亲手摘取景区内的桂花及玫瑰花，并将其制作成桂花蜜、玫瑰酱等风味食品，充分调动游客的参与性及体验性，激发游客旅游购物的兴趣。同时紧抓住区别于其他景区的特有文化资源，大力宣传景区形象，死守服务与卫生的旅游运营生命线，以高质量的服务赚取市场口碑，以鲜明的禅文化特色吸引游客。

2.5 投入产出

小镇项目建设时期是从 2008 年至 2014 年，历时 6 年时间，2014 年 10 月 26 日正式对外营业，累计投资 13 亿元人民币。小镇从营业第三年开始实现收支平衡，第四年已出现利润盈余。

小镇所在韶关市曲江区小坑镇原为革命老区，贫困人口多，开发建设落后，在建设与发展小镇过程中，通过标准化管理，规范培训，使得当地劳动力达到企业服务标准，在增加当地就业机会的同时，提升了地域服务人员的服务意识和水平，同时由于小镇带来了源源不断的客流，使小镇所在区域重新焕发了活力，大力促进了公共交通等城镇基础设施的建设，更是促进了该地区农家乐、民宿业的良性发展，为政府实现本地区精准扶贫贡献了很大力量。

文旅特色小镇发展的关键点在于牢牢把握以下四点：

第一，资源优势及地理位置选址是发展的基础；

第二，特色 IP 的植入是小镇能否可持续发展的重点；

第三，产业导入及产业链的延伸是文旅特色小镇发展的关键；

第四，长期可持续地运营是小镇发展的保障。

2.6 特色总结

经律论文化旅游小镇通过深耕文化，依托地方旅游特色资源，形成了品牌竞争力，主要由于以下两方面建设：

一是打造"养心"的精神层面的旅游产品。

主要是依托小镇特定的地理位置（国家森林公园、空气好、平均气温比市内低8℃左右，这是其他同类产品无法复制的），发挥地方资源（丹霞山、南华寺）特色，同时依托小镇具有东南亚简约而宏伟的硬件设施，融入以禅文化衍生的生活体验，结合现代的生活方式，整个小镇物件的摆放、软件氛围的营造，"禅"文化的味道非常浓厚。

二是打造"尊"字风格的"禅式"服务。

有了"养心"的精神层面的旅游产品，要通过服务体现禅文化应有的内涵及灵魂，接待人员面带微笑进行特色禅风问候："你好，平安吉祥！""请慢走，平安吉祥！"不同于同类行业，招呼声让客人一接触小镇就能感受到禅意；通过禅意客房布置，客人入住期间充分享受艺术禅的魅力；精致禅餐的品尝，让客人体味美食禅的韵味；抄经、打坐等禅意活动，让客人融入生活禅的境界。

3 "中国第一山"：峨眉山景区

3.1 景区介绍

峨眉山位于四川省峨眉山市境内，海拔3079米，山体南北延伸，绵延23千米，面积约154平方千米。峨眉山自古即有"峨眉天下秀""震旦第一山"等美誉，其云海、日出、佛光、圣灯等奇观久负盛名。

峨眉山是首批国家5A级旅游景区，全国文明风景旅游区示范点，被列为世界自然与文化双遗产景区，峨眉山古建筑群为全国重点文物保护单位。

作为中国佛教四大名山之一，峨眉山宗教文化厚重，以普贤文化为核心构成了峨眉山历史文化的主体。全山有报国寺、伏虎寺、万年寺、洗象池等27座寺庙，其中大佛禅院是亚洲最大的十方丛林。

峨眉山生物种类丰富，自古即有"动物王国""植物乐园"的美誉。峨眉山保存着完整的亚热带植被体系，有植物3200多种，约占中国植物物种总数的1/10；是多种稀有动物的栖居地，动物种类达2300多种。峨眉灵猴为游客所深爱，被亲切地称为"猴居士"，是人与自然和谐共处的典型代表。

峨眉山景区配套设施完善，食、住、行、游、购、娱全包容，是休闲、养生、会议、度假的好去处。峨眉山景区交通便捷，飞机、高铁、高速公路构建了到达景区的交通网络；景区内共设有五个车场、两条索道，拥有景区独立运营的专业车队，方便游客在景区内换乘到达各个景点。全山酒店、民宿遍布，温泉、美食、冰雪、禅茶是峨眉山吸引游客的特色。

3.2 资源优势

峨眉之秀甲天下。早在公元 2 世纪初,我国著名史学家张华即有"山如修眉横羽"的美誉。清人谭钟岳曾将峨眉山佳景概括为十景:"金顶祥光""象池月夜""九老仙府""洪椿晓雨""白水秋风""双桥清音""大坪霁雪""灵岩叠翠""萝峰晴云""圣积晚钟"。

峨眉山是中国佛教四大名山之一,距今已有千年文化史。公元 4 世纪,从中印度来华入蜀的僧人宝掌,赞誉此山为"高出五岳,秀甲九州,震旦第一山也"。作为佛教四大名山之一、普贤菩萨道场,峨眉山每年吸引百万香客朝圣祈佛,唱响了"盛世普贤,行愿峨眉"的祈福品牌。峨眉武术历史悠久,源远流长,与少林、武当并称为中华武术的三大流派。峨眉武术至今已有近 3000 年的历史,发展至今,门派众多,拳种拳路成百上千。

峨眉山因其丰富的文化与自然资源,被世界教科文组织评选为世界文化与自然双遗产,是中国西部唯一,也是佛教四大名山之唯一。被誉为"观光休闲度假的天堂,祈福求祥净化心灵的圣地"。近年,随着通往景区交通网络的完善,自助自驾游成为新的增长点,景区围绕高铁游、高速游,形成了以佛教文化产品、研学旅行产品、自驾旅游产品、高铁旅游产品、联线旅游产品、文化创意产品、会议会展产品、特色度假产品的 8 大类热销产品体系,满足不同需求的旅游人群。

十多年间,峨眉山客源构成发生了根本性的变化。2000 年,团队游客占总量的 70%~80%,如今则是散客占据了 80% 左右的份额。景区每年接待游人 340 万人次左右,其周边市场占据 50% 的份额,省外主要以北京、上海、广州及华东市场为主,西北市场异军突起。峨眉山景区是乐山市建设"世界重要旅游目的地"核心区域,景区大力拓展入境旅游市场,东南亚市场成为景区入境旅游的主要客源地,欧美市场入境游也大幅提升。

3.3 品牌举措

3.3.1 峨眉山景区三大品牌

整体品牌：云上金顶，天下峨眉。

武术文化品牌：登峨眉山，行走自己的江湖。

佛教文化品牌：盛世普贤，行愿峨眉。

3.3.2 主要推广活动

3.3.2.1 中国·四川·峨眉山国际武术节

2018年10月27~31日在峨眉山成功举办，为来自世界各地的武林人士提供了良好的交流机会和展示平台，向世人展示了峨眉武术的博大精深，弘扬了中华武术文化。该节每两年举办一次，2007年以来，已经成功举办六届。

3.3.2.2 "万盏明灯供普贤"祈福供灯法会

每年峨眉山都会举行"万盏明灯供普贤"大型祈福供灯法会。在虔诚的祈愿中，大众向普贤菩萨至诚供养这圣洁的心灯，呈上他们的真心祈愿，祈愿普贤菩萨慈悲的加被，身心康泰、事业兴旺、福慧并增、吉祥如意。

3.3.2.3 "同行同愿，交流互鉴"峨眉山行愿慈善行

途中参访十大精华禅院，与十大监院对话。全程徒步、全程吃素、全程入住寺院，同行同愿、交流互鉴、发愿参访、行愿慈善行。走出喧嚣繁华的都市，来到普贤道场、秀甲天下的峨眉山，体验一种全新的生活，体验一次净化身心的佛教文化之旅。

3.3.2.4 参展中国首届自主品牌博览会

2018年5月，峨眉山被省政府选定为四川旅游目的地企业唯一代表参展中国首届自主品牌博览会。VR互动带领观众走进云上金顶的奇妙世界，灯箱广告、触碰视频集中展示峨眉"传统十景"与"新辟十景"的秀美和神奇，实物展示《峨山图说》、峨眉雪芽茶、峨眉山灵猴文创商品。创新互动方式，千里传音送吉祥，向游客传递出"峨眉山——一个逐梦成真的地方"的品牌新概念。

3.3.3 数字化应用

一个数字化指挥中心,一个高速光纤通信平台,五个分指挥中心,构建"生态保护、管理服务、市场营销"三大体系,33个子系统,全方位实现智慧旅游。荣获 2016 年十大"互联网 + 旅游景区",这也是四川唯一获此殊荣的景区。

3.4 创新突破

峨眉山冰雪温泉节已成功举办 20 届,从无到有,从小到大,从单一到多元,从传统到创新,冰雪温泉节已成为峨眉山的金字招牌,也让峨眉山成了中国冬季旅游"第三极"。峨眉山冰雪温泉节整合了峨眉山独特的冰雪、温泉资源和佛教文化、武术文化、美食文化等特色文化资源,是一场冬日峨眉山旅游盛会。

1999 年首届峨眉山冰雪节开幕,推出以冰雪为主题的"十大冬游项目",开了四川景区冬季旅游的先河。2003 年,峨眉山温泉基地建成,冰雪节升级为冰雪温泉节。2005 年,峨眉山美食村、金顶美食林建成,冰雪温泉节融入了美食文化。2006 年,冰雪温泉美食之外,武术和佛教文化也加入进来。到 2015 年第 17 届时,峨眉山冰雪温泉节跻身四川十大民俗节日之一,推出的雪域天庭直升机、冰雪神功傲江湖、雪地火锅食为天、"泉心泉意"养生汤等"四菜一汤"吸引"冰粉"无数。

到 2018 年,早年的单"冰"作战更是进化成一场持续 3 个月的盛大嘉年华。第 20 届冰雪温泉节围绕"冰雪峨眉童梦世界"主题提质精进,设计"冰雪天地娱乐区""童萌世界游艺区""配套功能服务区"三大区域,国内最长冰滑道、巨型网红冰雕、冰雪碰碰车纷纷亮相,赏雪、滑雪、玩雪不亦乐乎,新形象、新项目、新玩法惊喜不断,泡温泉、品美食、赢大奖活动连连。

峨眉山冰雪温泉节开创了多个第一:雷洞坪滑雪场是四川第一个高山滑雪场,峨眉山冰雪节是四川第一个冰雪节,峨眉山成为四川第一个力推冬游的景区。据统计数据显示,冰雪温泉节举办前的 1997 年,峨眉山 12

月至次年 3 月，游客接待量不足 5 万人次，仅占全年的约 1/12。2017 年，这 4 个月的游客达 85 万人次，占全年的比重超过 1/4，比 20 年前增长了约 16 倍。

3.5 投入产出

2017 年，景区提出"重上峨眉山，实现新跨越"发展战略，担起四川旅游排头兵重任。致力于打造《只有峨眉山》文化演艺、雷洞烟云休闲度假区、全山全域智能化提升工程、金顶索道运力提升工程、千佛顶至万佛顶步游道等项目，项目投入运营后，将提升游客体验感，提升景区现代化治理能力，提升峨眉山品牌度，实现景区高质量发展。

以亮点项目为抓手，以创新升级为驱动，以游客需求为依据，盘活全山，带动全市，稳中求进，实现景区从观光旅游向度假旅游的全面转型，以每年千万级别度假人群带动乐山市经济发展。因地制宜，科学发展，高质量打造全国一流景区，做好"文旅融合、扩容体制、景城一体、全域旅游"四篇文章，助推"世界重要旅游目的地"建设。

3.6 特色总结

峨眉山，作为中国西部唯一世界双遗产景区、全球优秀生态旅游景区、天府十大文化地标之首，始终走在中国旅游品牌的第一阵营，勇做中国旅游改革发展的拓荒者和探索者，区域带动辐射效应强，形成了大峨眉国际旅游度假区。迈进新时代，峨眉山勇挑建设世界重要旅游目的地排头兵的重任，以"四篇文章"为抓手，夯实"中国第一山"品牌，谱写"重上峨眉山"新辉煌。

4 "乌镇模式"：古北水镇景区

4.1 景区介绍

北京·密云古北水镇（司马台长城）国际旅游度假区位于中国首都北京，北纬40.3°，东经116.8°，享有"京城后花园"的美称。古北水镇交通区位便利，生态环境优美，距首都机场仅120千米，周边青山碧水环绕，是京津冀地区难得的一处天然氧吧。

整个度假区由古北水镇和司马台长城两部分游览区组成，总占地面积9平方千米。它的前身是一座历史军事边村，历朝历代的驻军将士在这里繁衍生息，形成了一座富有生活气息的小村落。自2010年开始，古北水镇建设团队在村落的原有基础上进行修复，形成了游客今日所见的国际化度假小镇，融休闲、娱乐、文化体验、商务会议等项目为一体。

司马台长城始建于明朝洪武年间，在中国长城中以"险、奇、特"著称，被称为"中国长城之最"。司马台长城全长5.4千米，共有敌楼36座，其中最高处的"望京楼"上下行道路狭窄，坡度近90°角。国际知名媒体曾评价司马台长城为"全球十大最不容错过的风景"。

4.2 资源优势

古北水镇背靠有着"中国长城之最"美誉的司马台长城，坐拥鸳鸯湖水库，长城文化、边塞文化、民俗文化、抗战文化的积淀很深，地理位置意义重大，度假区锁定京冀往来的交通要道，在长城脚下形成了独具北方风情的度假小镇。

古北水镇度假区由IDG战略资本、中青旅控股股份有限公司、乌镇旅游股份有限公司和北京能源投资（集团）有限公司共同投资建设，度假区总占地面积9平方千米,总投资超过45亿元人民币。项目从2014年10月1日开业至今,经过近四年的积累与沉淀,已发展成为融观光游览、休闲度假、商务会展、创意文化等旅游业态为一体,服务与设施一流、参与性和体验性极高的综合性特色休闲国际旅游度假目的地,跻身中国特色小镇成功典范。

4.3 品牌举措

古北水镇持续细化服务,赢得口碑;拓宽渠道,迈向国际;深耕会展,谋划新格局;挖掘新兴消费热点,创新旅游产品内容,持续增强古北水镇市场吸引力。经过多年的全面统筹,并不断增加在国内外市场进行营销投放,现已与全球近1700余家旅行社进行了团队合作。近年来,古北水镇与高德地图在国内合作上线推出全国首个移动化、互联网化、智慧化"智慧景区"服务案例。2018年,古北水镇又专门成立业务研发团队,从自有IP研发、活动包装策划、衍生品创意设计、民俗演绎的国际化表达等方面进行了一系列全新的研究和实践。

2018年,古北水镇推出不同季节的主题活动,春季的"踏青",夏季的"避暑",秋季的"红叶",冬季的"冰雪",吸引越来越多的年轻人及国际友人前来度假。度假区还加大亲子度假产品、研学旅游产品、爱情婚庆产品、老北京民俗体验产品的打造力度。为了营造度假区的休闲度假体验氛围,增加了魔术互动、街头歌手、硬气功和相声等文化演出活动,受到游客的一致好评。

古北水镇管理团队始终坚信,用文化点亮旅游、用旅游提升生活,是未来旅游业不变的生命线。开业至今,团队笃定深耕打造特色景区文化,发展属于古北水镇的艺术风格,让古北水镇的成就变得更有内涵且不可复制。长城脚下的点点艺术之火,已逐渐形成燎原之势,走上了属于自己的个性文化之路。

古北水镇变静态保护为动态利用,变观景式旅游为体验式度假,通过提供更加优质的旅游服务,满足、引领人们的旅游消费需求,发挥旅游产业的拉动作用,推动当地经济发展和民生改善。

4.4 特色总结

历尽天华成此景,砥砺前行铸品牌。古北水镇坚持精细化管理,培养专业的服务团队,实现业务规模快速做大,品牌声誉快速做强,景区营业额、净利润和上缴利税均实现跨越式增长,不论总量或是增速均远超国内其他旅游景区类上市公司,创造了中国旅游业的诸多奇迹。五载春华,骏业日新,未来古北水镇将继续为打造全国乃至世界标杆型国际旅游度假区而不懈奋斗。

5 历史文化名村：皇城相府

5.1 景区介绍

国家 5A 级旅游景区皇城相府生态文化旅游区总面积 15 平方千米，由皇城相府景区、相府庄园景区、九女仙湖景区、郭峪古城景区、海会书院景区组成，是一个文化积淀惊人、自然风光迷人、生态休闲养人、新型民居引人、食住行游购娱功能齐全的综合性旅游区。

核心景区皇城相府是清文渊阁大学士兼吏部尚书加三级、《康熙字典》总阅官、康熙皇帝经筵讲官、一代名相陈廷敬的故居，总面积 10 万平方米。御书楼金碧辉煌，中道庄巍峨壮观，斗筑居府院连绵，河山楼雄伟险峻，藏兵洞层叠奇妙，是一处罕见的明清两代城堡式官宅民居建筑群。被专家誉为"中国北方第一文化巨族之宅"。

5.2 资源优势

明清两代，皇城陈氏家族科甲鼎盛，人才辈出，冠冕如林，声名显赫。曾有 18 人中举人，9 人中进士，6 人入翰林，家族诗人 33 位，盛传"父翰林、子翰林、父子翰林；兄翰林、弟翰林、兄弟翰林"之美谈，更是出现了父子同编《康熙字典》的文化奇观，乾隆皇帝亲赐陈氏家族"德积一门九进士，恩荣三世六翰林"的御匾。康熙皇帝盛赞陈廷敬"房姚比雅韵，李杜并诗豪"。

周边虽然类似这样的古堡还有许多，但是都没有有效开发利用。客源市场以山西、河南、河北、山东、陕西、内蒙古、湖北为主。

5.3 品牌举措

品牌定位：国家 5A 级景区、中国驰名商标。

数字化应用：在山西省率先建成了智慧景区。

推广活动：

（1）举办第四届新春大庙会和首届国际灯笼节，场面火爆。

2018 年春节元宵节期间精心策划举办了第四届新春大庙会和首届国际灯笼节，18.91 万游人在皇城相府生态文化旅游区逛特色庙会、赏国际灯展，"梦回明清过大年"。新春大庙会活动先后登上了中央电视台《新闻联播》《新闻直播间》、山西《新闻联播》等多家媒体。

（2）举办第三届农业嘉年华和千人八八宴，休闲农业再谱新篇。

2018 年 7~11 月举办了以"农情蜜意，科普欢乐"为主题的第三届农业嘉年华，用永续、低碳、绿能、生态、产业、文化、教育等元素进行设计，将传统农业与现代科技相融合，开创未来农村生活美学的新思维。9 月 23 日晚，举行"千人八八宴共庆丰收节"活动，登上中央电视台新闻频道。

（3）举办首届中国古堡保护论坛，皇城相府被确立为"中国古堡研究基地"。

2018 年 7 月 21~22 日，全国 20 多位古堡专家齐聚皇城相府，举办了"首届中国古堡保护论坛"，为皇城相府进一步保护、开发和利用提出了长远规划，揭开了中国古堡全面学术研究的序幕。同时，皇城相府还被确立为全国首家"中国古堡研究基地"。

（4）举办全国乡村振兴论坛，"乡村振兴—皇城模式"向全国推广。

2018 年 6 月 29 日至 7 月 1 日，邀请全国 30 多位休闲农业与乡村旅游方面的专家对皇城村乡村振兴、皇城相府大力发展文化旅游进行深度调研。9 月 7~9 日在皇城相府召开"乡村振兴—皇城模式"论坛，总结出乡村振兴皇城模式向全国推广。12 月 4 日晚，中央电视台《新闻联播·庆祝改革开放 40 周年基层行村庄篇》，以"皇城村的小康路"为题报道了皇城村的辉煌成就。

（5）电视连续剧《一代名相陈廷敬》在央视播出，引起共鸣，反响强烈。

2018年9月10日晚，39集大型古装历史电视剧《一代名相陈廷敬》在中央电视台电视剧频道（CCTV-8）黄金强档剧场播出。电视剧通过对陈廷敬波澜壮阔的一生的记述，塑造了一个忠君爱民、廉洁奉公、勇于担当的儒官形象，对当下弘扬社会主义核心价值观、唱响主旋律、传播正能量，有深远的历史意义和深刻的现实意义。

（6）推出大型夜游实景融入剧《再回相府》，为文化旅游注入新活力。

2018年10月1日，全国首部明清院落实景融入剧《再回相府》正式上演。实景剧围绕皇城相府量身定制，赋予了景区更厚重的文化内涵和更持久的发展力，对进一步扩大皇城相府知名度，带动区域经济发展将发挥积极作用。

（7）庆祝皇城相府景区成立20周年，百名书法家走进皇城相府共书百米长卷。

2018年10月14日，皇城相府举办了庆祝皇城相府景区成立20周年活动，邀请百位书法家走进皇城相府，以陈廷敬诗词为内容挥毫泼墨写下了百米长卷。本次活动是对陈廷敬光明磊落一生的艺术化写照，是当代书法家跨越300年与陈廷敬的一次心灵对话，载入了皇城史册。

5.4 创新突破

5.4.1 精准定位，打造品牌硬基础，让皇城相府"靓"起来

皇城村在很早发展起煤炭产业后，始终走不出小打小闹的怪圈。看到同行业越做越大，看到一些国内国际知名品牌产品畅销市场经久不衰，皇城相府认识到：在当今国际市场竞争中，没有品牌就意味着没有真正属于自己的市场。为了使企业长久永续发展，他们就把目光盯上了这个历经300多年风风雨雨的古城堡，决定开发延续皇城村历史上留下的宝贵品牌遗产，打响皇城相府文化旅游品牌，以旅游品牌为抓手，以旅游品牌为助推器，以旅游品牌为催化剂，推动集团又好又快发展。

一是高度重视品牌建设。企业成立了以集团董事长为组长的领导组，把品牌形象建设放到企业长期、稳定、快速、健康发展的首位去抓，抽调集团精兵强将集中精力搞旅游品牌策划、建设等工作，确保人、财、物优先保障、落实到位。先后投资上亿元，申请注册"皇城相府"商标45大类、200多小类，直至成为继北京故宫之后全国旅游界第二个中国"驰名商标"，最终打造成了企业发展的一个"金字招牌"。

二是舍得投资品牌建设。第一步是让相府古堡由新变旧。企业本着尊重历史、修旧如旧的原则先后投资1亿多元对陈廷敬故居进行科学施工，使其一改过去明珠蒙垢、破烂不堪的面貌，完整、壮观地展现在游人面前。第二步是让旅游景点由少变多。随后投资4亿多元，开发九女仙湖，兴建生态农业园，建起三星级、四星级、五星级宾馆，建成商业一条街，形成食、住、行、游、购、娱六大功能齐全的旅游景区。还投资8000万元，硬化了道路，美化了房屋建筑，绿化了荒山，基本做到四季常青，三季有花。更把所属煤矿全部建成了花园式矿山，彻底改变了"煤炭企业'黑山场'、煤矿工人'黑娃娃'"的形象。第三步是将接待能力由弱变强。投资近1亿元，扩建1万余平方米的停车场；修建三星级、四星级洗手间18座，建成晋阳高速公路皇城相府互通出口工程，缩短走向中原、走向全国、走向世界的距离。这一切，都为皇城相府集团打造品牌形象奠定了扎实可靠的物质基础，不仅可满足不同层次、不同人群多样性的需求，而且可观光、可休闲、可度假、可体验、可娱乐、可感知、可享受，还可提供各种大、中、小型会议服务，成为观光旅游、休闲娱乐、商务接待的首选目的地。

三是注重增强品牌内涵。为了适应现代人旅游消费方式的转变，企业充分挖掘陈廷敬历史文化内涵，精心打造出"迎圣驾"大型开城仪式等多种让人"心为之一动、眼为之一亮"的文化品牌产品，并成立陈廷敬学术研究专门机构，编辑出版有关陈廷敬和皇城相府的书籍20多部，重新印刷130多种版本的《康熙字典》；建起中国乃至世界农村第一座字典博物馆，收集有关陈氏族人的奏折、圣旨、著述、诗作等大量文物，并把它们塑造成旅游产品，为提升旅游品牌文化内涵增添了很多亮点；新建廉政教育基地——陈廷敬纪念馆，开发文创产品旗舰店、大清主题邮局，推出"光影魅力夜皇城"、《遇见康熙字典》《我从汉代来》实景体验、缅怀名相陈廷敬大型古典祭祀等文化旅游项目，进一步增强"皇城相府"的品牌内涵。

5.4.2 强化宣传，提升品牌影响力，让皇城相府火起来

皇城相府 2001 年正式开放之初，无论是旅游人数还是门票收入或是综合收入，都很不景气。当年旅游人数不足 4 万人次，门票收入仅有 80 万元，综合收入不到 300 万元。这时，乔家大院因为电影《大红灯笼高高挂》而红遍了全国、走向了世界，这件事对企业触动很大。于是，企业又把重点放在了品牌宣传、扩大市场影响力和知名度上。

一是借剧造势。2001 年年初，皇城村得到消息：著名导演刘大印正在拍摄根据二月河的小说《康熙大帝》改编的电视剧，但剧中没有反映陈廷敬的故事情节，并且电视剧的拍摄已近尾声。皇城人敏锐地感到这是一个千载难逢的机会，所以果断地应剧组要求，拿出 300 万元改编费用，和《康熙大帝》剧组合作，使陈廷敬走进了《康熙王朝》。随着电视剧在中央电视台和全国各地的热播，皇城相府走进了千家万户，一时间"养在深闺人未识"的皇城相府名声大噪，成了许多电视剧拍摄的外景地，引得各地游客纷纷而来。第二年景区接待游客 31 万人次，门票收入就达 1500 余万元，实现综合收入 3000 多万元。之后，《我认识的鬼子兵》《契丹英后》《关中女人》《别拿豆包不当干粮》《文化站长》等 20 多部影视剧先后在皇城相府拍摄，都对皇城相府扩大影响、提高市场份额起到了积极作用，使皇城相府雍容华贵地走到旅游市场的前台，赢得了市场的认知和认可，游人数量持续增加，经济效益连年翻番。2017 年 6 月 13 日，电视剧《一代名相陈廷敬》又在横店影视城开机拍摄。

二是策划卖点。先后积极策划了"万人相亲大会""千名出租车游皇城""皇城相府乡村游"《梨园春》文化节、大学生"宣传我的家乡"大赛、"走进世博""百万元重奖高考状元""千万元扶持高考状元"、农业嘉年华等近百次主题宣传促销活动，为企业发展创造了很多"卖点"、制造了许多"新闻"，经常出现旅游"井喷"，火爆景象持续不断。

三是举办会展。在上级有关部门的支持下，先后举办了山西省第三次省情论坛、山西省新农村建设走向暨"皇城现象"论坛、陈廷敬诗学研讨会、海峡两岸《康熙字典》研讨会、《康熙字典》暨辞书学国际研讨会、第九届全国"村长"论坛、全国发展休闲农业与乡村旅游大会等多项国内、国际大型活动，引得多家国际、国家级媒体聚集皇城相府，为企业打造品牌形象营造了良好的舆论氛围，有效地提高皇城相府的知名度和美誉度，使"皇城相府"成功打入更广阔市场。

5.4.3 不断拓展，发挥品牌牵引力，带动多元产业兴起来

品牌力带来巨大发展力。在皇城相府品牌的带动和牵引下，企业发展规模持续壮大，产业链条不断延伸，创新能力明显增强，初步形成"以文化旅游业兴村，以现代服务业富民，以高新技术业强企"的多元产业结构，基本实现"单级"变"多级"，"地下"转"地上"，"黑色"变"绿色"，从"挖资源"到"挖文化"，由"卖资源"到"卖技术"的多个重大转型和跨越。

一是综合实力实现新跨越。皇城相府集团已发展成为一个集煤炭、旅游、药业、新能源汽车、建筑房地产5大产业于一身的现代化企业集团，拥有企业25个，总资产70亿元，员工6000多人，年销售收入约20亿元，是晋城市最大的村级集体组织。村民人均纯收入达到5万元。

二是煤炭产业实现新跨越。煤炭企业由1个扩张到4个，使资源储量达到2亿吨，年生产能力由30万吨增到315万吨，为企业长远发展奠定了坚实基础。煤炭产业告别了"多、小、散、乱"的粗放发展格局，一批百万吨技改、洗选大项目正在加紧建设，矿井规模变得更大，科技水平变得更高，安全系数变得更强，产业链条变得更长，实现了高效绿色安全发展，一个崭新的煤炭强企模式已经形成。

三是旅游产业实现新跨越。旅游景点从没有到3个旅游景点7个旅游企业，接待宾馆从三星级到四星级再到五星级，旅游总人数从不足万人次到近200万人次，旅游综合收入从不足千万元到实现5亿元，旅游产业的接待能力、文化品位和旅游地位都在全省遥遥领先，成为全国著名的旅游目的地。

四是高新产业实现新跨越。相府药业和中道能源、宇航新能源汽车双双被列为省级高新技术企业，相府酒业取得蜂蜜酒发明国家专利，企业核心竞争力进一步增强。

五是带动区域经济共同发展。全村70%的农户兴办了家庭旅社、家庭餐馆或从事旅游商品、交通运输个体经营，户均旅游收入2万余元；旅游就业总人数3000余人，其中安排2000余名周边村农村劳力，直接带动全市交通、餐饮、住宿、服务业等快速发展，实现经济效益和社会效益的双丰收，走出一条"文化旅游业富民强村"的新路子。

实践证明，走上创建品牌之路，就像汽车开上了高速公路，随之而来的品牌力量就能让企业飞速向前。今后，企业将继续坚持"品牌兴企""诚信兴企"，在"皇城相府"品牌的升华和拓展上实现新突破，努力打造成一流的民族品牌和世界品牌，为加快企业转型跨越发展发挥出更大作用。

5.5 投入产出

1998年开发旅游至今，皇城相府共投入90多亿元，目前年接待游客190万人次，门票收入1.5亿元，旅游综合收入5亿元。荣获国家5A级旅游景区、中国驰名商标、全国旅游系统先进集体、全国文明单位、全国研学旅游实践教育基地、全国文化产业示范基地、中国古堡保护基地等20多项国字号荣誉。

5.6 经验分享

挖掘历史文化，让百年古堡新起来。从1998年开始，按照"修旧如旧"的原则，积极利用工业发展积累资金对皇城相府进行修复修缮，在顺利实现举村搬迁的前提下，用3年多时间完成了一个投资过亿、总建筑面积10万平方米的古迹保护和旅游开发工程，2002年顺利通过国家4A级旅游景区评审验收，2010年成功跻身国家5A级旅游景区行列。

开发精特产品，让旅游项目多起来。在成功开发人文精品皇城相府的过程中，又开发了自然山水观光型产品九女仙湖，乡村观光体验型产品生态农业园，乡村休闲度假型产品相府庄园，参观考察型产品小康新村，整合了邻近的郭峪古城、海会书院，旅游景点由1个增加到5个，形成人文景观、自然景观、生态农业、商务会议、新农村建设相互融合的文化生态综合性旅游景区。

完善配套设施，让接待能力强起来。建成三星级、四星级、五星级宾馆3座，改扩建4个总面积1万平方米的停车场；修建高标准的水冲式自动化星级感应洗手间18座，扶持发展起90余个家庭旅馆，修建明清商业一条街，满足游客购物需求，景区食、住、行、游、购、娱六大功能不断提升，竞争力显著增强。

丰富旅游内涵，让中外游客乐起来。修建全国第一座字典博物馆，编辑出版有关陈廷敬和皇城相府的书籍20余部，编排名扬全国的大型情景剧——开城仪式"迎圣驾"以及上党八音会、编钟乐舞等多项独具地方特色的文艺节目，组建女子军乐队、民俗艺术团和景区文工团，增强景区的吸引力。2018年，又投巨资推出大型夜游实景融入剧《再回相府》，成为旅游区新的经济增长点。

强化宣传推介，让相府品牌响起来。合作拍摄《康熙王朝》《别拿豆包不当干粮》《文化站长》《关中女人》《白鹿原》《一代名相陈廷敬》《立秋》等18部影视剧，吸引媒体眼球，产生轰动效应；举办海峡两岸《康熙字典》学术研讨会、第九届全国"村长"论坛、首届中国古堡保护论坛、乡村振兴论坛、央视"魅力中国城"竞演等大型活动20多次，提升皇城相府知名度。

5.7 特色总结

东方古堡，名相故里，国家5A级旅游景区皇城相府致力于打造快行慢游的国际优秀旅游目的地。

6 "天下第一奇山"：黄山景区

6.1 景区介绍

黄山，原名黟山，因峰岩青黑，遥望苍黛而得名。传说轩辕黄帝曾在此采药炼丹，得道成仙。唐玄宗笃信道教，遂于唐天宝六年（747年）诏改黟山为黄山，黄山之名一直沿用至今。黄山是全球首个集世界文化与自然遗产、世界地质公园、世界生物圈保护区于一身的自然保护地，是国家级风景名胜区、全国文明风景旅游区、国家5A级旅游景区，是中国十大风景名胜唯一的山岳风光，与长江、长城、黄河同为中华壮丽山河和灿烂文化的杰出代表，被世人誉为"人间仙境""天下第一奇山"，素以奇松、怪石、云海、温泉、冬雪"五绝"著称于世。明代大旅行家徐霞客曾两次登临黄山，赞叹道："薄海内外无如徽之黄山，登黄山天下无山，观止矣！"后人据此概括为"五岳归来不看山，黄山归来不看岳"。

6.2 资源优势

黄山拥有丰富的生态资源、物产资源、旅游资源和文化资源，集中国各大名山的美景于一身，尤其以奇松、怪石、云海、温泉、冬雪"五绝"著称于世。

1979年，邓小平同志发表黄山讲话，对推动中国旅游业发展有着重大意义，也奠定了黄山作为中国现代旅游业发源地的历史地位。中国旅游，从黄山出发，40多年来，黄山旅游不断攀上高峰，旅游发展总体上有了很大突破，从传统的"门票经济"转向"创新经济"，从"靠山吃山"到"走下山，走出去"，一条山岳型景区的时代转型升级之路正在形成，创新的建设、管理和经营模式，推动着旅游与文化、旅游与生态深度融合；围绕打造全区域、全产业、全时空的全域旅游目的地，"山水村窟"（黄山＋太平湖＋古村落＋花山谜窟）布局稳步推进，传统优势业务横向扩张和围绕"旅游＋"的新兴业务纵向拓展战略有序开展。

黄山背靠经济最为发达的长三角地区，景区的地缘优势极佳。受经济、区位及交通等因素的影响，黄山景区客源主要集中在省内、长三角及高铁、航线直达地区。

6.3 品牌提升

6.3.1 品牌定位

围绕打造"名录遗产地典范、旅游目的地标杆"目标，坚定不移"走下山、走出去"，全面推进黄山旅游"二次创业"，以保护管理、旅游经营、改革创新、重点建设、品牌影响等为重点，进一步打响"中国旅游从黄山再出发"品牌。

6.3.2 推广活动

创新活动载体，强化"事件营销"，开展"黄山仲夏之夜点亮唯美星空"主题活动，以试睡星空帐篷、激光秀、民谣、魔术等精彩活动增强游客体验互动，并推出多款亲子游系列产品、毕业游产品、登天都峰励志主题产品，不断提升黄山夏季嘉年华IP知名度；举办"百名画家画黄山"活动，借名家之笔展现黄山魅力和艺术风貌；成功举办2018年全国群众登山健身大会暨第十四届中国黄山国际登山大会和2018黄山国际山地马拉松赛，共吸引3000多名登山爱好者参加；在中国高铁运行十周年之际，参与首届高铁嘉年华活动，将黄山景区宣传画面及官方旗舰店导入拥有巨大游客量的12306 App平台，在扩大形象宣传的同时，极大地增强了景区产品和渠道的曝光。

6.3.3 数字化应用

开启智慧旅游新时代，成功实施"扫码入园"，游客可以通过关注黄山的官方微信公众号，进入门票预订入口，或者扫描"码上游黄山"二维码也可进入购票界面。游客还可通过手机微信或者支付宝扫码，在一分钟之内就能完成黄山门票和索道票的预订，凭预留的身份证或收到的二维码直接入园。

6.4 创新突破

联合新华网打造海外媒体传播矩阵，旗下官方账号正式在海外三大社交媒体脸书（Facebook）、推特（Twitter）和照片墙（Instagram）上线，全方位、多角度、立体化展现黄山旅游新形象，向海外网友呈现一个不一样的"大美黄山"，提升黄山旅游的全球品牌影响力，为黄山打造皖南国际文化旅游示范区奠定了基础。

与抖音官方进行深度合作，推出"#抖动黄山#"全民短视频挑战赛，利用抖音以及今日头条进行定向推广，精准定向江、浙、沪、皖等华东主要城市，实现广泛传播，全面覆盖，也成为单体景区联合抖音官方合作的先例。此外，"#抖动黄山#"挑战赛还邀请到全国百万级KOL进行线下体验，高颜值、技术流、才艺咖纷纷聚集黄山风景区，通过达人的影响力为黄山风景区实现了数轮传播，在网络上形成了强大的舆论氛围，为黄山带去大量客流。抖音官方数据显示，"#抖动黄山#"话题曝光量达6000万次，"#黄山#"话题曝光量超3700万次，仅"#抖动黄山#"话题参与作品超5000幅，点赞量已超500万。

6.5 投入产出

6.5.1 战略投入

在"二次创业"战略目标指引下，黄山旅游推进传统优势业务横向扩张和围绕"旅游+"的新兴业务纵向拓展实施了一系列举措，取得了一定的成绩。黄山蓝城小镇、黄山华胥氏旅游、黄山智慧旅游三家公司揭牌成立，是黄山旅游新兴业务纵向拓展的直接展示和成果体现；成立黄山赛富基金，对包括深圳数位科技、霍尔果斯大颜色信息科技、北京新视野等在内的7个项目实施了股权投资，项目投资总计1.2亿元。

6.5.2 社会经济效益

企业价值进一步得到市场认可,其间股价创下近 10 年新高,连续 3 年居景区类上市公司涨幅和市值首位;突出发展主业,减持与公司主业关联度不高的可售金融资产华安证券,增厚 2018 年净利润 1.6 亿元;用好赛富旅游并购基金的平台,已经陆续完成了对 7 个项目的投资;面对 2018 年以来资本市场非理性下跌,回购部分 B 股股份,为公司今后再融资打开了空间,提升了公司价值。

6.6 特色总结

在新的历史时期,黄山旅游坚持以"走下山、走出去""二次创业"为战略目标,以不等待、不犹豫、不畏难的崭新姿态,在奋进中发展,在改革中创新,围绕保持"中国旅游从黄山出发"和"中国旅游第一股"两个领先地位不动摇,朝着打造"中国一流的综合型旅游服务旗舰企业"的方向努力前行,为中国旅游事业的发展贡献了应有的力量。

7 佛教文化与皇家文化：盘山景区

7.1 景区介绍

盘山是国家级风景名胜区、首批国家 5A 级旅游景区，位于北京东 60 千米、天津北 100 千米的天津市蓟州区境内，规划总面积 110.9 平方千米，核心区面积 33.6 平方千米，于 1982 年正式对游人开放。盘山始记于汉，兴于唐，盛于清，是自然山水与名胜古迹并著，佛教文化与皇家文化相融的旅游胜地，早在唐代就以"东五台山"著称佛界，清康熙年间以"京东第一山"驰名中外，民国初年曾与黄山、泰山、西湖等齐名，被列为中国十五大名胜之一。清代乾隆皇帝曾 32 次巡幸盘山，留下诗作 1702 首，并发出了"早知有盘山，何必下江南"的感叹。

近年来，盘山景区以打造"全国一流旅游休闲目的地"为目标，全面实施品牌上档升级战略，相继恢复 30 多处历史著名景观，建成正门服务区、客运索道、观光车队等综合服务项目，完成覆盖全山各领域的智慧旅游系统，推出京津地区首部实景巨作《天下盘山》。

目前，盘山已形成了 5 大景区，360 多处景观点，年接待游客 180 万人次，旅游收入突破 1.2 亿元。盘山先后被国家有关部门评为中国百强景区、全国旅游系统先进集体、国家生态旅游示范区、全国文明旅游先进单位等荣誉称号。

7.2 资源优势

7.2.1 资源禀赋

盘山风景名胜区是以山岳景观为主体，以松、石、水等自然景观及悠久的历史人文景观为特色，具有观光旅游、休闲度假、爱国主义教育等功能的国家级风景名胜区。盘山风景名胜区的风景名胜资源体现了以山水为主线、以皇家文化和宗教文化为特色、以爱国主义教育为补充的资源结构特色，突出了人与自然的和谐统一。

7.2.2 客源市场

从客源结构分析来看，京津冀为主要客源地，游客占据比例约90%。其他地区包括山东、山西、河南、内蒙古等地游客较上年有所增长，外国团队占幅比例较小，自驾游仍是游客出行的主要方式。

7.3 品牌举措

7.3.1 品牌定位

坚持文化与旅游融合发展，逐步把文化资源转化成文化品牌。一是打造皇家文化。以"走乾隆御路、看乾隆碑刻、听乾隆故事、看乾隆大戏"为主线，推出京津地区首部大型山水实景演出《天下·盘山》。二是打造佛教文化。成立了盘山佛教协会，定期举办大型法事活动，启动佛教名山规划，与国内四大佛教名山对接，广泛交流合作，营造浓厚的佛教文化氛围。三是打造山水文化。对景区下盘水系进行提质升级，实现主游览线1500米水道全线贯通，再现了当年"下盘响流泉，十里闻澎湃"的水景奇观。四是打造红色文化。依托景区红色旅游资源，针对不同群体，设计精品游览路线，开展了丰富多彩的主题教育活动，吸引了大量中小学生到景区旅游。

7.3.2 推广活动

策划举办特色旅游活动，做到了季季有主题，月月有活动。成功举办或承办盘山庙会、大美盘山光影故事全国摄影大赛、渔阳金秋旅游节暨盘山国际越野挑战赛、第二届冰雪旅游节等10项旅游活动。同时，协助中国旅游景区协会承办"完善门票价格机制创新景区增收模式"座谈会。

7.3.3 数字化应用

坚持以"科技兴旅"为抓手，加快推动景区旅游产业转型升级。一是打造智慧旅游管理体系。建成景区监控指挥中心和128个数字高清视频监控点位，完成电子门禁、交通指挥和观光车 GPS 定位系统安装调度。二是完善智慧旅游服务体系。开通 live800 在线咨询热线、景区实景网络游览系统和手机 App 电子导游、智能望远镜、互动游戏等特色服务项目。三是创新智慧旅游营销体系。与专业票务网站合作，为景区输送稳定客源。开通网络预购票模式，在景区内增加自动售票机，实现线上购票线下取票服务功能。

7.4 创新突破

一是落实京津冀协同发展战略。成立京东景区联盟，与河北清东陵、北京金海湖及区内景区推出山水文化特色旅游项目、景区套票与打包产品，联手京津冀百家旅行社共同打造精品旅游线路，京津冀游客量增幅明显。

二是顺利推进旅游体制改革，完成组织设置和政企人员分流工作，明确管理局和所属经营性公司隶属关系，实现了管理权和经营权的分离，按照现代化企业管理模式，统筹推进资本运作、企业经营、市场营销、管理服务等综合配套改革，有效激发企业发展活力。

三是做大旅游规模。深化与大财团合作，扩大旅游发展平台，采取共同开发和入股经营的方式，包装打造高山漂流、滑雪场、观景平台和挂月峰凌空木桥等旅游项目，进一步延伸产业链条，扩大盘山旅游产业规模，努力使景区由大变强，由观光型向休闲度假型转变。

7.5 投入产出

一是完善接待服务基础设施。整修游步道 3000 米，完成正门区出口改造、电力设施改造和候车长廊建设等基础设施工程。实施重点区域绿化美化，栽植观赏花卉 20000 余盆，完善垃圾箱和标识牌 100 余个。完善售票系统和监控设备，安装仿真树信号塔 6 座，增设售票电子支付和自助取票功能，实现了景区智能服务管理全覆盖。

二是提升品牌影响力。在高速重点路段和区内重要路口设置广告牌和引导牌 85 块。与国内知名旅游网站保持良好合作，利用盘山微博、微信等新媒体平台，开展线上线下业务，集聚景区人气。在中央电视台《午间时分》栏目播出盘山景区广告宣传片，在北京卫视、天津卫视、北京103.9交通广播电台、天津106.8交通广播电台等主流媒体做了景区形象宣传，央视《新闻联播》《朝闻天下》《东方时空》《晚间新闻》等栏目多次对景区进行正面宣传报道。

三是拓展客源市场。借助区域和交通优势，相继开通天津、北京、河北、山东、山西、辽宁、内蒙古7个省区市25个地区的旅游直通车。开拓全国各地区旅游市场，与北京商会合作，分别在陕西、宁夏、甘肃、青海等地举办盘山太极养生游专场旅游推介会，取得良好宣传效果。

7.6 特色总结

盘山景区围绕打造"全国一流旅游休闲目的地"目标，结合全域旅游示范区创建，深入贯彻落实京津冀协同发展战略，延伸产业链条，做强旅游品牌，扩大发展规模，力争为推动我国旅游经济快速发展做出新的更大贡献。

8 "中国荷都"：微山湖红荷湿地

8.1 景区介绍

滕州微山湖红荷湿地景区总面积90平方千米，湖域面积60平方千米，这里有55千米的湖岸线、13万亩的野生红荷、30平方千米的芦苇荡、国内罕见的水上森林和丰富的物种资源，景区内有盘龙岛、小李庄、水生植物园、湿地漂流园、荷花精品园、湿地博物馆、滕州党员干部党性教育基地等50余处景点，是华东地区最大、保存状态最原始、湿地景观最佳和中国最大的荷花观赏地，素有"中国荷都"之称。

微山湖红荷湿地景区不仅是体验水乡风韵、感受湿地风情、尽览生态美景的胜地，也是人们休闲度假的旅游胜地。景区以钟灵毓秀、原始风情和保存最佳的湿地资源而闻名，被誉为我国最美、最大的国家湿地公园，现已被评为国家湿地公园、国家4A级旅游景区、国家水利风景区、国家生态文明教育基地、中国最美休闲度假胜地、中国慢生活休闲示范景区、全国环境教育示范基地、全国科普教育基地、中国最美生态文化旅游目的地、中国十大生态旅游景区、全国中老年旅游休闲养生基地、全国摄影家协会拍摄基地、全国垂钓协会比赛基地。景区先后成功举办了十五届中国（滕州）微山湖湿地红荷节、多届全国摄影家协会摄影比赛、国家级垂钓比赛和三次全国性骑游活动，其独特的湿地风情、水乡风韵吸引着大批中外游客前来观光，年接待国内外游客220万人次，已成为全国湿地类生态旅游的精品和热点。

8.2 资源优势

滕州微山湖湿地景区位于山东省滕州市西部、微山湖东岸，拥有55千米的湖岸线、13万亩的野生红荷、30平方千米的芦苇荡、国内罕见的水上森林和丰富的物种资源，是我国北方面积最大、自然生态最原始、环境保护最完好、湿地功能最完备、景观最美的湖泊湿地，具有自然性、多样性、稀有性、完整性、典型性的特点，被誉为中国最美的湿地。湿地依山傍湖，风光秀丽，水资源极其丰富，生态资源独具特色，开展旅游度假区的资源条件得天独厚。

8.3 品牌举措

近年来，滕州微山湖红荷湿地景区围绕"打造闻名全国的旅游目的地"和"创建国家5A级旅游景区"工作目标，突出绿色生态和红色教育两大特色，多轮驱动，多元投入，全方位提升软硬件建设水平，多角度挖掘人文内涵，景区的看点、亮点不断增加，市场空间不断拓延，影响力和美誉度持续攀升，实现了经济社会效益"双突破"、实力与形象"双提升"。

一是注重媒介宣传。在省文旅厅支持下，借助省厅官网、官方微博，推出景区系列报道，形成轰动效应。在中央电视台1套、2套、旅游频道、央广网及山东卫视多次报道景区新闻，在北京南、济南西、青岛等高铁站台滚动播出景区宣传片，在青岛、郑州等主要客源地投放公交车体广告，在滕州高铁站设置大型广告8处，在京台高速路滕州南、滕州北两侧增设高炮广告3处，对景区实行全方位、高密度、立体式宣传推介。

二是注重市场开拓。坚持高端推介与精准营销相结合，科学划分了鲁东、鲁西、省外及网络市场，成功举办了北京、上海、杭州、济南、青岛、泰安、济宁、郑州等多场高质量的专题推介会，组织专业市场营销人员分赴各线城市开展市场推广，加强与台儿庄古城、黄河口、太阳部落、崂山等风景区合作联系，20余家大型旅游组织、600余家旅行社和旅游网站与景区达成合作协议，景区的旅游收入和市场价值持续攀升。

三是注重活动营销。景区先后成功举办了15届中国（滕州）微山湖湿地红荷节、多届全国摄影家协会摄影比赛、中国摄影大展、国家级垂钓比赛和三次全国性骑游活动，策划参与了由世界旅游联盟、中国旅游景区协会联合主办的2018"中国—欧盟旅游年"灯桥点亮活动,引起了社会各界的广泛关注和各大媒体的高度评价。

8.4 创新突破

8.4.1 健全完善"旅游六要素",不断延长景区旅游链条

围绕"吃有特色",精心设计了"美食之旅"游线,推出了全鱼宴、荷花宴、乾隆御饼等微山湖特色美食;围绕"住有品位",与滨江国际酒店、盈泰生态园、逸荷雅舍等40余家酒店建立了合作关系,启动了生态康养木屋项目;围绕"行有保障",开通了城市公交旅游专线,引进"空中看山东"低空飞行、微湖"小溜子"、竹筏采摘等项目;围绕"游有线路",打造50余处景点,形成了陆上精品荷花游、水上微山湖岛屿游、生态环保科普游三大板块,集中展现了"微湖、湿地、红荷、林海"四大亮点;围绕"购有商品",提升了旅游特产超市,规范了景区内旅游商品业态,设计制作了景区特色旅游商品;围绕"娱有活动",组建了国旗仪仗队、铜人秀表演队、湿地手鼓队等,编排《铁道游击队》系列情景剧,开展了鲁南杂技、微山湖鸬鹚捕鱼表演、水上高尔夫等活动,有效地增强了游客的融入感。

8.4.2 大力发展"旅游新业态",已累计完成投资7.9亿元,不断增强游客体验感

一是推出"研学之旅"。免费开放微山湖湿地博物馆,提升生态教育长廊、环境教育基地,精心设计生态科普研学路线和红色教育等研学路线等,已接待中小学生近5800余人次。二是推出"休闲之旅"。新建了"慢生活"休闲体验区、锦鲤园、天鹅湖、爱情湖,与中科院武汉植物园合作提升荷花精品园,打造了天一岛、烟雨长廊、陨石亭等游客憩场所。三是推出"红色之旅"。深入挖掘景区红色资源,在巩固提升小李庄影视基地的基础上,精心打造党员干部党性教育基地,目前已接待中组部、北京理工大学、新华社山东分社等单位80余批次、7000余名党员干部现场学习。四是推出"探险之旅"。实施湿地漂流园修复工程,修复了激情漂流、山

谷探险、水车乐园、空中滑索等景点，新建拓展训练营地、善水阁、鲁班云梯等。

8.4.3 围绕提高"游客满意度"，不断提升景区服务质量

围绕提供有温度的服务，推出了枣庄市民年卡项目，设立158党员雷锋服务站，增设游客候车点，在游客聚集区域安放电视、电扇，新上移动5G信号基站，布设二维码电子导游和手绘地图导引。围绕提升服务接待能力，实施游客中心提升工程，增设咨询服务处、物品寄存处、电子导游服务处，安装多媒体触摸屏、手机加油站等；加强员工队伍建设，大力实施全员素质提升工程、"金牌导游"引领工程、"营销精英"培育工程，倡导"游客第一、实干创新、成风化人、追求卓越"的团队精神。围绕优化景区旅游环境，高标准建设了景区安全指挥中心，实现电子监控全天候、全覆盖。扎实推进旅游厕所革命，全面加强景区旅游秩序与环境管理，全力打造了服务规范、管理有序、设施齐全、温馨和谐的休闲度假胜地。

8.5 投入产出

近年来，微山湖红荷湿地景区累计投资10亿元，建设了盘龙岛、小李庄、水生植物园、湿地漂流园、荷花精品园、湿地博物馆、滕州党员干部党性教育基地等50余处景点，已成为保存状态最原始、湿地景观最佳和中国最大的荷花观赏地。

一是生态环境明显改善。微山湖红荷湿地景区的建设在降低环境污染、调节局部气候方面发挥了巨大作用，景区绿化率达到95%以上，空气质量达到国家一级标准，水质长年优于国家地表水三类标准，动植物多样性得到有效保护，生态环境明显改善，人与自然更加和谐。

二是示范带动作用突出。让人民群众充分享受到了微山湖红荷湿地景区的建设和发展成果，亲身感受到了生态环境的极大改善和生活水平的不断提高，改变了人们对湿地功能的单一认识，提高了人们关注湿地、保护环境的意识，满足了人与自然和谐共存的发展需要。目前，微山湖红荷湿地景区已成为湿地文化传播和生态文明教育的有效载体，在宣传普及湿地

知识、提高社会公众湿地保护意识、推进生态文明建设中发挥了积极作用，对于全省乃至全国的湿地公园建设具有典型的示范意义。

三是经济效益逐步显现。微山湖红荷湿地景区的建设凝聚了人气，游客人数逐年递增，年接待游客量220万人次。同时，景区的发展为当地提供就业机会和对经济增长的拉动作用日益显现。景区附近涌现出300余家餐饮、住宿和土特产品加工企业，带动周边村庄就业3000余人。景区的建设为农业、交通、商贸、餐饮、通信、物流等服务业提供了新的市场空间，极大地改善了投资环境，拉动了沿岸地区经济的快速发展，成为山东省投资兴业的新热点。

8.6 特色总结

滕州微山湖红荷湿地景区始终遵循人与自然和谐共生的特色生态景区发展理念，围绕"打造闻名全国的旅游目的地"目标，突出生态科普、文化旅游、红色教育、休闲度假、康养体验等特色，不断活化投入方式，优化资源配置，强化服务管理，影响力和美誉度逐年攀升，吸引着大批中外游客前来观光，年接待国内外游客220万人次，已成为全国湿地类生态旅游的精品和热点，成为重要的旅游度假胜地。

9 东江源文化：三百山景区

9.1 景区介绍

三百山位于江西省赣州东南部，距香港 465 千米，距广州和深圳、珠海、汕头等地区 300 多千米，景区总面积 197 平方千米，是香港同胞饮用水东江的发源地，国家级重点风景名胜区、国家森林公园、国家 4A 级旅游景区、全国首批保护母亲河生态教育示范基地、省级生态旅游示范区，是全国唯一对香港同胞具有饮水思源意义的旅游胜地。景区拥有 5 大游览景区，165 处景观景点。

一是有优美的自然环境。"源头群瀑、三百群峰、峡谷险滩、高山平湖、原始林海、火山地貌"堪称三百山六绝。

二是有绝佳的环境质量。三百山森林覆盖率 98%，山上空气中负氧离子含量每立方厘米近 7 万个，常年气温平均 25.5℃，被誉为"天然氧吧""避暑胜地""基因宝库"。山下虎岗温泉，富硒，水温 78℃，属全省第二大温泉群。

三是有丰富的物种资源。已知的野生脊椎动物有 208 种，其中：国家级保护的 38 种，省级重点保护的 48 种。植物以典型的中亚热带常绿阔叶林为主，伴有以马尾松为主建群的暖性常绿针叶林。景区内有高等植物树种 271 科 1702 种。

四是有浓厚的文化底蕴。全国最大的客家方形围屋东生围坐落在景区内。景区内，采茶戏文化、客家民俗、楹联文化、脐橙文化、源头文化等共同构成了独具魅力和地域特色的东江源文化。

9.2 资源优势

三百山旅游资源丰富,是生态景区中的奇葩。三百山风景区由东风湖、九曲溪、福鳌塘、仰天湖、尖峰笔5大景区165处景观景物组成。景区内森林茂密,古木参天,很好地保存了中亚热带常绿阔叶林生态系统,森林覆盖率高达98%,为华南地区所罕见。区内有271科1700余种木本植物及200余种野生高等动物,动植物资源丰富、种类繁多。景区内地形陡峭,水源丰沛,瀑潭相间,密集成群,构成最具魅力的景区水景特色。三百山山野谷幽,远离城镇,没有生产、生活污染,空气中含菌量极少,负氧离子浓度极高,环境质量优中显优国内罕见,是一处真正纯天然的"氧吧"。

9.3 品牌举措

三百山景区强化宣传营销极大地提升了旅游品牌形象。连续几年在香港举办了声势浩大的旅游宣传推介会,在香港投放安远旅游巴士车身广告和地铁灯箱广告,重要报纸《香港商报》投放安远旅游专版宣传,在深圳北高铁站台投放几十个灯箱广告进行宣传,在大广、济广高速路上及服务区设置了高炮宣传,赣州城区重要路段设置路名牌及在公交车、出租车LED尾灯进行游字宣传。同时,积极参加各项评选活动,在赣州"山大王"PK中荣获"山大王"称号,在"2016网友最想去的赣州A级旅游景区"评选中排名第一。2017年,在香港回归20周年之际开展了一系列纪念性营销活动,受到香港市民的一致好评,取得了良好效果。

9.4 创新突破

近年来,安远县紧紧围绕把三百山打造成"江西名山,赣州第一山"的目标,不断完善旅游基础设施,加大旅游推介力度,全力推进三百山创建国家5A级旅游景区,着力把安远打造成国家级生态旅游示范区、全域旅游示范区、江西省旅游强县。目前,三百山生态旅游产业集群成为江西省旅游"一核三线八圈"中的重要一圈,三百山风景区综合提升项目被列入 2016 年全国优秀旅游项目名录，东江源旅游度假区获评赣州市唯一省级旅游度假区，"东江源·三百山"旅游品牌的知名度、美誉度大幅提升。

9.5　投入产出

三百山景区率先探索，走出一条贫困地区景区发展生态旅游并带动群众致富的双赢路子。多年来，安远县一方面在保护三百山生态环境过程中出台政策、措施引导当地群众在景区周边的荒滩、荒坡植树种果，增收致富；另一方面对景区周边的果园规划发展以果园观光、果品采摘为主的乡村农家乐旅游项目，融入三百山景区旅游产业当中，有效引导群众从发展生态旅游中就业获利并致富，这种既推动生态旅游发展又带动多数群众致富的旅游发展模式，在全国范围有示范效应。

9.6　特色总结

三百山景区将以创建 5A 级旅游景区为契机，认真总结经验，找出差距和不足，再鼓干劲、再添措施，狠抓落实，以尊重自然为基础，以生态保护及生态教育为特征，积极培育生态旅游产品，规范生态旅游服务，积极塑造生态友好型旅游产业形象，全面实现建设与保护、环境与发展、人与自然、物质生产与文化富足的平衡与和谐，推进景区事业更上一层楼。

10　黄河奇景品牌：壶口瀑布

10.1　景区介绍

壶口景区的总面积 100 平方千米，分别由黄土高原、黄河、黄河峡谷、瀑布四种主要的地表和地貌构成。其中国家地质公园地质遗迹保护区 30 平方千米。景区游览活动主要包括黄河文化游、人文历史游、地理风貌游、地质奇观游四个内容，可以说整个景区就是黄河与黄土的交相辉映，峡谷和高山的相互衬托，壶口是黄河上最具代表性的旅游景点。

黄河，孕育了光辉灿烂的华夏文明，而位于秦晋大峡谷的壶口瀑布，则是镶嵌在母亲河上最为璀璨的明珠。

10.2　品牌举措

壶口景区被评为国家级重点风景名胜区，国家地质公园和地质遗迹保护区，国家 4A 级旅游景区。先后组织参加第十五届北京国际旅游博览会、西安丝博会、"华夏古文明，山西好风光"旅发大会、"跟随陕旅行知华"推广活动、第二届中国旅游目的地暨文旅产业融合发展大会等一系列大型营销推介活动，累计发放壶口景区宣传册 10000 余份、文创产品 1000 余件，让全国更大范围、更多民众了解壶口、认知壶口、神往壶口，为拓展渠道、护大市场、提升景区品牌知名度和美誉度创造了条件。

智慧景区的建立健全是壶口景区统筹发展的坚石。目前壶口景区将逐步建成景区智慧平台，把安全监控系统、售检票系统及区间车调度平台三者结合，形成一个数据库，实施全方位监控，确保景区正常有序化经营。

10.3　创新突破

针对景区转型需要，组织开展文明服务月活动。创建文明服务先进部室、创树文明服务标兵、评选文明服务优秀管理者，在全体员工中掀起争先创优文明服务热潮，为景区从建设为主向全面运营转型奠定基础。针对新业态启动运营，以集中开业活动为契机，大力开展营销宣传。先后邀请知名专家学者、各级领导、社会各界、各类媒体500余人（家），征询意见建议、策划运营方案、集中报道推介，为南北游客中心、古渡口小镇、云尚观瀑舫、景区区间车、黄河大合唱演艺项目常态化运营提供智力和人气支撑。针对景区转型过程中存在的薄弱环节，策划组织开展"金色重阳铸河魂，文旅壶口送清风""老外看壶口，金秋宜川行""千人黄河大合唱"及"演出400场，接待180万人次黄河大合唱实景演艺互动庆典"等大型公益活动，创树"负责任、有担当"的壶口景区旅游新形象。在多措并举下，壶口瀑布景区于11月25日迎来2018年第200万名游客，创历史新高。

10.4　投入产出

一是巩固一日游合作客户，建立长效合作机制，提升景区宣传面。

二是扩大客源地市场营销，加大新客源地市场营销。

三是稳固老客源地市场。稳固以青海、甘肃、宁夏、内蒙古、四川等主客源地省份城市，采取联合营销，做好目的地市场营销，与当地实力雄厚的旅行社合作，采取活动展览、推介等多种方式，扩大宣传。

四是加大与省内地接社的合作。重点攻克客源前10名客户，制定奖励政策，增强客户信心。及时捕捉大团、专列信息。

五是发展新兴客源市场。寻找西安、延安、成都、郑州、太原、呼和浩特、银川等城市大型企业工会、自驾游联盟、活动俱乐部等社会团队，给予政策优惠。大力发展西安、延安、成都、郑州、太原、呼和浩特、银川等城市线上客户，选择经济实力强、宣传平台广的电商试合作。与西安、延安、成都、郑州、太原、呼和浩特、银川等城市的研学组织机构、教育局等联系，推介壶口景区，发展研学团队。

六是加大运营壶口瀑布官方微博、微信力度。建立健全携程、去哪儿、同程、马蜂窝、大众点评、飞猪旅行、猫途鹰等OTA平台，激发用户发布壶口瀑布相关点评、游记、视频等吸引用户的内容，优化关键词搜索结果，使搜索结果页内的内容对用户有价值，用口碑影响壶口瀑布在用户心目中的美誉度，进而影响用户旅游决策行为。

10.5 特色总结

2018年，随着壶口景区五大新业态陆续投入运营，壶口景区翻开了提速发展的新篇章。2019年，壶口文旅将迎来转型发展的关键年，继续推进壶口景区持续发展，努力让游客满意，让四海之宾、八方之客感受宾至如归的体验！

11 北方有奇山，河北白石山

11.1 景区介绍

涞源白石山景区位于河北省保定市涞源县，景区面积54平方千米，雄踞八百里太行山最北端，最高峰佛光顶海拔2096米，主山脊绵延7000余米，因山多白色大理石而得名，拥有我国独一无二的大理岩峰林地貌和万亩红桦林，拥有世界地质公园、国家5A级旅游景区、国家森林公园、全国青少年科技教育基地等多项桂冠。

11.2 资源优势

景区有三顶、六台、九谷、八十一峰，集峰林、怪石、绝壁、峡谷、瀑布、森林、云海、佛光、长城、庙观等景观于一身，兼具了山岳景观的奇、雄、险、幻、秀五大特点。崖耸云天、峰石彩林、佛光云海集于一身，可谓"中国北方第一奇山"！峰林、怪石、云海、栈道被称为白石山"四绝"，尤其白石山的绝壁栈道将"白石晴云、姜太公钓鱼、八戒娶妻、双雄守山、凌波微步、山盟海誓"等为代表的"白石山十二美景"串联起来，使游客尽览白石山水墨写意的大气之美。白石山堪称中国栈道第一山，"双雄玻璃栈道和飞狐玻璃栈道"两条悬空玻璃栈道从景观效果和惊险刺激上都属国内第一。

白石山景区以山地资源为主，有峰林、峡谷、瀑布、云雾、岩壁、洞穴等，还有世界文化遗产长城、古代军事关隘、华北特色山村等资源，类型多样，特色突出，其中大理岩峰林、石窝长城、红桦林、军事关隘等景观具有国家级的代表性。在观赏、军事历史上同狼牙山景区和野三坡景区相媲美，都有较高的科学价值和观赏价值，而且特色鲜明。

11.3 品牌举措

白石山景区位于北京中环旅游圈内，经济发达，人口密集，仅京津冀、太原、大同等大中城市人口就达 3000 多万。2018 年荣乌高速和涞曲高速的通车，大大缩短了京津冀及周边的旅游车程时间，日后将会吸引更多的游客。

白石山景区自建设以来，运用媒体的全面覆盖与策略，树立起了"北方有奇山，河北白石山"的品牌形象。从 2012 年起，景区每年用于广告宣传的费用占门票收入的 10%~20%。2015 年至 2018 年，白石山景区加大广告投入，每年仅用于营销宣传的费用达 3000 万元，在数字化互联网的作用下，通过线下传统媒体树形象，加大小区道闸、电梯框架、公交车、地铁灯箱、广播的宣传工作；通过线上网络媒体做内容，全面升级官网、官微等自媒体的建设，优化百度搜索和高德地图的导航系统，组建新媒体运营团队负责线上销售；通过官方媒体树权威，持续在央视、河北卫视、新华网、人民网等官方媒体持续曝光。

11.4 创新突破

2018 年以来，白石山景区充分发挥示范作用，坚持旅游品牌的突破创新，与张石高速公路保定段签订战略合作协议，积极探索异业合作，结合张石高速公路所辖 16 个收费站的路面设施、网络平台等宣传媒介，把高速公路变成白石山景区的销售平台，实现"景区+高速"的跨界合作；与中国铁旅集团合作，联合宣传，首次开通了"京津冀"白石山旅游专列，为京津冀的旅游开启了新篇章，为白石山旅游发展带来了新的机遇，白石山将以此为契机，今后继续开通多条线路的旅游专列；举办了第三十届中国华北摄影艺术展、白石山首届登山节，多家媒体进行现场报道，其中凤凰网进行了网络视频直播。一系列的营销活动，大力推动了白石山景区拓展外埠客源市场，极大地提升了旅游品质，扩大了旅游品牌的知名度。

11.5 投入产出

在景区的建设方面，白石山更是大手笔运作。白石山景区成立后，先后投资20亿元，打造了全国最长的悬空玻璃栈道和河北省最大的游客服务中心、生态停车场等一批基础设施项目，其中玻璃栈道最为突出，中国最长、最宽、最高，一经开放，以独具特色的亮点迅速引爆了全国旅游市场，使景区的游客接待量由原30万人次突破百万人次，营业收入由原来的32万元增长到现在的1.5亿元。白石山景区从一个默默无闻的景区一路成长为河北省接待人数和营业收入均排名第一的景区。

白石山景区围绕创建国家5A级旅游景区的目标，高起点定位，以"创新、协调、绿色、开放、共享"为指导理念，充分利用白石山景区资源和区位优势，全力开展各项升级工作，2016年借助河北省旅游发展大会在保定召开的契机，使5A级旅游景区创建工作取得了全面的突破，2017年2月白石山景区成功晋升为国家5A级旅游景区，景区的品牌知名度得到了极大的提升，品牌影响力不断拓展。白石山国家5A级旅游景区的创建工作带动了一批相关产业的发展，提高了涞源县的旅游经济。直接为农民增收达6500万元，1.5万贫困人口脱贫，景区周边新增农家院269家，县城内新增酒店66家，旅游从业人数达到上万人，其中有70%为农村剩余劳动力。这些都为当地百姓创造了实实在在的收益，成为推动当地经济发展，脱贫致富的重要途径。

11.6 特色总结

今后，白石山景区将继续努力，不断加大投资力度，不断创新营销策略，不断推进旅游品牌创建，提升品牌知名度，加快转型发展，丰富品牌内涵，努力将白石山景区打造成全国知名的旅游品牌。

12 "燕赵最美湿地"：衡水湖景区

12.1 景区介绍

衡水湖景区是国家水利风景区、国家水产种质资源保护区、国家4A级旅游景区、国家生态旅游示范区，并享有"京南第一湖""燕赵最美湿地""华北大地的绿明珠""河北最美30景"等诸多佳誉。

景区位于河北省东南部衡水市境内，面积为163.65平方千米，湖泊面积75平方千米，蓄水量达1.88亿立方米，单体水面面积居华北首位。衡水湖湿地是极具典型性和稀缺性的国家重要湿地，具有华北平原唯一保持沼泽、水域、滩涂、草甸和森林等完整的湿地生态系统，是国家级自然保护区。这里风光秀美，景色静怡，生物多样性丰富，作为京津冀地区的生态屏障，衡水湖湿地在保障京津冀地区生态安全方面发挥着重要作用。

景区具有涵养水源、净化空气、维持生物多样性等重要的生态服务功能，对于周边地区生态环境具有直接影响，被赋予了比南方水乡湿地更重的内涵和承载。

12.2 资源优势

衡水湖湿地有四个方面的特点：一是资源稀缺性；二是生物多样性；三是战略地位的重要性；四是衡水湖湿地保护发展的典型性。宽广的水域、大面积的深水芦苇、浅滩沼泽、岸边草丛、堤岸防护林带等多种生态环境，使这里成了北温带野生动植物聚集地和候鸟南北迁徙不同路线的交会点。这里有植物538种、鸟类324种、鱼类34种、昆虫535种、两栖爬行类动物17种、哺乳类动物20种，生物多样性非常丰富。其中，每年在衡水湖栖息、繁殖和觅食的国家一、二级重点保护鸟类多达53种，包括丹顶鹤、白鹤、东方白鹳、黑鹳、大鸨、金雕、白肩雕等一级保护鸟类 8 种，大天鹅、小天鹅、鸳鸯、白枕鹤、灰鹤等二级保护鸟类 49 种，被世界自然保护联盟列为极危物种的青头潜鸭，全球仅存 700 只左右，在衡水湖发现 308 只，2018 年衡水湖被列为世界极危物种青头潜鸭重要栖息地。

景区一直致力于全面提升管理水平和服务水平：一是推行安全生产标准化工作，二是以"主动服务"代替"被动服务"，三是在"标准化服务"的基础上提供"个性化服务"，四是紧跟时代步伐，开展智慧旅游。经过标准化建设，衡水湖景区不断完善服务功能，软硬件环境均有了大幅度提高。按照服务业标准化试点建设要求，对景区景点进行了改造提升，提升了自身服务能力，随着服务质量的不断提高，顾客满意度保持在 95% 以上。

近年来，衡水市政府高度重视景区旅游业的发展，景区辐射半径不断扩大。特别是马拉松赛成功举办，已成为国内马拉松金牌赛事和全国锦标赛其中一站，被评为"中国体育旅游精品赛事"，连续四届央视现场直播赛事盛况，极大地提升了衡水湖的知名度和美誉度。随着衡水湖景区服务质量的提升，景区辐射面不断拓展，目前已经辐射北京、天津、河北、山东、河南、山西、内蒙古、辽宁等多个省、自治区、直辖市，省外游客比重已占 6 成。

12.3　品牌举措

景区以塑造"燕赵水乡——衡水湖，静享自然之美"的旅游新形象为品牌战略，形成衡水湖生态旅游的核心竞争力，为规范品牌宣传管理、更好地塑造品牌商标的市场形象、提高市场占有率、扩大企业知名度和信誉度、更加有效地进行品牌保护，制定了《品牌管理制度》。景区于 2017 年 7 月在国家质量监督检验检疫总局开展的 2016 年区域品牌价值评价工作中获得 2.25 亿元人民币的品牌价值评估。

景区以国家 4A 级旅游景区为基础，近期目标是对照旅游六要素"食、住、行、游、购、娱"找差距，着力建设旅游设施平台，尽快形成特色化的观光旅游产品，打造特色景观，营造生态休闲环境；中远期目标是建成国家 5A 级旅游景区，建成以生态休闲度假旅游产品为重点的国家级旅游度假区。

注重宣传推广工作，充分利用主流报刊持续进行品牌形象宣传；与知名网站合作宣传推广，加强网络宣传营销，促进线上和线下旅游的良性互动，通过官方网站、微博、微信、论坛等方式加大网络营销力度，提高影响力。同时加强客源地旅游市场营销，与旅行社、自驾、摄影、户外、企业等组织或团体建立合作关系，有针对性地进行营销，不断聚集人气。同时做好人性化服务，形成良好的口碑宣传效应。

加快智慧景区建设，陆续完善微信平台、移动支付、Wi-Fi 全覆盖、电子地图等智慧系统建设，建立大数据管理平台。建立新区旅游数据中心，完善数据采集体系，逐步形成一个旅游相关要素配置完备、能够全面满足游客体验需求的综合性、开放式旅游目的地，适应大众化、社会化、自主化的旅游发展需要。

12.4 创新突破

景区将以生态旅游为引领，深入挖掘景区的生态文化、湿地文化、历史文化等，着力建设旅游设施平台，营造生态休闲环境。下一步将重点发展文化休闲游、旅游度假游和农业采摘游等旅游产业，塑造"燕赵水乡——衡水湖，静享自然之美"的旅游新形象，形成衡水湖生态旅游的核心竞争力。依托汉魏文化旅游小镇，结合冀州古文化，深入挖掘历史文化，将文化景点建设与节庆活动相结合，重点展示古城文化、名人文化、民俗与民间艺术文化、农耕文化、水乡文化、餐饮文化，开发系列化的文化旅游产品。

以创建国家 5A 级旅游景区为契机，以全域旅游目的地示范区为目标，以创建国家级服务业标准化试点为抓手，全力推动以衡水湖为龙头的核心景区建设，突出改革创新，整合区域资源，优化发展机制，完善功能设施，规范经营管理，提升服务质量，建立促进旅游产业快速发展的平台机制。进一步提高地标式龙头景区衡水湖旅游的知名度和影响力，对区域经济发展起到驱动作用，从而带动区域旅游业的快速发展。

12.5 投入产出

2015年将衡水湖东湖与滨湖新城打包,成功创建国家生态旅游示范区。环湖建设了总长30.5千米的4条健步路,为打造全国健步休闲养生旅游目的地提供了硬件基础。闾里·汉民俗文化小镇逐步成为旅游新亮点,开湖大典、成童礼、元宵灯会、少儿徒步行等精彩活动不断。加快智慧景区建设,实现了景区无线全覆盖,景区摄像头全覆盖,售票大厅Wi-Fi全覆盖,并通过LED大屏幕、微信广告机和微信平台实时播报景区动态。积极开展船舶运营及安全管理、景区服务质量提升、旅游景区市场营销、5A级旅游景区评定标准等专业培训,衡水湖景区管理服务水平进一步提升。

随着景区发展态势良好,游客数量连年稳定增长。2014年接待游客达到140万人次,旅游综合收入1.8亿元;2015年接待游客150万人次,旅游综合收入2.5亿元;2016年接待游客160万人次,旅游综合收入3亿元;2017年接待游客175万人次,旅游综合收入3.2亿元。

12.6 特色总结

景区一直以"用一流的服务打造一流景区"为质量目标,以"游客至上、责任之上、服务至上"为服务方针,致力于旅游事业的发展、旅游资源的开发、旅游基础设施的建设,景区下一步将以建设国家5A级旅游景区为目标,不断加强配套设施的完善,形成特色化的观光旅游产品,吸引更多游客的到来。

13　宋代历史文化名园：清明上河园

13.1　景区介绍

清明上河园景区坐落在八朝古都开封，是以中国传世名画《清明上河图》为蓝本 1∶1 复原再现的大型宋代历史文化主题公园。清明上河园不仅以恢宏的气势再现了《清明上河图》，而且用巧妙的创意把宋代历史活化，使游人进入清明上河园，仿佛穿越时空隧道走进了一幅活动的历史画卷。徜徉其间，常令人有"一朝步入画卷，一日梦回千年"的时光倒流之感。

历史成就开封，文化成就名园。自 1998 年正式对外开放以来，清明上河园始终坚持以"再现千年历史画卷，建设国家精品景区"为发展方针，通过宏大的规模、丰富的宋文化内涵、独特的古代娱乐设施、新颖的表演剧目、全新的休闲度假理念，始终引领着中原文化旅游产业的发展方向，创造了旅游界令人称颂的"清明上河园"现象。2018 年，清明上河园景区年游客接待量突破 330 万人次，收入超过 3.5 亿元。在获得良好经济效益的同时，清明上河园先后斩获了中国旅游知名品牌、国家文化产业示范基地、国家 5A 级旅游景区、中国十大文化旅游景区、影响世界的中国旅游文化知名品牌、河南省省长质量奖等诸多荣誉。

13.2　资源优势

清明上河园景区坐落在河南省开封市，依托八朝古都开封厚重的历史文化氛围，按照中国传世名画《清明上河图》复原再现北宋辉煌历史盛世。经过 20 年的卓越发展，清明上河园已经成为开封旅游业的龙头企业、开封市文化旅游产业的名片、我国中西部地区运营较为成功的大型文化主题公园。

通过科学的市场调研，根据行业现状、景区自身产品特征、竞争对手客源状况及市场调查结果，景区一方面确定省会郑州为客源的主要依托城市，河南为主要客源市场，另一方面进行了认真的市场细分，制订了以开封为中心，方圆100~300千米为一级客源市场，300~500千米为二级客源市场，500千米以上为三级客源市场的三级市场策略，以省内市场为突破口向周边省外市场拓展的市场开发思路，首先建立区域品牌，进一步向全国品牌、国际品牌迈进。同时，根据交通便利程度、地区经济发展水平、旅游资源差异化现状等影响市场开发的综合因素，对周边省份主要城市进行筛选，确定重要客源地，如太原、石家庄、济南、徐州、南京、武汉等地市；对远程市场通过合理的利益设计，进行有效撬动，如长三角、珠三角、京津等经济高度发达地区。

13.3　品牌举措

为丰富文化内涵，提升产品价值，提高知名度，满足游客多样化的需求，景区持续打造"4+3+3"节庆活动品牌，具体包括四大节庆性主题活动：清明文化节、端午文化节、菊花文化节和民俗文化节；三大季节性主题活动："消夏纳凉，大宋东京梦华"之夜、中秋之夜、七夕节；三个辅助性超值特惠游活动：元旦、五一、十一超值特惠游；以及根据以上活动策划的事件营销，活动的多样性、丰富性可最大限度满足游客的旅游需求。

在深耕智慧景区建设上，清明上河园持续引领，走出了一条创新征途。2017年，清明上河园牵手腾讯，打造云生态智慧景区，实现"管理+""服务+""安全+"和"经营+"四个层面的智能升级，通过一部手机游清园、一部手机做管理、一个平台促融合、一个系统做经营的软硬件技术智能打通，将"科技 + 文化IP"完美融合，一个集旅游管理、游客服务、景区经营、文化传播等景区全要素升级的颇具科技感、智能化的清明上河园盛装亮相。

13.4 创新突破

1998年开业当年,景区游客接待量只有5万余人次;2005年景区二期工程"琼林苑"建成对外开放,使得清明上河园的游客接待规模大幅提升,初步形成产业规模。2008年,景区创编推出了晚间大型水上实景演出《大宋·东京梦华》后,游客量当年就突破100万,达到101.6万人次。2011年,景区通过自身的不断努力,荣获国家5A级旅游景区、国家文化产业示范基地,使得清明上河园品牌效益进一步提升,也使得清明上河园首次进入旅游景区年营业收入亿元俱乐部。2014年,景区率先提出了景区大型剧目震撼化的发展理念,大胆创编推出了大型马战《岳飞枪挑小梁王》和大型水战《大宋·东京保卫战》等演艺项目,获得了游客的高度认可,当年景区游客接待量达227万人次,旅游收入2.02亿元。2017年以来,景区积极响应新常态下旅游业的发展和转型提升,更好地满足游客的需要,一直不断地推陈出新,积极推动景区的转型升级。比如,大力发展景区夜间经济、推动景区商户转型提升、打造"百工、百艺、百展"三百工坊工程、提升景区餐饮住宿的规模品质等,实现了清明上河园从传统的观光型景区向休闲度假型景区的转变。

13.5 投入产出

20年来,清明上河园景区紧紧围绕"一个战略、两个目标、三个愿景",以把景区打造成为不可复制的稀缺旅游目的地为发展战略,以把清明上河园打造成为国家精品景区、把《大宋·东京梦华》打造成为国家精品演艺为发展目标;以把清明上河园建设成为古代口传非物质文化展演基地、中国古代娱乐深度体验地、中部地区两日游休闲目的地为发展愿景。2018年,清明上河园景区年游客接待量330万人次,收入3.56亿元,实现净利润1.33亿元,缴纳税金5985.22万元。

13.6 特色总结

清明上河园景区将充分发挥工匠精神,不断挖掘、传承和弘扬中国优秀传统文化的精髓,以实现中国文化自信和文化复兴为使命,将景区打造成为"今天的精品、明天的文物、后天的遗产"。

14　福寿文化：南山旅游景区

14.1　景区介绍

烟台龙口南山旅游景区地处海滨城市龙口市，现为国家5A级旅游景区，分为宗教文化园、历史文化园和东海旅游度假区三大部分。景区以佛教文化、历史文化、民俗文化和滨海文化为主线建设，南山大佛和南山药师玉佛为景区两大亮点，南山禅寺、香水庵等晋、唐遗迹为主要景点。园区内拥有以历史文化为经、吉祥文化为纬，按朝代顺序建设的中华历史文化园；南山东海旅游度假区海岸线长达20千米，烟台市首家标准化的游艇俱乐部就坐落其中。

集古今之博采，融中华之文明，南山旅游景区已成为融旅游观光、休闲度假、产业观光、会议商务、娱乐购物等功能为一体的大型多功能旅游景区，并以它独特的魅力勾画出一幅"福寿南山，养心天堂"的人间美景。南山旅游景区先后获得"美丽中国"十佳旅游景区、全国工农业旅游示范点、国家级森林公园、中国自驾游首选目的地、山东省省级旅游度假区、山东省服务名牌、好客山东最美乡村、山东省旅游特色村、山东省和烟台市中小学生研学旅行基地、烟台市青少年爱国主义教育基地等荣誉称号。

14.2　资源优势

南山旅游景区由中国500强企业南山集团有限公司投资建设。1998年，集团为恢复原有民间历史古迹，弘扬和传承中华传统和佛教文化，对龙口南部山区（古称卢山）灵源观、石泉寺、响水庵等历史遗迹进行修缮和扩建，并建设了南山禅寺、南山大佛、南山药师玉佛等知名佛教建筑景观，之后又建设了展现中华五千年文明的中华历史文化园。经过多年的发展，成为国内较为知名的佛教和历史文化景区。

与此同时，集团大力进行配套服务设施的建设，先后建成了国际高尔夫球场、多家星级度假酒店、国际旅行社和文化中心等，达到同时满足5000人住宿和6000人就餐的接待能力，构建起了食、住、行、游、购、娱一条龙服务体系。2010年，经山东省人民政府批准，设立龙口南山省级旅游度假区。

14.3　品牌举措

龙口南山旅游景区主推福寿文化，以"福寿南山养心天堂"为宣传口号，联合南山酒店、高尔夫等旅游资源，以打造休闲旅游度假目的地为品牌定位。依托丰富的旅游资源，主打高端品质旅游线路产品，先后打造了新年祈福季、踏青赏花季、快乐休闲季、温情感恩季四季旅游节庆品牌以及财神文化节、新春灯会、南山春季庙会、山杏采摘节、浪漫七夕节、南山国际长寿文化节等旅游节庆活动，丰富多彩的活动大大提升了"福寿南山、养心天堂"旅游品牌的新内涵。

在活动推广方面，主要采用传统的主流网站（网易、新浪、新华网，烟台本地胶东在线、水母网、大众网等）、智慧媒体（今日头条、腾讯信息流、朋友圈）、主要客源地微信大V号、电视台、电台、户外高炮等形式，立体式宣传推广，基本达到预期宣传效果。

景区内数字化运用广泛，2015年实现景区闸机智慧化、电子语音导览系统、主要景点实现Wi-Fi覆盖、电子支付方式多样化、摄像头实时监控等功能，极大地提高了游客入园体验及景区管理能力。

14.4　创新突破

景区依托集团化管理优势，大力推进资源的整合和优化，与南山集团康养产业、航空产业以及南山旅游集团酒店、高尔夫、旅行社、会展产业融合发展，共享市场、共享客源、共享产品，着力打造"设施齐全、功能多元、特色突出、服务标准"的旅游产业链，重点做好行禅养生、研学旅行等特色产品的研发与推广，在景区产品同质化的社会背景下，南山特色化产品提高了市场竞争优势，赢得了市场的广泛认可，近年来客源呈现稳步提升的态势。

14.5　投入产出

2018年景区投入5600余万元，大力进行基础设施建设及文化氛围的提升工作，主要包括增加智慧售检票系统，更新导视系统、高清监控系统，修缮和拓宽道路，新建高标准卫生间，并着重对园区内的佛教、历史文化氛围进行了充实和提升，使景区面貌焕然一新，全年接待游客309万人次，获得"中国优质服务景区100强""山东省最具影响力十大景区"的荣誉称号，"福寿南山、养心天堂"文化旅游品牌更加响亮，推动龙口南山逐步发展成为山东省内乃至全国知名的旅游休闲度假目的地。

14.6　特色总结

发挥集团化管理优势，以自然和人文资源为基础，以佛教文化、历史文化为核心文化，强化服务和品牌建设，以整合、优化为突破口，加强集团内部融合发展与产业联动，以特色化产品赢得市场，努力打造山东省内和国内知名的旅游休闲度假目的地。

15 "山水樱花"：鼋头渚

15.1 景区介绍

鼋头渚是横卧无锡太湖西北岸的一个半岛，因巨石突入湖中形状酷似神龟昂首而得名，鼋头渚始建于1916年，面积达5平方千米，是国家5A级旅游景区，大文豪郭沫若诗赞"太湖佳绝处，毕竟在鼋头"，更使鼋头渚风韵名扬境内海外。

鼋头渚有充山隐秀、鹿顶迎晖、鼋渚春涛、横云山庄、万浪卷雪、湖山真意、太湖仙岛、江南兰苑、樱花谷、中日樱花友谊林、中犊晨雾、广福古寺等众多景观，各具风貌。近年来更是打造出春赏樱、夏品荷、秋捕鱼、冬观鸟的四季品牌活动贯穿全年，为游客营造"四季游鼋渚，时时乐无穷"的旅游氛围。

鼋头渚以其"山不高而秀雅，水不深而辽阔"的无边风月，以及阴、晴、雨、雪、雾景致各异的神奇变幻和春花秋月、夏荷冬雪的四时之景吸引着历代文人墨客和无数中外游人。

15.2 资源优势

鼋头渚风景区位于江苏省无锡市，地处太湖西北岸，是著名的近代园林，三面环水，拥有得天独厚的山水、人文资源。

在江南园林之中鼋头渚以其宏大的规模而独树一帜，园内十大功能各异的分景区将园林造景与自然山水有机结合，一改传统私家园林小而精的固有格局，以一望无际的开阔视野给予游客截然不同的旅游体验。放眼周边，面对同样拥有太湖水域资源的苏州、湖州景区，鼋头渚在游湖观光的基础上推出四季旅游产品，强有力地避免了单一产品所造成的同质化竞争。

鼋头渚以长三角区域为踏板向外延伸，扩展市场版图，以自然山水风光打入华北及内陆市场，以分明的四季产品贯通华南以及西部地区，吸引全国乃至全世界游客慕名前来。

15.3 品牌举措

鼋头渚以优渥的自然资源积极打造太湖山水品牌，经过摸索探究，更将樱花文化融入真山真水之中，形成独特的"山水樱花"品牌。

自20世纪30年代以来，长春桥畔开始种植樱花，至今已有80多年历史。20世纪80年代中期建设中日樱花友谊林。目前景区内有3万余株100多个品种的樱花树，赏樱面积达到85万平方米。作为景区春季特色的节事活动——无锡太湖鼋头渚国际樱花节逐步将文化演艺、美食文化、亲子互动元素融入其中，特别是近三年成功打造出万人齐跳樱花舞、樱花宝贝大赛、樱光夜跑等樱花品牌活动，并推出樱花茶、樱花酒、樱花丝巾等文创产品，着力鼋头渚樱花人文建设。

鼋头渚依托线上OTA旅游平台、各门户网站、微博微信，以及线下主流报纸、地铁、公交等强势户外媒体进行多渠道宣传，以特色景观形成游客之间的二次传播，并与各地旅行社渠道联合打包旅游产品，强势注入鼋头渚"山水""樱花"元素，注重品牌宣传的广度和深度，使鼋头渚"山水樱花"品牌深入人心。

为贯彻落实旅游"互联网+"的理念，鼋头渚推出人脸识别门禁系统、智能语音讲解服务以及后台大数据查询平台等，强化景区科技化程度，营造智慧旅游的发展模式。

15.4 创新突破

近几年，鼋头渚围绕"山水樱花"的品牌主题，推出了全方位赏樱的概念。首先，在鼋头渚各区域种植不同的樱花品种，形成了每年的3月初至4月下旬，早樱、中樱、晚樱持续开放的格局，延长了赏樱周期。其次，还打造出了"晨赏、日赏、暮赏、夜赏"的赏樱四部曲，让游客在一日之内可将樱花各时风貌尽收眼底。此外，鼋头渚更推出了游湖赏花的体验项目，真正将山水与樱花相结合，为游客带来与众不同的旅游感受。

鼋头渚将山水文化与新型科技融入旅游之中，实现"旅游+文化""旅游+科技"的多元融合，在景区内全新打造"樱舞荷韵"广场，建设成裸眼立体动感影院——鼋渚明珠飞行体验馆，利用CG特效还原鼋头渚四季美景，着重呈现樱花齐放的壮观景象，打破时空界限，实现"四季皆可赏樱"的目标。园内还即将开放全新的休闲度假酒店——樱花山庄，以"慢享自然山水，歇宿樱花山庄"为宣传口号，加快打造鼋头渚成为观光、娱乐、度假一体化发展的新型旅游目的地。

15.5 投入产出

近三年来，景区为树立、深化鼋头渚太湖山水品牌形象，年平均投入2500余万元作为相关配套活动及宣传营销费用，还分别投入2000余万元、5000余万元建设"鼋渚明珠飞行体验馆"和"樱花山庄酒店"，丰富"山水樱花"品牌内容，增加游客的二次消费。三年间，年收益从1.9亿元增长至2018年的2.6亿元，其中每年3月16日至4月15日左右樱花节期间的收益占全年收益的1/3。此外，每年国际赏樱周期间的中日樱花种植活动更好地促进了中日友好关系，推动了中日民间交流。

15.6 特色总结

面对旅游时代大发展，旅游市场新要求，鼋头渚风景区坚定打造鼋头渚太湖山水品牌，以"山水樱花"为抓手，积极整合区域内的旅游资源，结合各界力量推动全域旅游发展，真正做到玩在景区、吃在景区、住在景区，加快鼋头渚从观光型景区向"世界级山水园林旅游度假目的地"转变的步伐。

第三部分
景区运营篇

1　西部文化高地：大唐芙蓉园

1.1　景区介绍

大唐芙蓉园自古就贵为皇家御苑，兴起于秦汉、繁盛于隋唐。今天的大唐芙蓉园，在原唐代遗址之上复古兴建，占地1000亩，水域面积300亩，是全方位展示盛唐历史风貌的大型皇家园林式国家5A级旅游景区。景区分为14个文化区，以"盛唐之都"西安的辉煌历史为主线，融盛唐历史景观精华为一体，从建筑、餐饮、歌舞、音乐、民俗等多个角度，通过运用现代高科技手段，打造丰富多彩的旅游项目，对唐代的灿烂文化进行了生动演绎和全面再现。

1.2　背景条件

陕西省是全国的旅游大省，西安市又是国际旅游大都市，随着西部大开发战略的实施，陕西省经济发展及产业结构调整规划强调：要加快各种类型风景旅游区的建设，积极发展以旅游观光为纽带，国际展览、国际会议、东西方文化交流等多位一体的大型旅游产业。西安市明确提出了把旅游产业作为西安经济的切入点，并以旅游业带动第三产业的发展。但陕西旅游业目前存在的问题是旅游点分散，旅游产业链不长，特色不明显和旅游服务标准不高、参与性不强等，曲江新区又是唐代鼎盛时期的最富特色的区域，大唐芙蓉园位于曲江旅游板块最活跃的地带——大雁塔，拥有关中八景之曲江流饮、雁塔晨钟两个著名景点，芙蓉园极大地改善了陕西旅游的整体格局，将大雁塔等旅游景点串联起来形成了更具文化特色的旅游新模式。

"大唐芙蓉园"的建设，立足于展现中华文明的源远流长和博大精深，运用现代高科技手段和丰富多彩的节目，生动演绎了中华民族几千年的文明史。使游客在闲庭信步中被华夏文明的魅力所熏陶，更深体验中华文明之精髓。同时，大唐芙蓉园也为西安市民假日休闲提供了一个环境优美的良好场所，是历史题材与娱乐游览相结合的主题公园。

1.3 创新突破

唐文化遗址博物苑"大唐芙蓉园"自开园以来，始终致力于文化旅游产品的创新与延展，景区坚持以市场为中心、以宣传为导向、以品牌推广为手段，通过节庆活动创新，打造了一系列吸引游客参与和体验的创意品牌节庆项目：以中国年为主导的大唐芙蓉园新春灯会，以休闲踏春旅游体验为主导的大唐芙蓉园风铃节，以休闲纳凉、动感活力为主导的"丝路大唐"暑期惠民月活动，以唐代文化与时下潮元素相结合的国庆主题活动等，形成了多元文化交融共生的新型旅游产品。其中六载灯会、亭台楼阁、盛唐演艺、各色花灯呈现出大唐新春之夜的盛世景象，让曲江新区大唐芙蓉园文化品牌项目在全球华人面前华丽展现，再现了中华传统文化的巨大魅力和民族文化自信，成为陕西践行传统文化复兴和幸福中国梦的示范工程。

1.4 投入产出

1.4.1 文化载体：文化项目聚集，文化活动繁荣

大唐芙蓉园不仅是旅游者的目的地，更是新生文化的孵化地、传统文化的传承地、公共文化的传播地，既是文化的载体，又是传播的桥梁，更是文化的大观园。从文化传承到文化创举，大唐芙蓉园身先士卒，作表率、开先河、引发展，聚集文化项目，繁荣文化活动，以实际行动贯彻落实国家深化文化体制改革、推动文化大发展大繁荣的方针政策。

1.4.2 管理标杆：管理优化升级，体系接轨国际

大唐芙蓉园始终紧紧围绕曲江"文化立区、旅游兴区"发展战略，解放思想、与时俱进、锐意进取、开拓创新，不断优化内部管理、推进管理

体系升级，在企业管理方面探索和走出了一条符合自身发展要求的新路。2006年，率先于国内其他主题公园顺利通过了基于流程一体化的 ISO 9001 质量管理体系、ISO 14001 环境管理体系、OHSAS 18001 职业健康安全管理体系三大标准管理体系国际认证，实现了企业标准化管理与国际接轨，成为文化旅游行业标杆企业。并于 2011 年成功晋级国家 5A 级旅游景区，充分彰显了自身管理水平和综合竞争实力。

1.4.3 名片窗口：高端接待服务，品质社会认可

大唐芙蓉园作为陕西省和西安市对外的窗口和名片，始终秉承"态度决定一切、思路决定出路、细节决定成败"的服务理念，高端接待不断，服务品质深得社会赞誉。曾先后荣获全国旅游系统先进集体单位、陕西省文化产业示范基地、陕西省青年文明号、陕西省平安景区、中国国际文化旅游节文化旅游发展贡献奖等。2010 年，大唐芙蓉园商标又成功荣膺"中国驰名商标"称号，成为中国西部首个获此殊荣的旅游商标！2017 年，大唐芙蓉园更是成为西北首批"金钥匙国际联盟"景区成员，并将始终秉承"国家 5A 级"和"金钥匙"景区的国际最高服务标准，诠释大唐芙蓉园服务标杆新形象，向世人展现中国旅游高品质的软实力！

1.5 特色总结

如今的大唐芙蓉园已成为名副其实的陕西"文化名片"。接下来，园区将以新发展、新气象、新辉煌助力新时代大西安"追赶超越"，通过举办重大文化活动、提升服务品质建设，不断攀登文化旅游品牌新高地，必将对大西安的文化旅游产业发展起到重大推动作用，在西安市经济社会发展中发挥重要的引领示范和辐射带动作用。

2 太极文化IP：南山文化旅游区

2.1 景区介绍

南山文化旅游区位于三亚市西南40千米处，是以中国佛教文化、福寿文化、生态文化为主题的大型旅游景区。景区总体规划面积约34.7平方千米，目前已建成的核心景观由"两园、一寺、一谷、一湾、一区、一苑、一堂、一馆"组成，即慈航普度园、如意吉祥园、南山寺、长寿谷、小月湾、大门景观区、观音文化苑、密法归华堂、尼泊尔馆。拥有盛唐建筑风格的南山寺、被誉为世纪级和世界级工程的108米南山海上观音、辑入世界吉尼斯大全的国宝"金玉观世音"、工艺精湛的"三十三观音"、阿尼哥风格的尼泊尔馆、糅合唐密和东密文化特色的密法归华堂、南北朝建筑风格的不二法门和展示热带雨林文化的长寿谷等著名旅游景点，以及酒店、餐饮、购物、游览车等完善的配套服务设施，具备游览观光、休闲度假、会议接待所需的"食、住、行、游、购、娱"全部旅游服务要素和功能，由首旅集团控股的海南南山文化旅游开发有限公司负责经营管理。

南山文化旅游区2007年被评为首批"国家5A级旅游景区"，先后获得了"中国旅游业优先发展项目""全国绿化先进集体""全国文明风景旅游区""中国人居环境范例奖""全国文明单位""全国五一劳动奖状""中国休闲度假5U奖""全国旅游服务质量标杆培育试点单位"等70多项国家级荣誉，以及"海南省文化产业示范基地""海南省第二批旅游标准化示范企业"等100多项省市级荣誉。

2.2 背景条件

历经20年的运营，南山景区已进入产品生命周期的发展停滞期。2010

年至 2016 年，景区游客量平均增速仅为 0.12%。岛内及国际海岛游竞争异常激烈，南山不进则退；宗教及生态差异性优势弱化，南山不创新则陈旧。唯有 IP 创新研发方可夯实南山核心竞争力。

2.3 创新突破

习近平总书记指出，佛教同儒家文化和道家文化融合发展，形成有中国特色的佛教文化，是中国文化的复兴。中国佛教协会副会长印顺大和尚、太极界领军人物李学友先生、著名企业家马云等各界人物均对儒、释、道文化的融合做出过深刻和完整的诠释。经过多番论证，景区认为"南山+太极""福寿+养生""旅游+体育"是南山景区对"旅游+"模式有深刻意义的探索与创新。

在前两届成功的基础上，第三届世界太极文化节以"弘扬中华太极文化、促进人类身心健康"为宗旨，活动包括开幕式与世界太极大巡游、世界太极文化论坛、世界太极名家精英会演、世界太极导师大讲堂、太极宗师纪念研讨会、世界太极交流大赛、闭幕式颁奖盛典等十余项活动。

2.4 实践经验

利用南山品牌与太极文化的深度融合，先后在河北邯郸、天津宁河、云南昆明、日本东京等地成功举办了多场系列活动并同步进行网络直播，并于 2018 年 9 月 15 日至 17 日在南山景区成功举办主体活动。其间，有来自中国、美国、加拿大等 30 多个国家和地区的 300 多位各流派太极名家和 2000 多名代表齐聚三亚南山，上万名太极拳爱好者前来以拳会友、问道竞技。第三届世界太极文化节前后，《光明日报》《中国旅游报》《海南日报》等 230 多家主流新闻媒体发布或转载了 600 多条图文信息及视频信息；央视综合频道、央视新闻频道、旅游卫视进行了报道，覆盖人群近 1.5 亿人次。

经过三届活动的成功运作推广，"三亚南山"世界太极文化节已成为全球最具影响力的太极文化盛事。一年一度的世界太极文化节，使太极活动在南山景区全年展开，将太极粉丝成功转化为南山游客，继南山景区推出圆融、豁达的"佛系生活"方式之后，又为国内外游客提供了一种健康、灵动的"太极生活"方式。

2.5 经验分享

"三亚南山"第三届世界太极文化节投入资金取得三大收获：一是口碑效应向经济效应转化。第三届世界太极文化节吸引了300多家主流新闻媒体发布近千条图文及视频报道，转发近万次，让南山品牌影响力空前。二是传统营销向新型营销转化。即打破传统营销模式、实现转型升级，启动精准营销。即传播诉求由宗教信仰向健康福寿拓展、目标客群由宗教信众向度假游客调整、营销阵地由三亚向全球客源地延伸、传播渠道由传统纸媒向"互联网+"升级、销售渠道由点向线、由浅到深精耕。三是太极文化向生产力转化。在海南旅游市场遭受重创、入岛游客量明显萎缩的客观影响下，2018年南山接待购票入园游客499万人次，同比增长2.04%，实现利润约1.75亿元（不含门票分成、不含景区内其他六家驻园单位实现的利润），同比增长17.06%。

观音，素有东方神韵之庄严，是南海受世界佛教信众朝圣的中国象征。太极，承继中华文化之精髓，是世界数以亿计人民喜爱的中国符号。南山因品牌资源、生态优势、圆融文化而成为世界太极文化盛宴之最为契合的平台。太极文化节因影响广泛、诉求契合、内涵丰富而成为南山创新拓展的IP。

2.6 特色总结

"唯创新者进""唯创新者强""唯创新者胜"！南山景区有信心通过IP研发，在弘扬中国优秀文化、传统文化的同时，将博大精深的太极文化元素完美地植入南山，为三亚文化旅游、健康旅游产业的发展进行有益的探索，也为海南旅游产业转变结构、概念升级等方面进行成功的实践，在太极健康旅游从观光到身心享受的深化体验方面，产生全国领先示范效应，并取得良好的社会效益与经济效益。

3 水浒文化，忠义文化：水泊梁山风景区

3.1 景区介绍

水泊梁山是水浒故事的发祥地，位于山东省西南部梁山县城，隶属济宁市，因古典名著《水浒传》而驰名中外，是山东省首批省级风景名胜区、国家4A级旅游景区、省级森林公园、省级地质公园。梁山历史悠久，早在远古时期，先人就在此稼穑渔猎、繁衍生息。因汉文帝次子梁孝王围猎于此而得名，北宋宣和元年（1119年）朝廷统治腐朽、民不聊生，宋江广结天下英雄好汉，凭借水泊天险啸聚梁山，演绎了一幕幕感天地、泣鬼神的历史活剧。水浒故事家喻户晓，妇孺皆知，梁山由此成为中外游人向往的旅游胜地。在这里您可充分体验梁山水浒文化魅力和好汉遗风，观看大型水浒场景演出，聆听具有传统水浒说唱形式的山东快书、莲花落，欣赏"好汉迎宾"气势恢宏的表演，观赏梁山武术及民风习俗斗鸡、斗羊等精彩演出；感受大碗喝酒、大块吃肉的水浒豪情。

3.2 背景条件

"2018第十届中国梁山水浒文化旅游节"在梁山风景区隆重举行，本届水浒文化旅游节以习近平新时代中国特色社会主义思想为指导，全面贯彻落实党的十九大精神，以"弘扬水浒文化，打造忠义文化示范区"为宗旨，以"忠义仁孝诚信友爱"为主题，以说忠义、倡仁孝、讲诚信、树友爱为主线，坚持"旅游+"的发展思路，利用抖音短视频营销加强梁山景区旅游品牌宣传。

3.3 创新突破

转变思路方向，积极探索抖音等平台短视频营销，借助短视频正能量热点拉动景区知名度，同时宣传景区，重点从宣传范围、宣传手段和宣传效果上花大力气，努力打造水浒旅游品牌，不单单发布关于景区旅游宣传视频，同时发布一些社会正能量视频，全面带动提高梁山旅游知名度。

3.4 具体实践

截至2018年年底，水泊梁山风景区在抖音视频和今日头条粉丝量已过22万，好评点赞数量700万+，阅读量突破一亿次，"忠义仁孝，诚信友爱话题"阅读量4300万+。抖音视频水泊梁山景区官方号9月份在全国政务号排行榜中取得第93名的成绩，10月份在全国政务号排行榜中取得第23名的成绩。

3.5 经验分享

2018年以来，水泊梁山风景区紧紧围绕"水浒故里、忠义梁山"的旅游主题定位，策划推出了"好客山东贺年会梁山好汉过大年""梁山好汉节""好汉菊花会"等文化旅游活动，打造出一批区域性节庆品牌，提升了水浒旅游的吸引力与竞争力。以新媒体传播方式作为突破口，收获了良好的宣传效果。其中水泊梁山风景区微信公众平台多次在全国及全省景区微信排名中名列前茅；完成景区虚拟现实场景（VR）的建设，浏览量达到26.76万；在"名导带你游山东""大V直播水浒故里"活动中，水泊梁山风景区的累计直播观看人数达到近300万人次；抖音视频和今日头条好评点赞数量700万+，阅读量突破1亿次；在节庆品牌活动中，实行"线上线下"双轮驱动，通过直播、互动等方式取得了良好效果。

3.6 特色总结

水泊梁山风景区不断创新宣传内容。采取多视角形象宣传和系列化促销推广的方式,借助电视、平面、网络、视频等众多融媒体宣传平台,强力推介梁山旅游品牌。依托抖音、微博、微信、今日头条等和网络直播平台,整合线上线下,充分利用新媒体手段,对梁山旅游进行宣传和推广,助推宣传营销工作的高效开展。

4 林业系统转型旅游业典范：阿尔山国家森林公园

4.1 景区介绍

阿尔山国家森林公园于 2000 年 2 月 22 日经国家林业局批准成立，2017 年 2 月晋升为国家 5A 级旅游景区，是内蒙古自治区倾力打造的旅游第一品牌，也是阿尔山旅游区的核心景区。

阿尔山国家森林公园位于大兴安岭山脉的西南麓，总面积 103149 公顷。公园地处蒙古高原大陆性气候区，属于寒温带湿润区，年平均气温 -3.2℃，年平均降水量 445.1 毫米，植物生长期一般为 100~120 天。公园属于火山熔岩地貌，拥有高位火山口湖、熔岩堰塞湖、功能性矿（温）泉群，以及多姿多样的熔岩地貌。

阿尔山国家森林公园植被类型属寒温带针阔混交林，森林覆盖率达 80%。公园内野生植物资源非常丰富，主要植物有 109 科 522 种，兽类共有 5 个目 12 科近 30 种，禽鸟类有 23 科 60 余种，鱼类主要为冷水鱼。

4.2 背景条件

阿尔山国家森林公园于 2000 年 2 月成立，2017 年 2 月晋升为国家 5A 级旅游景区，2017 年 5 月荣获世界地质公园称号。阿尔山国家森林公园风光秀丽，但景区对比同类型景区存在同质化、对比周边景区存在景区宣传不到位、文化挖掘不足等问题。

4.3 创新突破

阿尔山景区从一个国有林场成为国家最高等级旅游景区、员工从伐木工人成为景区服务管理人员的华丽转身，现已成为全国林业系统转型典范。靠的是专业的整改提升方案、针对性的全员操作性培训、质量体系的绩效考核等全程执行，两年时间几百个日日夜夜坚持坚守，久久为功，形成了有效、科学、健康、持久的高等级景区转型升级、持续发展的生命力。

4.4 具体实践

4.4.1 整改提升方案

依据国家标准《旅游景区质量等级的划分与评定》（GB/T 17775—2003）评定细则的相关规定，对景区旅游交通、游览服务、旅游安全、卫生、邮电、旅游购物、综合管理、资源与环境保护八个大项，并结合新版2016国标要求中的特色文化与信息化两个大项实行对应打分，跟踪失分项，填写优化整改内容，汇编完成《阿尔山国家森林公园提升方案》。

4.4.2 定制员工培训

阿尔山旅游聘请专业团队，在2017年度、2018年度各举办了为期40天的5A级旅游景区标准化服务培训班。对景区内近500名员工分两批次进行高规格、高要求、接地气的专业性培训，切实提高员工的服务意识以及服务质量，并创新性地推出了符合阿尔山地域风情的礼仪操。

4.4.3 绩效考核方案

员工业绩考核采用三级考核方式：日考核、月度或季度考核和年度考核。制订景区一线与非一线日考核表，从工作规范、岗位规范、仪容仪表、服务礼仪4个大项，15个小项等方面开展对景区一线服务员工的日考核。

4.4.4 游客满意度提升方案

通过现场指导，督促景点每天完成不少于3次对游客访谈，并进行游客意见记录。真抓实干，汇总收集游客意见与建议，从游客角度出发，认清自身不足并及时整改，更好地为游客带来满意服务。

4.4.5 驻场指导汇报

指导组通过每日走访,对景区内员工实行不定时、不定点、不定次数抽查,依据标准看问题,对不符合日考核表规范的部门、员工实行跟踪记录、签字确认、现场指正,同时对工作规范、礼貌热情的员工予以表扬,并将当日走访内容进行汇总,填写《阿尔山景区5A服务管理工作日汇报表》,抄送部门领导,督促所属部门及时改正。

4.5 经验分享

由景区制订的《阿尔山景区全员绩效考核方案》正式颁布实施。通过服务质量培训铺垫,再加上完善的奖惩绩效考核制度,辅以驻场指导的监督指导,阿尔山景区在卫生、服务质量、游客满意度等方面有了显著提升。在景区产品同质化严重的环境下,游客不再满足于简单的观光休闲,而是更注重于差异化的游玩体验、人本化的景区服务。

4.6 特色总结

阿尔山景区是阿尔山地区的旅游龙头企业,是内蒙古自治区倾力打造的旅游第一品牌。景区结合相关旅游公司强化景区人才队伍,优化服务质量,健全管理制度,促进景区发展,为景区保驾护航,做最受业主和游客欢迎的景区运营商。

5 唐文化旅游服务标杆：华清宫景区

5.1 景区介绍

华清宫景区位于西安城东30千米，是首批国家5A级旅游景区、全国重点风景名胜区、全国重点文物保护单位、国家级文化产业示范基地。周、秦、汉、隋、唐等历代帝王在此建有离宫别苑。因其亘古不变的温泉资源、烽火戏诸侯的历史典故、唐明皇与杨贵妃的爱情故事、"西安事变"发生地而享誉海内外，2018年接待游客526万人次，综合收入7亿多元，是中国唐宫文化旅游标志性景区。

华清宫内集中着唐御汤遗址博物馆、西安事变旧址——五间厅、九龙湖与芙蓉湖风景区、唐梨园遗址博物馆等五大文化区和飞霜殿、万寿殿、长生殿、环园和禹王殿等标志性建筑群。骊山海拔1302米，老母殿、老君殿、烽火台、兵谏亭、石瓮寺等40多个景点星罗棋布，"骊山晚照"是著名的"关中八景"之一。

近年来，华清宫景区不断创造历史文化新价值，按照"五九"产品开发规划，以历史、宫苑、御汤、梨园、宗教为五大文化元素，打造唐宫苑、御汤苑、梨园、兵谏苑、禁苑、道苑、佛苑、天苑、御林苑9个主题文化旅游区，打造运营华清御汤酒店、华清文创公司等，已发展成为融游览观光、轻奢度假、旅游演艺、温泉休闲、文创服务等为一体的多功能综合型旅游景区。

5.2 背景条件

2017年，党的十九大报告中指出，"我国经济已由高速增长阶段转向高质量发展阶段"。开发符合市场需求的旅游产品，打造旅游服务的标准化，有效提升经营管理质量，成为旅游企业可持续发展的重要命题。2007年，华清宫提出了"打造中国唐文化旅游标志性景区"的企业愿景和"以文化铸造景区灵魂"的文化理念，提出了"一个中心四个战略点"，即"以客户为中心，市场转型、产品升级、服务创新、文化发展"，推动了企业的转型升级和全面发展。

5.3 创新突破

近年来，华清宫景区以质量、标准、品牌为主要抓手，从市场、产品、服务、文化四个维度进行全面创新。

一是创立"景区四级质量督导管理体系"模型：一级部门督导，二级质量小组督导，三级公司值周督导，四级神秘访客暗访。从上到下，从内而外，形成以全面质量管理为中心，与企业日常经营相匹配，上下联动、统一高效的质量管控体系。

二是实施精细化服务"3719"行动计划，向粗放式管理宣战。持续进行3000处景观细节提升，打造700名岗位服务标兵，完善10大类管理制度，开展9类独具华清宫景区特色的精细化服务。

三是定位服务关键环节，实施质量"触点管理"。从游客进入景区到离开的80多个触点入手，进行预警提示和重点规范，让游客从停车、购票、讲解等每一个服务细节，感受华清宫景区全过程的服务品质。

四是积极参与制定行业标准和国家标准，先后制定企业标准252项、行业标准3项、地方标准3项，主持编制的实景旅游演艺三项国家标准填补了行业空白。

五是全面导入卓越绩效管理评价准则，提升企业管理水平，2017年荣获"陕西省质量奖"和"西安市质量奖"，成为陕西首家荣获此奖的旅游服务企业。

5.4 具体实践

5.4.1 实施产品升级战略，打造文旅演艺精品

以游客体验为中心，先后打造并成功运营了"四场经典文化旅游演艺"——《长恨歌》《12·12》《玄境长生殿》、按歌台仿唐歌舞。其中，中国首部大型实景历史舞剧《长恨歌》成为中国旅游文化创意产业的典范。华清御汤酒店以温泉为主题特色，成为一座彰显尊贵品质的温泉酒店。华清文创体验中心融咨询服务、游客休憩、文化展示、书吧休闲、文创产品为一体，是"西北文创产业新地标"。华清宫形成了全产业链的服务体系。

5.4.2 完善质量管理体系设计，打造质量战略

华清宫景区所理解的质量管理包含了两层：一是景区景观的产品质量，二是工作人员的服务质量。每一位员工在服务过程中对岗位职责的理解、岗位规范的执行程度就形成了一个质量载体，而服务质量的提供又因人的差异而不同。为此，公司成立了全面质量管理领导小组，设立品牌建设与文化发展部，将质量工作纳入公司品牌、企业文化范畴。

5.4.3 发挥标准引领作用，推动行业标准化建设

公司围绕"质量铸就品牌，标准引领发展"的理念，结合市场发展需求和企业实际，融入ISO 9001质量管理体系、ISO 14001环境管理体系和OHSAS 18001职业健康安全管理体系等国际先进管理标准，构筑起涵盖景区旅游各要素的标准化框架，制定200余项企业标准。通过标准的建立与实施，由粗放式管理向精细化管理蜕变，提高旅游产品质量，提升旅游服务水平，培育旅游产业品牌，全面提升吸引力和竞争力。2017年，全国旅游标准化现场会在华清宫召开。2017年11月，全国第一家"旅游演艺标准化分技术委员会"在华清宫成立。

5.4.4 坚持以游客为中心，不断提升游客满意度

制定网络差评管理办法，每天对各大网站进行评价跟踪，对中差评逐一回复、整改。定期开展顾客满意度调查，对游客的意见逐条分析。例

如，针对长生殿游客等候区站立时间长问题，安装了等候座椅；针对园区休息区较少问题，重新设计安装了具有文化特色的石凳、连椅等70余处。

5.4.5 积极响应国家"品质旅游"要求，打造"第三卫生间"

2017年年初，景区率先积极响应国家旅游局号召，建设第三卫生间5处，成为陕西首家建有"第三卫生间"的5A级旅游景区。2017年国家旅游局的"公厕革命现场会"在华清宫召开，100多家旅游企业到华清宫景区进行现场观摩，受到领导和同业的好评。

5.4.6 实施"岗位微创新"活动，推进企业创新服务

先后实施了近120多项岗位微创新项目，从"小而美"的项目入手持续改进服务。华清御汤酒店开展的95个惊喜服务，得到了游客高度赞誉，好评率在陕西酒店行业中稳居第一。

5.5 经验分享

5.5.1 经济效益

近年来，华清宫景区一直保持每年亿元的经济增速，从2008年收入8100万元到2018年收入达到7亿元，接待游客526万人次，观看《长恨歌》演出的观众达79万人次，收入1.6亿元。

5.5.2 品牌效应

近年来，华清宫先后荣获国家文化产业示范基地、第三批全国文明单位、全国旅游标准化试点单位，省级、国家级服务业双试点单位，2016年，被国标委确立为全国30家标准化示范单位之一。2017年5月，荣获"全国旅游服务质量标杆单位"。"华清宫""长恨歌"商标被认定为中国驰名商标。2017年，荣获陕西省质量奖、西安市质量奖，成为全省首家入选的旅游企业。2018年，先后被授予"中国旅游演艺国家标准培训基地""陕西省旅游服务质量示范培训基地"等。

5.5.3 行业标杆地位

2016年8月，以《长恨歌》为蓝本编制的三项实景演艺国家标准正式发布，填补了我国旅游演艺标准的空白，对实景演出整体产业质量提升、

规范市场秩序、保障消费者权益、促进行业健康发展起到引领作用，在全国树立起《长恨歌》的行业标杆地位。2017年，出台了《实景演出安全与应急规范》三项陕西省地方标准。以"文化为体，旅游为魂，标准为矛，专利为盾"的"长恨歌模式"被写入陕西省工作报告，并被复制输出到国内其他城市和"一带一路"沿线国家，促进了文化交流和旅游发展。

5.5.4 "华清管理"模式

具有华清旅游特色的"华清管理"模式，已经受邀为国内诸多著名景区和演出做管理咨询服务，其业务范围辐射河北、福建、湖南、贵州、江西、深圳、四川等地。

5.5.5 转型成功

经过近十年的转型发展，华清宫实现了华丽转身，从一个单一的传统观光型景区迅速形成涵盖旅游服务全产业链发展的旅游综合体。形成以"华清旅游"为母品牌，华清宫景区、华清演艺、华清御汤、华清文创、华清管理为子品牌的"一母五子"的品牌体系，成为国内传统旅游景区成功转型的经典案例。

5.6 特色总结

十年转型发展和突破创新，华清宫质量全面提升，品牌不断丰富，产业链条不断延伸。未来华清宫也将继续坚持增品种、提品质、创品牌，不断提升企业服务质量水平，为中国旅游产业发展做出新的贡献！

6 "1+N"全域旅游扶贫模式：梵净山景区

6.1 景区/产品/服务介绍

梵净山——武陵山脉的主峰，位于贵州省铜仁市江口、印江、松桃三县交界处，方圆434平方千米，60%的区域位于江口县境内。江口县为国家级贫困县。

梵净山是国家级自然保护区，联合国教科文组织生物圈保护网成员，全国55个示范性保护区之一，为我国西部中亚热带山地典型的原生植被保存地，被认定为世界同纬度保护最完好的原始森林生态系统。

2018年7月2日，梵净山在第42届联合国教科文组织世界遗产委员会上被成功列入世界自然遗产名录，成为中国第53项世界遗产、第13项世界自然遗产。2018年10月，梵净山生态旅游区又被正式授予国家5A级旅游景区称号。

6.2 背景条件

在索道未通建之前，梵净山年接待游客仅为3万人次左右。2009年4月，梵净山客运架空索道顺利开通，开启了梵净山生态旅游的新时代，当年接待游客16万人次。截至2017年，梵净山生态旅游区接待游客83.15万人次。梵净山生态旅游区项目的成功开发，对区域旅游经济发展、社会老百姓生活方式、生产方式的改变、降低贫困人口指标起到了积极的促进作用。曾经，梵净山国家级自然保护区优质的文化和风光因经济落后、交通不便等各方面因素的制约，无奈地被称为"休克资源"，未能形成良好的旅游带动效益。而今，前往梵净山保护区的道路宽广，随处可见高挂的红灯笼、兴旺的农家乐以及当地百姓脸上的笑容。旅游，这一充满魅力的综合性产业，为梵净山区域带来了翻天覆地的变化。据不完全统计，旅游扶贫帮助建档立卡贫困户人口实现就业 1366 人次，带动建档立卡贫困人口 4089 人成功脱贫。梵净山景区被列为全国"景区带村"旅游扶贫示范项目。2018 年，梵净山项目所在的江口县已达到了退出贫困县的标准，摘掉了贫困的帽子。

6.3 创新突破

6.3.1 创新梵净山"1+N"全域旅游扶贫模式促进发展

梵净山的扶贫创新在于"1+N"全域旅游扶贫模式。《武陵山片区区域发展与扶贫攻坚规划》将武陵山片区作为扶贫攻坚先行区，并把旅游业发展作为重中之重。位于武陵山片区的江口县政府高度重视旅游业，引进三特公司建设梵净山景区，将其打造成"国内一流、世界知名"的旅游目的地，并以梵净山景区为龙头，带动周边 N 个景点及江口县经济社会的快速发展，帮助百姓脱贫致富，形成梵净山"1+N"全域旅游扶贫新模式。

梵净山景区的快速发展带动了周边 N 个中小型村落及景点，如云舍民俗村、寨沙侗寨、亚木沟景区、旅游景观生态路等，拓展了旅游空间，带动了沿线土地开发利用，为老百姓发展休闲农业、农家乐等带来了客流和商机，提升了梵净山全域旅游品牌形象。同时，梵净山旅游也带动了区域内 N 个其他产业的发展，如服务业、地产业等。

6.3.2 启动智慧旅游项目在提升旅游体验的同时，也拓展了扶贫渠道

2015 年，梵净山重点打造智慧景区，通过建设智慧景区，全面提升梵净山景区游客旅游体验，保障景区资源保护与发展旅游的协调，为梵净山旅游乃至江口、铜仁旅游注入了新的活力，智慧景区基础设施的不断加强在为游客提供方便的同时，也为当地百姓带来了更多利用信息获取更多利润的机会。"山上＋互联网，山下＋电子商务"的模式在梵净山开展得如火如荼：山上，梵净山景区官网、微信、微博等不断完善，游客在游前、游中、游后及线上、线下，都可享受到贴心服务；山下，云舍村被列入贵州省级电子商务示范村培育点，通过电子商务解决当地百姓"买难买贵"

的问题。信息化、便捷化的"智慧梵净山"吸引了广大青年返乡创业，加入到电商行列，从而拓展了扶贫的渠道，让更多的老百姓实现脱贫致富。

6.4 具体实践

6.4.1 构建新型产业扶贫模式，实现企业、社区、政府多赢局面

江口县是国家级贫困县，典型的西部山区，人均耕地少。除传统农业外，其他产业基础薄弱。以江口县太平镇梵净山村为例，全村963户，3784人，人均耕地0.9亩，在梵净山生态旅游区项目开发以前，全村有1260人在浙江、广东打工，有380人在梵净山抬滑竿为生。2007年全村人均收入为2000元。

三特梵净山项目2009年建成开业，当年吸收梵净山村村民166人为公司员工，截至2017年年底，梵净山村籍的员工只剩下80人，究其原因，很多人很好地把握了梵净山旅游发展形势，直接为游客提供住宿、餐饮、农产品加工销售、文化产品加工销售、出租山地运动器械、导游、运动领队、农田劳作等旅游服务从而获取相关经济收入；或在旅游企业、旅游经营户中参与各类文化民俗与生产活动表演、传统加工工艺表演、咨询接待、领队导游、旅游交通服务、住宿服务、餐饮服务、销售旅游商品服务、环卫服务、安保服务等工作而获取工资收入；还可通过资金、人力、土地来入股乡村旅游经营，从而获取分红、土地流转获取租金。索道开通前，开农家小饭馆的只有七八家，截至2016年年底，梵净山村近300户村民经营旅游酒店、农家乐，全村实现旅游收入8100万元，人均收入达2.14万元。

6.4.2 通过旅游智力扶贫，实现"旅游+农业+文化+体育"的精准扶贫目标，切实带动区域内农民实现脱贫致富

受贵州省纪委的委托，三特与梵净山共同承接了雷山县大塘镇的旅游扶贫规划工作，通过三特20多年的旅游扶贫经验尤其是梵净山景区的旅游扶贫经验，结合对中国旅游及贵州旅游市场的深入了解，综合打造雷山大塘"国际原生态自驾车休闲旅游公园"项目，积极对接雷山千户苗寨

项目，实现雷山旅游的全域联动，将大幅减少雷山县、大塘镇贫困人口数量，有效实现"旅游+农业+文化+体育"的精准扶贫目标，切实带动区域内农民实现脱贫致富。如今，通过 IP 思维，高度结合市场化运作意识，走出一条创新的全域旅游一体化发展之路。

6.4.3 通过积极参与各类献爱心公益活动，彰显出企业扶贫工作的责任感、使命感

梵净山不仅自然风光优美，而且生物多样性非常丰富，对普通大众而言，世界自然遗产地除了发挥保护作用外，还有一项很重要的功能，即面向社会公众进行宣传教育。为弘扬人与自然和谐相处的理念，切实推进生态文明和美丽中国建设，梵净山景区举办"暖冬进校园，书籍捐赠行动"公益活动。本次活动开展对象为梵净山周边四所贫困小学，共计送出爱心书籍 2000 余本，深受贫困学生的欢迎。梵净山做类似这样的公益活动还有很多。

6.5 经验分享

旅游项目开发引领效应显著，促进区域旅游经济发展全面提速。

2007 年，江口县完成地方生产总值 9.36 亿元，财政总收入完成 0.58 亿元，一般公共财政预算收入完成 0.44 亿元，城镇和农村居民人均可支配收入分别达 7766 元、2046 元，全年接待游客 23.72 万人次，实现旅游收入 9488 万元。2011 年江口县贫困人口 93022 人，贫困人口发生率 44.7%。

2017 年，江口县全年实现生产总值 56.07 亿元，实现财政总收入 4.01 亿万元，城镇和农村居民人均可支配收入分别达 26727 元、8285 元。全县旅游收入达 74 亿元，全年接待游客 1012 万人次。2017 年，江口县累计减少贫困人口 16129 人、退出贫困村 40 个，贫困发生率下降至 1.69%。

2007 年，江口县只有宾馆、招待所 10 家左右，拥有床位 480 张。而到了 2017 年，全县酒店宾馆农家乐及乡村旅社共 574 家，拥有床位 23440 张。旅游从业人员逾 2 万人。

梵净山生态旅游区项目的成功开发，有效地促进了区域旅游经济的快

速发展。铜仁市以梵净山生态旅游区为龙头的旅游发展全面提速建设，寨沙侗寨、云舍、亚木沟、苗王城、铜仁大峡谷、腾龙洞、万山矿山公园、朱砂古镇、大名边城、思南温泉等一大批旅游项目相继建成开业，构建了铜仁市旅游发展的新格局。

同时，也掀起了基础设施建设的高潮。杭瑞高速途经江口县，高速出口距离梵净山15千米，新建的江口县城至梵净山的快速干道由原来的30千米缩短为15千米。沪昆高铁在铜仁市设站，铜仁凤凰机场扩建。大交通环境的改善，有效地提升了交通进入性，为铜仁市的旅游发展提供了基础保障。

6.6 特色总结

旅游扶贫作为国家扶贫工程的重要组成部分，旅游业理应成为"精准扶贫"的先行者，梵净山生态旅游区就是本着这样的理念，在梵净山这个原本贫困的地区生根、发芽、茁壮成长的同时，时刻不忘社会责任，默默地为当地扶贫工作做出贡献，努力向着让梵净山旅游发展成为当地贫困地区和贫困人口"精准脱贫"的实践者和受益者的目标而继续奋斗！

7 以旅游带动蒙古族乡脱贫：张掖平山湖大峡谷

7.1 景区介绍

张掖平山湖大峡谷旅游景区位于甘肃省张掖市甘州区，距离市区约60千米，是迄今为止中国离城市最近的集自然奇观、峡谷探险、地质科考、民族风情、自驾越野等于一身的复合性旅游景区，是张掖地貌景观大观园中最美的景观之一，被《中国地理杂志》及中外知名地质专家和游客誉为"比肩张家界""媲美科罗拉多大峡谷"、丝绸之路新发现。

景区内，峡谷两岸北高南低，浩瀚的气魄、慑人的神态、奇突的景色，世无其匹。这种特殊的地貌特征是经过亿万年地壳抬升、大自然风蚀、水蚀和化学溶蚀作用而形成的。而在侵蚀期间，高原中比较坚硬的岩层构成河谷之间地区的突起，而河谷里侵蚀作用活跃，这种结果就造成了平台形大山或堡垒状小山。大峡谷山石多为红色，从谷底到顶部分布着从寒武纪到新生代各个时期的岩层，层次清晰，色调各异，并且含有各个地质年代的代表性生物化石，又被称为"活的地质史教科书"。

在历史上，平山湖蒙古族乡是古代少数民族进入河西走廊的重要通道，也是汉族抵御外族入侵的重要屏障，处在农耕文化和游牧文化的交融地带。境内散乱杂居着蒙古族、汉族、土族、裕固族四个民族，形成了多民族、多元化文化特点。其中以蒙古族居多。他们熟悉蒙、汉双语，在民族礼仪、民族歌舞、民族服饰、民族饮食、民族工艺、宗教信仰等方面保存着蒙古族传统的风俗。

平山湖蒙古族乡是张掖与内蒙古通商的重要门户，整体为合黎山系的龙首山地段，隔走廊平原与祁连山相望，是走廊平原与内蒙古高原的过渡地带,是河西走廊进入平山湖通往内蒙古的必经之路,也是通过北线通往东北、华北、晋北、陕北、中蒙策克口岸的便捷通道。

7.2 背景条件

张掖市甘州区平山湖蒙古族乡作为甘州区唯一少数民族乡,自然条件恶劣,当地群众主要收入来源靠畜牧业,增收致富渠道单一。近年来随着祁连山自然生态环境保护和草原禁牧工作的深入推进,给平山湖乡牧民脱贫致富带来了更为严峻的挑战。面对这一现实,进一步完善和提高相关扶持政策,引导当地牧民转型发展、转产发展,在基本生活政府兜底的基础上,依托平山湖大峡谷景区,发展旅游服务业,是实现当地群众脱贫致富的最佳途径。特别是要通过多种途径,积极引导群众解放思想,摆脱固有观念束缚,深入推进农村"三变"改革,盘活闲置资源资产,增强增收致富的信心和决心。

7.3 创新突破

近年来,甘州区抢抓国家"丝绸之路经济带"建设重大战略机遇,高起点规划建设甘平公路,建成后与国道312线相互对接,成为连接内蒙古、甘肃、青海三省区的重要省级通道,极大地方便了平山湖乡的百姓出行,为平山湖大景区的开发提供了基础保障。

与此同时,甘州区平山湖蒙古族乡与甘肃省极具实力的幸福旅游集团合作,采用"政府主导、企业投资、市场化运作"的模式,依托乡村旅游特色,不断加强星级农家乐和4A级旅游景区创建,倾力推广乡村精品旅游线路,深入挖掘平山湖大峡谷自然、文化旅游资源,积极探索旅游精准扶贫新途径、新方式,在帮助贫困群众积极参与旅游产业开发、拓宽贫困农牧民增收渠道方面取得新突破,为农牧民增收创造了条件,实现了经济效益和社会效益双丰收。尝到甜头的企业和乡政府,进一步创新运行模式,以农村"三变"为核心,通过成立农民专业旅游合作社,实现将村集体资源转换成资产入股喀尔喀小镇,完成农民变股民、资金变股金、资源变资产的良好运行模式，激活乡村旅游等产业，推进美丽乡村建设与旅游产业融合发展。

7.4 具体实践

为促进地方经济转型升级，发展平山湖牧区绿色旅游经济，甘州区下足了功夫，总投资 18.55 亿元的甘平公路顺利通车后，从 2014 年开始对平山湖大峡谷旅游景区进行了市场化开发，主动适应旅游消费需求多元化、个性化的发展形势，由甘肃幸福旅游集团公司和乡政府共同投资，打造融旅游观光、民俗体验、餐饮服务、文艺会演、医疗养生为一体的喀尔喀小镇，开发规划占地面积 40.15 万平方米，助力旅游产业发展，带动贫困牧民增收。目前，小镇内累计实施项目 22 个，提供保洁员、售货员、大巴司机、餐饮等就业岗位 52 个，带动餐饮住宿网点 4 家。

7.5 经验分享

依托平山湖大峡谷旅游景区，当地牧民通过旅游走上了脱贫致富的新路子。这其中首先得益于景区本着"唯一性、独特性、差异性"原则，进行细致而明确的区域文化定位，在展示了蒙古族文化共性特点的同时，充分体现了甘州喀尔喀蒙古族文化中鲜为人知的个性部分，彰显了民族风情浓郁、草原风光多样、地质地貌奇特、烽火遗址遍布、名胜景点众多、矿产资源丰富的优势，"设施畜牧业富民、文化旅游业强乡、资源多元化开发"的发展思路明确。

其次，规划建设平山湖大峡谷喀尔喀小镇，不仅提升了游客的体验度，同时深度挖掘、传承、宣传独特的喀尔喀部落文化，吸引更多的国内外人士来旅游观光，促进人流、物流、信息流快速聚集，必将创造较高的经济效益和社会效益，对于推动民族经济、增加经济收入、实现共同繁荣具有明显的现实意义和深远的历史意义。

最后，依托旅游文化，实施精准扶贫，配套以基础设施建设、完善集镇功能、提升承载能力、优化路网结构的目标，为国家精准扶贫、多民族融合发展，实现基础设施规划建设重点向景区腹地开发，畜牧经济转型，实现水、电、路三网改建升级、互通互联，公共资源盘活整合、优势互补，社会管理精简高效、活力激发起到了积极的推动作用。

7.6 特色总结

发展民族经济，助力精准扶贫，繁荣民族文化，改善生态环境，实现乡村振兴，张掖平山湖大峡谷旅游景区以多年的实际行动，探索"企业＋景区＋农户"精准扶贫的有效模式，切实壮大了乡村旅游规模，乡村旅游已经成为农民精准扶贫，增收致富的"新引擎"。

8 千年古城的厕所革命：平遥古城

8.1 景区介绍

平遥古城位于山西省中部平遥县内，始建于西周宣王时期（公元前827~公元前782年），是一座具有2800多年历史的文化名城。迄今为止，它还较为完好地保留着明清时期县城的基本风貌，堪称中国汉民族地区现存最为完整的古城。平遥古城共有24处景点，交通脉络由纵横交错的四大街、八小街、七十二条蚰蜒巷构成，自然形成一幅八卦图，鸟瞰古城酷似乌龟。古城共设6座城门：南北各一，分别为龟首、龟尾；东西各二，分别为乌龟的四肢。平遥古城也是我国仅有的以整座古城申报世界文化遗产获得成功的古县城之一。联合国教科文组织世界遗产委员会评价："平遥古城是中国汉民族城市在明清时期的杰出范例，平遥古城保存了其所有特征，而且在中国历史的发展中为人们展现出了一幅非同寻常的文化、社会、经济及宗教发展的完整画卷。"

平遥古城在建筑、宗教、商业、民俗、民间艺术等方面都蕴含着丰富而独特的文化价值。多年来，平遥古城先后获得"世界文化遗产""国家5A级旅游景区""中国历史文化名城""国家旅游名片""全国旅游标准化示范单位""全国中小学生研学教育基地"等殊荣。

8.2 背景条件

通过对平遥古城旅游厕所现场调研发现，总体现状与5A级旅游景区厕所标准存在较大差距，对整体旅游体验造成负面影响。主要问题如下：因管理主体职能分散，造成部分厕所环境脏、乱、差；保洁服务人员不足；硬件设施设备陈旧，配套硬件故障率高；旅游厕所开放时间不统一等。

8.3 创新突破

平遥县委、县政府坚持以人为本、管建并举的长效机制,针对旅游厕所现状及存在的问题,结合实际,建立旅游厕所卫生标准、工作流程、管理制度,以改造现有厕所不足为基础,提升现有厕所档次为重点,实现由粗放管理向规范服务转变,树立5A级旅游厕所管理行业标杆。

8.4 具体实践

8.4.1 延长旅游厕所开放时间

名称	原开放时间	现开放时间
古城内23处旅游厕所	8:00~18:00	8:00~22:00

8.4.2 建立旅游厕所管理制度

(1)制定旅游厕所管理制度,将制度统一制作上墙,严格按照制度工作。

(2)制定巡查制度,旅游厕所管理人员每天对厕所工作人员服务形象及厕所卫生标准进行监督、检查。

8.4.3 旅游厕所保洁服务人员

(1)景区管理公司将旅游厕所保洁服务工作进行外委,制订外委合作方案,制作统一工装、工牌。

(2)强化人员培训,从人员工装、工牌的穿着佩戴到服务形象、清洁流程、清洁标准进行培训。

8.4.4 旅游厕所设施设备维修

(1)统一厕所内、外标识标牌及温馨提示,融入古城特色文化,让厕所具有更鲜明的特点。

(2)结合旅游厕所实际情况,在厕所室内配合环境进行绿化或摆放绿色植物,提供舒适的室内环境。

8.4.5 旅游厕所设施提升

（1）对城内旅游厕所故障情况摸底，进行维修。

（2）对厕所下水管道堵塞严重的，进行下水管道疏通改造，增加水泵解决厕所堵塞问题。

（3）对厕所卫生洁具、电器、洗手池出现故障的进行维修保养或更换。

（4）对供暖不足的厕所，增加厕所供电核载量，增设碳晶片。

（5）对厕所室内灯光不足的增设了照明设备。

（6）对厕所室内墙面、地面、天花板陈旧的旅游厕所进行翻新处理。

8.5 经验分享

平遥古城"厕所革命"依据国家 5A 级旅游景区创建标准对管理范围内的 23 处厕所提档升级，以五星级厕所为目标进行整体设计，融入文化元素。极大地提升了游客对于平遥旅游的满意度。并在高德地图、央视网、新浪微博举办的 2018 年"大国之旅"中国景区旅游综合服务能力指数评选中，荣获"综合大奖"的同时还荣获了"厕所建设先锋景区"大奖。

8.6 特色总结

改善旅游基础设施，提升旅游服务质量，才能让游客拥有更好的旅游体验。平遥古城"厕所革命"深度挖掘当地文化，以文化元素为渗透，融合科学便利的如厕理念，将厕所重新设计；对配套设施进行维修、更换、绿化、美化室内环境。建立厕所运营体系，卫生标准、工作流程、监督机制制度上墙，统一保洁员服装，实行跟踪式卫生保洁，加强管理，提升服务，更好地为居民与游客提供免费且优质的如厕服务。

9 世界自然遗产的"厕所革命"：韶关丹霞山

9.1 景区介绍

世界自然遗产、世界地质公园、丹霞地貌命名地——广东丹霞山，位于广东省韶关市东北郊，公园总面积 292 平方千米，是国家 5A 级旅游景区、国家级风景名胜区、国家级自然保护区和国家地质公园。2004 年 2 月 13 日，经联合国教科文组织批准成为世界地质公园。2010 年 8 月，经联合国教科文组织批准列为世界自然遗产。被国家地理杂志评为"中国最美丽的地方"之一。

9.2 背景条件

厕所建设是衡量一个景区文明程度和基础设施建设的重要标志，同时也是一个景区是否成熟的重要标准，改善景区厕所卫生状况直接关系到当地环境状况和游客的旅游体验，是推动地方旅游业发展的一大举措。

2017 年 11 月，国家旅游局召开全体干部大会传达习近平总书记就推进"厕所革命"做出的重要指示，厕所问题不是小事情，是城乡文明建设的重要方面，要把这项工作作为乡村振兴战略的一项具体工作来推进，努力补齐这块影响群众生活品质的短板。这是继习近平总书记 2015 年 4 月 1 日以来第二次对"厕所革命"做出重要指示。

9.3 创新突破

丹霞山风景名胜区积极响应"厕所革命"的号召。2017 年，在韶关市丹霞山管理委员会的统筹下，丹霞山景区新建及改建旅游厕所 6 间，进一步改善了景区厕所卫生状况，为游客提供了方便。其中在长老峰旅游厕所、菜籽坝旅游厕所、游客中心厕所等处新建第三卫生间3个。

9.4 具体实践

丹霞山景区厕所革命主要特点：

9.4.1 高标准建设

按照国家《关于加快推进第三卫生间（家庭卫生间）建设的通知》的建设标准，丹霞山第三卫生间配置有防滑地砖、安全抓手、可折叠多功能台、可折叠婴儿座椅、儿童便器、成人便器、呼叫器、干手机、挂衣钩等，极大地方便了游客，解决了特殊游客群体的如厕需求。

9.4.2 选址布局最大限度合理化

丹霞山景区的厕所选址高度注重布局，在有针对性地进行空间功能分析后，合理布置景区厕所位置，选址多在旅游线路沿线要道、交通集散点处。

9.4.3 融入生态发展理念

丹霞山旅游厕所不仅在数量上有所增加，在质量设计方面也做出了很大提升，最大限度地减少对环境的影响，干净整洁的环境、各具特色的风格建设都受到了游客的交口称赞。厕所的建筑设计更是融合了丹霞山中国红石公园、国家级自然保护区的特色，建筑风格仿古、仿生。

9.5 经验分享

丹霞山这次"厕所革命"是积极响应国家"厕所革命"号召，积极完善旅游公共服务设施的重要体现，丹霞山管委会高度重视景区内的"厕所革命"，切实地体现了丹霞山景区作为国家5A级旅游景区的人文关怀理念。

9.6 特色总结

厕所问题无小事，服务游客在行动。

10 "跨界的旅游+"营销之道：沂蒙山云蒙景区

10.1 景区介绍

沂蒙山云蒙景区（蒙山国家森林公园），古称东蒙、东山，位于山东省临沂市西北部，东西雄列，绵延百余里。景区总面积5.5万亩，自然资源丰富多彩。森林植被覆盖率达98%以上，有"百里林海，天然课堂"之称。1999年，经中国科学院生态研究中心监测，景区内空气中负氧离子含量每立方厘米854167个，居全国之首，为该中心有史以来测得的最高值。被誉为"天然氧吧""超洁净地区"。

景区有中国瀑布、云蒙峰、雨王庙、金刚门、天壶峰、邵家寨、流碧桥等百余处景点。近年来，倾情打造了森林冲锋车、森林索道、森林漂流、森林观光车、森林游乐场、蒙山会馆、蒙山天池、金刚门文化广场八大精品项目及旅游服务设施。

10.2 背景条件

沂蒙山云蒙景区身处沂蒙革命老区临沂市，自1993年开园以来，首开临沂旅游开发先河，已走过了25年的发展历程，在这25年间，沂蒙山云蒙景区先后获评国家森林公园、全国青年文明号、国家地质公园、中国首座生态名山、国家5A级旅游景区等荣誉称号，是中国第一个主打"天然氧吧"的绿色生态之山，"天然氧吧""超洁净地区"的美誉也是响遍大江内外。

10.3 创新突破

随着旅游进入休闲度假及互联网时代，在当前"创新、赋能、协同、共享"的时代背景下，云蒙景区以流量共享、场景互通、异业合作、聚焦转化为引领，打通食、住、行、游、购、娱全业态闭环，给客户以价值，为游客服好务。2018年，云蒙景区与时俱进，紧贴客情，逐步蹚出了一条"行业全跨界、业态旅游+"的共建共享式旅游生态圈营销之路。

10.4 具体实践

2018年6月，云蒙景区和科迪牛奶达成共建共享，以科迪集团最新产品科迪牛奶为试点，达成共同宣传、跨界合作。

2018年9月，云蒙景区和正大集团达成共建共享合作，正大集团最新推出的无糖健康饮品和蒙山云蒙景区自然、健康、长寿的理念相结合，达成资源共享及协同发展模式。

2018年10月，九九重阳节，云蒙景区和山东温和酒业达成共建共享合作，隆重举行中国蒙山祈福增寿重阳封坛盛典，按照祭酒、封坛、祈福、拜寿等仪程，沂蒙山小调、国学演出、诗朗诵、太极演出、祭祀仪式各种精彩表演轮番上演，游客流连在山水间、丛林间，畅游山峦奇观，品蒙山菊花美酒，为雨王庙添"福寿康宁瓦"，为家人封坛"祈福增寿美酒"。

2018年11月，联袂省级非物质文化遗产、最沂蒙、最绿色、最民俗的沂蒙小棉袄，以沂蒙山区的特色民俗IP为引领，在云蒙景区海拔千米之上的T台山脊线上，联袂最活泼、最朝气的网红超模，在"双十一"上演了一场惊艳温暖的沂蒙小棉袄秀。

10.5 经验分享

通过"行业全跨界、业态旅游+"共建共享式旅游生态圈营销，沂蒙山云蒙景区经过不断地摸索、探寻，结合景区客情，走出了一条特色的山岳景区营销之路。

全面整合食、住、行、游、购、娱全业态，为跨界合作伙伴打造专属的特定场景产品，以"热点场景化打造、跨界多样化传播"为主要模式，结合前期优惠预售、精准人群话题传播、现场视觉场景打造等多举措，达到跨界合作双方共赢的局面。

与科迪牛奶"牛奶+门票"捆绑销售，实现利润200%增长。

与正大集团共建共享合作，国庆假期，实现板兰花饮品和景区门票收入翻番增长。

九九重阳中国蒙山·温和祈福增寿封坛盛典活动，吸引上万名游客现场体验，当天现场封坛美酒千余坛，带来直接经济效益几百万元，活动结束后通过热点话题传播持续引爆，景区游客量持续攀升，当月景区游客量及旅游收入较上年同期增幅超过200%。

"双十一"沂蒙小棉袄云蒙秀，直接带动小棉袄网购量较上年同期翻两番之多，现场抖音、微博、微信、门户网站浏览量过百万，各大媒体纷纷给予报道。山东新闻播出近20秒的视频新闻，山东文化和旅游厅官方抖音、临沂市委机关报《临沂日报》《鲁南商报》头版图片报道。

10.6 特色总结

当前，旅游已进入休闲度假新时代，消费在变，业态在变，营销在变，传统的景区营销方式更需进行迭代升级、推陈出新。沂蒙山云蒙景区作为传统的山岳观光景区，以流量共享、场景互通、异业合作、聚焦转化为引领，打通食、住、行、游、购、娱全业态闭环，推行的"行业全跨界、业态旅游+"的共建共享式旅游生态圈营销模式，对景区营销来说，无疑是一种积极的尝试，对于丰富景区营销的"道"和"术"，也具有很好的借鉴和启发意义。

11 旅游业反哺农业改革：玉龙雪山

11.1 景区介绍

玉龙雪山是典型的山岳型旅游景区，位于丽江市城北15千米处，南北长约25千米，东西宽约15千米，景区面积为415平方千米，主峰最高海拔5596米，是世界上北半球纬度最低、海拔最高的山峰，海拔4600米以上区域终年积雪。玉龙雪山于1988年被列为第二批国家级重点风景名胜区，2007年被评定为首批国家5A级旅游景区。景区经过20多年的不懈努力，投资20多亿元，先后完成了甘海子、云杉坪、冰川公园、牦牛坪、蓝月谷等一批精品旅游景点的开发建设，打造了雪山高尔夫球场、"印象丽江"等文化旅游品牌。

玉龙雪山地理位置独特，金沙江环绕而过，从山脚河谷到山顶，游客可以感受到"一山分四季，十里不同天"的意境。又因景区内生活着纳西族、彝族、藏族、苗族等少数民族，具有绚丽多姿的少数民族文化，使玉龙雪山成为融观光旅游、民俗旅游、生态旅游、康体休闲旅游、科学探险旅游等为一体的旅游景区。

玉龙雪山旅游景区还先后获得全国首批旅游标准化示范（区）单位、全国文明单位、全国知名品牌创建示范区、玉龙雪山冰川国家地质公园、国家级服务业标准化示范单位、全国"景区带村"旅游扶贫示范项目、欧洲人最喜爱的中国十大景区等80多项荣誉，成为年度接待游客400多万人次的品牌景区。

11.2 背景条件

玉龙雪山社区隶属玉龙县大具乡甲子村委会，共有19个自然村组，

637户、2480人，主要有苗族、彝族、藏族、纳西族、汉族5个民族，原有耕种面积3123.2亩。因地处高寒山区，气候环境恶劣，1994年玉龙雪山旅游开发前，社区群众只能以畜牧和种植马铃薯、玉米养家糊口，绝大多数农户全靠政府资助和返销粮维持生计，该村年人均纯收入不到200元，曾是丽江典型的特贫困村之一。

自1996年以来，随着丽江旅游业的迅速发展，甲子村委会群众全面参与了玉龙雪山景区的旅游服务，但社区群众管理和经营模式的弊端不断显现，主要表现在：一是旅游业的持续发展和全面提升与落后的社区管理和低水平、低素质的群众旅游服务的矛盾日益突出；二是社区旅游服务没有统一的管理机制，只能以平衡为目标，造成了群众项目越加混乱、收入分配不均匀、贫富悬殊大等现象，制约了景区的稳定发展；三是无序参与旅游的人员不断增多，对景区良好的旅游环境和旅游秩序带来了很大的压力。

11.3 创新突破

针对社区管理和发展中存在的主要矛盾和突出问题，玉龙雪山管委会积极探索研究社区管理体制，拟定的《玉龙雪山景区社区旅游发展方案》得到了丽江市委、市人民政府和玉龙县县委、县人民政府的批准，从2007年8月开始实施了"旅游业反哺农业改革"措施，主要目的就是要建立"景区秩序优良、旅游服务规范有序、经济社会效益提高、生态环境改善、旅游和农业并重"的新机制，最终实现将玉龙雪山社区建设成为"生产发展、生活宽裕、乡风文明、村容整洁、管理民主"的社会主义新农村。

11.4 具体实践

"旅游业反哺农业改革"措施的主要内容有：一是按照集体参与原则成立社区旅游服务公司，让社区群众退出直接从事旅游经营服务活动，全面恢复社区农业和畜牧业生产。二是从门票收入、索道经营收入和社区服务公司经营收入中筹措反哺资金通过玉龙县人民政府直补给社区群众，使全体社区群众都能享受到玉龙雪山旅游带来的红利。

从 2007 年 8 月至今已成功实施了三期（每 5 年一期）旅游业反哺农业改革，现正在有序推进第三期旅游业反哺农业改革措施。随着玉龙雪山旅游的迅猛发展，社区群众的旅游业反哺资金也从最初的 1050 万元增加到目前的 2400 万元，增幅为 128.57%；社区群众的年人均纯收入从 4000 元增加到 20000 元，增幅为 400%。

在有序推进旅游反哺农业改革的同时，玉龙雪山管委会还不断加大对社区基础设施的投入力度，先后完成了社区活动中心、公路村道、人畜饮水及教育设施的改造建设等工作，村容村貌得到极大改善。为使社区群众尽早脱贫致富，管委会还大力扶持了社区的农牧产业发展，培育了牦牛养殖、经济林木及药材种植等产业项目。

同时为了规范景区内拍摄婚纱照路线，建立长效和谐的"社景"关系，2017 年管委会向玉龙雪山办事处甲子村党总支提供 50 万元作为帮扶启动资金，按照景区行业准入程序注册成立了甲子村甘子甘坂婚纱摄影有限公司（集体所有制），在景区内为前来拍摄婚纱照的新人提供规范有序的婚纱摄影等服务，走出一条"党建＋公司＋农户"的"户户参与，人人分红"的路子。2018 年，婚纱摄影公司盈利 700 多万元，甲子村 19 个村民小组 2480 名村民，每人可分得 2800 多元。除此之外，公司的盈利收入还有力地支持了甲子村村道、教育、医疗卫生等基础设施的建设和困难群众的帮扶等，婚纱摄影公司已成为全市集体经济发展的典范。

11.5　经验分享

通过实施旅游业反哺农业改革措施，带动社区群众致富，社区群众的收入得到大幅增加，景区生态环境日益改善，服务质量和旅游秩序不断提升，企业效益持续好转，品牌效益日趋凸显，核心竞争力得到进一步增强，取得了良好的社会效益、生态效益和经济效益，极大地促进了景区和社区的稳定、持续、和谐发展，旅游业反哺农业改革措施得到广大社区干部群众的支持和拥护。

实践证明，创新旅游管理机制是创建社区参与旅游示范区、建设社会主义新农村、构建和谐景区的好办法、好路子。目前甲子村大多农户已在城区购买了商品房，实现了家家户户都有小汽车，社区群众收入在全县乃至全市名列前茅。通过持续不断的旅游扶贫，目前，甲子村已退出贫困村行列，实现脱贫。同时，景区内的企事业单位为社区群众提供就业岗位共计570余个，有效缓解了社区剩余劳动力的就业问题。玉龙雪山社区已成为全国"景区带村"旅游扶贫示范项目。

11.6 特色总结

玉龙雪山管委会按照"脱贫不脱钩"的扶贫攻坚总体要求持续推进景区旅游扶贫各项工作。社区旅游业反哺农业改革自实施以来，极大地促进了景区的稳定和持续发展，景区生态环境逐年恢复并日益改善，景区服务质量和企业效益不断提高，景区社会治安明显好转，游客投诉事件逐年下降，游客满意度大幅提升。管委会正按照习总书记"绿水青山就是金山银山"的新发展理念，践行乡村振兴战略，认真贯彻落实各级各部门旅游扶贫指示精神，积极推进玉龙雪山社区乡村旅游建设项目。

12　诚信经营：通灵大峡谷

12.1　景区介绍

由广西通灵大峡谷旅游有限责任公司投资开发的通灵大峡谷旅游风景区位于靖西市湖润镇境内，地处云贵高原南缘，属古龙山自然保护区。距离靖西市区 35 千米，距离广西首府南宁 230 千米。景区开发于 1998 年 4 月，1999 年被广西壮族自治区人民政府列入全区旅游重点项目；2006 年被评为"国家 4A 级旅游景区"；2010 年 6 月被广西民族医药协会、广西中药材产业协会联合授匾为"通灵壮药谷"；2015 年 6 月被评为"中国壮药谷""广西药用植物园靖西分园"。2016 年公司通过 ISOGB/T 9001：2008 质量管理体系认证，同年 9 月被自治区实施质量兴桂办公室、发改委、商务厅、质监局等单位联合授予"广西壮族自治区服务业品牌"；2017 年 1 月"通灵谷"商标被自治区工商局评为广西著名商标。2018 年 6 月荣获由自治区物价局颁发的"2016~2017 年度价格信用等级 3A 单位"荣誉称号。

通灵大峡谷由通灵峡、念八峡组成。峡谷全长 3.8 千米，由地下河溶洞贯通连接。峡谷绝壁千仞，荟萃了 188.6 米亚洲单级落差最高的瀑布、溶洞洞中瀑布、千奇百怪的钟乳石以及 2000 多种原生珍稀植物，生长着植物中的活化石桫椤、原始观音莲座蕨等。除自然景观外，这里有壮家阿妹嘹亮的山歌响彻峡谷，也有宋代遗址在默默诉说着壮族先民们不屈不挠、可歌可泣的历史。这里有"藏金洞"的诱人传说，也有英雄壮举的历史见证：1000 年前遗留下的"古石垒营盘"，悬崖绝壁上至今依然保存完好的"崖棺洞葬"。

12.2 背景条件

通灵大峡谷景区占地62万平方米，规划建设有生态阶梯停车区、游客集散中心、餐饮区、办公区、景观游览区等功能性区域。景区软硬件设施累计投入2.2亿元。景区先后荣获全区旅游重点项目、国家4A级旅游景区等荣誉称号。2018年景区被列入创建广西壮族自治区旅游标准化试点单位。

12.3 创新突破

通灵大峡谷景区自开园迎客以来，始终立足于诚信经营、诚心待客的服务经营理念。结合自身条件及情况，通过不断地学习探索，建立健全自身管理体系，以客户为中心，以景区奋斗者为本。加强企业文化建设，使景区周边经营从业者、员工与企业共同进步、共同发展，进而提高景区整体服务水平，为诚信经营、文明旅游活动的顺利开展奠定了坚实的基础。景区主要通过以下几种方式开展工作：

健全组织，加强对景区诚信经营环境、服务质量管理和创建标准化工作的领导。一是成立景区旅游环境、旅游服务质量管理工作领导小组，由公司总经理担任组长。二是制订方案，明确创建的目标与任务、计划与措施。从而使创建工作做到组织、计划、措施三落实。

把握主线，确保景区旅游经营环境及旅游服务质量管理工作重点突破。一是企业文化的建立与强化。制定景区标准化操作手册，统一规范公司的视觉形象（VI系统），统一规范员工着装、景区各类标识系统、景区商标logo的使用等。通过学习、教育、培训等方式，实施文化导入，以最大限度地提高全体员工的文明素养，规范员工的文明服务行为。二是诚信机制的健全与配套。景区与在景区内开展小商业经营的农户签订"诚信经营承诺书"，制定景区旅游市场管理规定，加强景区接待游客投诉的队伍力度，保障游客权益不受侵犯。三是优良环境的保持与打造。景区实行"六员一体"及首问责任制，建立一整套景区安全管理、秩序管理、保洁管理、保安管理的制度机制，配备了相应的保安员、安全员、保洁员、导游员、管理员的队伍。四是遵纪守法，对各项收费价格进行公示，严格执行上级政府下达的收费许可、优惠措施。

注重结合，协调落实景区旅游服务质量管理各项工作。景区的服务质量管理工作，只有融入融合到企业生产经营的各项工作中去，才能见真金促实效。一是与文明创建工作相结合。按照景区的规范与服务标准，对景区公共设施、标识标牌、温馨提示进行了统一和规范提升。二是与旅游景区诚信经营市场的创建工作相结合。坚持把让消费者满意、景区经营诚信放在首位，通过对景区服务体系打造与配套，实现消费者满意、经营者守信、景区旅游市场得以稳定发展。

12.4 经验分享

通灵大峡谷景区结合自身实际，通过景区运营管理流程的优化、客户管理流程的规范等措施，使景区旅游服务质量得到提升。景区服务规范化、标准化又促使景区环境、旅游市场环境得到良好的发展，进而促使景区诚信经营、文明服务的进一步发展。

12.5 特色总结

通灵大峡谷景区作为旅游行业中的一分子，时刻铭记景区存在的意义，只有持续不断地为社会提供和输出价值，企业才能"永葆青春"。而诚信经营则是景区能够进一步发展的动力源泉之一，不断强化景区软实力，提升服务意识和品质，才能使景区综合服务水平迈上一个新的台阶。

13 "最大峡谷最美山峰"运营突破：雅鲁藏布大峡谷

13.1 景区介绍

雅鲁藏布大峡谷景区作为国家 4A 级旅游景区，其与布达拉宫、珠穆朗玛峰并列为西藏自治区三大世界级旅游资源，目前已成为林芝市最受游客欢迎并必须到访之标杆性景区。

雅鲁藏布大峡谷景区集"世界最大峡谷雅鲁藏布大峡谷、中国最美山峰南迦巴瓦峰、千年古桑树、大峡谷亲水台、南迦巴瓦雪山脚下最美村庄直白村、大峡谷第一湾直白大拐弯"等核心资源于一身。雅鲁藏布大峡谷景区全长 504.6 千米，是不容置疑的世界第一大峡谷，也是地球上最深的峡谷，最深处 6009 米，平均深度 2268 米。雅鲁藏布大峡谷景区堪称"地球上最后的秘境"，整个峡谷地区冰川、绝壁、陡坡和巨浪滔天的大河交错在一起，核心无人区河段有罕见的四处大瀑布群，是地质工作少有的空白区之一。峡谷具有从高山冰雪带到低河谷热带雨林等 9 个垂直自然带，汇集多种生物资源，包括青藏高原已知高等植物种类的 2/3，已知哺乳动物的 1/2，已知昆虫的 4/5，以及中国已知大型真菌的 3/5。

13.2 资源优势

雅鲁藏布大峡谷景区是西藏乃至中国境内保护最为完好的极高山峡谷以及原始森林密集区，这里有中国最美的山峰——海拔 7782 米的南迦巴瓦峰及众多卫峰。这里有世界上最长最深的峡谷——雅鲁藏布大峡谷，它全长 500 多千米，这条伟大而深邃的峡谷被称为地球之心，又被喻为对青藏高原万物起着极大孕育作用的"水汽咽喉"。同时，这里也是中国第二大林海的核心区域,是中国乃至世界都为之侧目的基因博物馆。

目前在林芝,雅鲁藏布大峡谷景区已成为龙头景区,也已成为游客到访林芝的打卡之地。目前林芝拥有大大小小景区十几家,周边小景区虽也各有特色,但都不足以对拥有"最大峡谷最美山峰"IP的雅鲁藏布大峡谷景区构成威胁。

林芝雅鲁藏布大峡谷景区的游客以旅行社团队为主,近年来,随着景区开发的深入与知名度的提升,自驾游客逐渐增多。其中长三角、京津冀、珠三角为主要客源地,同时重庆、四川、云南、贵州、河南、山东、陕西、山西、河北、湖北、湖南、福建、辽宁、吉林、黑龙江也逐步成为重要市场。

13.3 运营举措

经过多年精耕细作的品牌运营,"到世界最大峡谷,观中国最美山峰"的广告语(Slogan)已在各主要客源地具有深刻的影响力与较高的品牌识别度。到雅鲁藏布大峡谷景区一睹南迦巴瓦峰的真容亦成为大众观光游客、自驾游客及专业摄影爱好者等细分客群来林芝旅游的重要驱动力。

13.3.1 推广活动

(1)提升网络宣传力度——通过自有微信公众号、微博账号内容更新维护、区内外推介会推广、网红达人体验、马蜂窝、微博等多平台线上旅游攻略、游记、宣传视频发布,大大增强了景区网络宣传力度,提升了景区的知名度及西藏旅游品牌的影响力。

(2)展开全员营销政策——全员营销调动了所有工作人员的营销积极性,改善服务品质,销售数据增长显著。

(3)拓宽线上营销渠道——通过加强与携程、美团、驴妈妈等大型OTA的合作,拓展飞猪、马蜂窝等新的线上营销渠道,提高线上转化。

(4)扩大物料铺设范围——对拉萨、林芝等当地几十家旅行社进行物料铺设。

13.3.2 智慧景区建设

目前大峡谷景区可以实现网络购票与系统对接,除自有平台外,已合作的 OTA 包含携程、美团、驴妈妈等;智慧旅游的前期投入总计 300 多万元,主要包含硬件方面的自助售取票终端系统、电子检票终端系统、闸机等;软件方面的电商销售平台(微信和 PC 端)、内地批发商到西藏地接社的传统渠道售票系统也已完成。2018 年实现售票厅 Wi-Fi 全覆盖,开通微信、支付宝购票功能,完成冬游西藏游客实名信息票务系统以及景区智慧旅游数据监控中心机房建设等工作。

13.4 创新突破

经过西藏旅游股份有限公司多年的运营,通过围绕"世界最大峡谷中国最美山峰"所进行的系列营销活动及文化节庆活动(索松村桃花节、旅游文化节等),目前雅鲁藏布大峡谷景区已经被评为中国最美的十大峡谷之一。在中国国家地理杂志举办的"选美中国"活动中,南迦巴瓦峰被评为中国最美山峰。雅鲁藏布大峡谷景区在不到十年的时间内,从一个无人知晓的小景区成长为林芝市最具竞争力的龙头景区。

2011 年,经西藏自治区旅游景区质量等级评定委员会推荐,全国旅游景区质量等级评定委员会组织评定大峡谷景区为国家 4A 级旅游景区(国旅发〔2011〕99 号文件)。

雅鲁藏布大峡谷景区已经成为林芝乃至西藏旅游的经典品牌之一,2017 年,雅鲁藏布大峡谷景区被评为"全国影视指定拍摄基地"。2017 年景区游客量 40 万人次,2018 年景区游客量达到 105.5 万人次。

13.5 投入产出

2008 年 7 月,雅鲁藏布大峡谷景区正式对外开放,开发之初,景区投入 1 亿余元用于岗派公路建设、基础配套设施建设及市场营销等工作,已具备景区大门、一二级停车场、游客服务中心、团餐厅、喜马拉雅酒店、派镇商业街、旅游公厕等相关配套服务设施。景区内有魔湖、大渡卡、门巴民俗村、松林口、大桑树、情比石坚、格嘎温泉、南迦巴瓦峰、加拉白垒峰等景点。雅鲁藏布大峡谷景区目前主要经营业务包括景区门票、酒店、餐饮、观光车、观光船等。

2018年，景区游客量达到105.5万人次，景区营业收入达到8000余万元，解决当地就业人口约150人。景区每年还为当地高职院校创造大量的毕业实习机会。

13.6 特色总结

伴随着新奥集团这一具有雄厚实力且有丰富文旅项目运作经验的控股方的介入，雅鲁藏布大峡谷景区围绕最大峡谷和南迦巴瓦峰两大核心资源，以"醉"美舞台、低空飞行、悬崖光影餐厅、星空露营地、南峰索道、科普研学等多元化特色化产品为引领，以5A级旅游景区创建为驱动，契合大交通改善节奏，合理安排投资开发节奏，不断改善基础配套，逐步提升景区体验，在三五年内，必定会打造成为西藏地区知名的雪山生态文化体验高地和高品质的康养休闲度假胜地。

14 中国有个海南岛，海南有个蜈支洲岛

14.1 景区介绍

三亚蜈支洲旅游区为国家5A级旅游景区，景区核心蜈支洲岛又名"情人岛"，坐落于三亚市北部国家海岸海棠湾内，属热带海洋性气候，阳光充沛、四季宜人。蜈支洲岛全岛面积1.48平方千米，海岸线全长5.7千米，最高峰海拔79.9米，自然资源丰富，地貌美丽而富有层次变化，观赏游憩价值极高。南部水域海底有着保护很好的珊瑚礁，海水能见度可达6~27米，水域中盛产五颜六色的热带鱼，具有得天独厚的潜水条件，被誉为国内优质潜水胜地。

深耕海上娱乐项目20余年，蜈支洲岛以其丰富的海岛旅游资源为核心，拥有30余项海陆项目，独创"海底、水上、空中、陆地"四栖游玩体验。自2001年开业至今，蜈支洲岛"生态+体育+旅游"的差异化发展道路和"精品引领全域发展"的创新型战略布局成功经过市场和游客的多重考验，使得"中国有个海南岛，海南有个蜈支洲岛"的品牌深入人心。

14.2 资源优势

蜈支洲岛旅游区凭借优越的地理位置、得天独厚的旅游资源、日渐完善的旅游接待设施，近年来成为三亚游客的首选之地。

蜈支洲岛地貌美丽而富有层次变化，有86科1000多种原生植物郁郁葱葱，环岛海域水清见底。1994年，公司开始斥资对蜈支洲岛进行开发建设，并于2001年2月正式对外营业。从一个无名的小岛飞跃到接待游客近300万人次、营业总收入近10亿元的海岛型标杆景区。景区周边旅

游便捷度较高，餐饮、酒店等旅游要素完善。景区客源市场主要来源于本岛居民、东三省及北京、上海、广州、深圳等经济发达城市。北京、上海区域游客拥有较强的消费能力，广东省作为沿海省份交通方式便捷，而海南居民的旅游能力逐年增长，周末短途旅游对海南当地居民来说成为最佳选择。

14.3 运营举措

蜈支洲岛旅游区品牌定位趋向于适合年轻人嗨玩、减轻都市人心理焦虑、套餐组合减轻旅行支出。从 8 小时潜水尝鲜升级为 24 小时深潜度假的休闲模式，营造多元化的"体验式"度假生活，更加关注消费者在消费过程中的身心感受，强调以友好的环境设计、开放的环境特征，代言时尚与自然。

随着蜈支洲岛的影响力不断扩大，多档电视节目拍摄以景区为取景地。如旅游节目《奥利弗游中国》、央视《生财有道》、维密天使选拔节目《天使之路》、亲子互动综艺《宝贝的新朋友》《小手牵小狗》《星厨驾到》《极限挑战》等。值得一提的是，三亚蜈支洲岛携手冯小刚年度贺岁喜剧大作《私人订制》走进大众视野，电影取景的淡水泳池已经成为景区"私人订制"景点。

海岛旅游资源备受游客青睐，众多抖音网红打卡蜈支洲岛，蜈支洲岛于 2018 年年末举办的"海岛玩家蜈支洲"抖音挑战赛话题播放量已达 1.7 亿，景区潜水、拖伞、陆地冲浪、网红吊床等项目收到"抖友"一片点赞。"品质引领、精品定位"的发展思路奠定了景区品牌知名度的不断提升，越来越多的国内外游客选择来蜈支洲岛游玩。

14.4 创新突破

2018 年 7 月 31 日，蜈支洲岛 24 小时玩海产品"海岛玩家"正式上线，标志着蜈支洲岛旅游产品的进一步完善和景区发展迈入新的起点。该产品为景区结合市场需求及以往游客对单个项目的喜爱程度，将现有项目进行打包联合推出的具有针对性的全新产品。此产品不仅包含20个热门项目，还配备有"海岛管家""专业教练"全程贴心服务。此外还首次推出"24小时畅玩"模式，突破时间界限，打破走马观花式"一日游"游玩模式，将游客游玩体验放到细节服务的制高点，使游客能够尽情尽兴享受海岛深度游。

一切以"用户价值为核心"，实现景区好玩、游客玩好、创造效益的目标。为优化景区服务，节省游客排队上岛时间，蜈支洲岛在不影响正常营业的同时对旅游区内部停车场和码头进行了升级改造，在原有停车场基础上，旅游区将原内部大巴车停车场重新规划，将其移至景区外新开拓的两个停车场内。通过科学研究，合理规划出三块功能区，包括一价全包售票区、团队购票区、散客购票区，划分出团散通道并新增移动卫生间、移动咖啡车等服务配件，使游客能够更加有序地排队上岛。

同时，蜈支洲岛旅游区还启用CCS认证新趸船，成为三亚首家启用标准化趸船的度假景区，并于2016年12月17日正式启用名为航程01、航程02两艘百吨大型客船全面提升景区运力。后又于2017年8月9日引入载客量298人的海南岛第一艘全新的铝合金双体高速客船，将客运接待能力大幅度提升。

值得一提的是改建后的冬季码头洗手间，占地576平方米，可容纳近百人同时如厕。这所3A级旅游厕所，通过央视《新闻联播》的播出，成为旅游区"高品质、高规格、严要求"的形象缩影。

14.5 投入产出

蜈支洲岛旅游区经多年开发与建设，目前已成为集组织招徕、接待服务、旅游运输、游览观光、旅游项目开发建设于一身，可为游客提供优质"食、住、行、游、购、娱"服务的旅游目的地。深耕海上娱乐项目近20年，蜈支洲岛以其丰富的海岛旅游资源为核心，以"蓝绿互动"的可持续发展观为理念，致力于打造成为国内游客海岛度假的首选目的地。

14.6 特色总结

蜈支洲岛以其独特的岛屿景色和文化取得了良好的社会效益和经济效益。为重视客户体验的尝鲜感、旅游产品的参与性，景区通过定期筛选和推出新产品，紧跟当下游客的游玩节奏，满足游客"尝鲜"胃口，近年新增的气垫船、海棠游、动感潜艇、浮潜等均是景区通过实地考察、实验可行后从国内外引进投入使用的新型产品。同时景区通过定时举办节目及活动将游客带入互动表演，多层次帮助游客完成整个旅游过程，给游客全体验、全链条、全时空旅游。

15 国企规范化运营管理样本：鹿回头风景区

15.1 景区介绍

三亚鹿回头旅游发展有限公司成立于 2008 年，为三亚市国有资产监督管理委员会管理下的市属国有独资企业，企业现有职工 222 人，主要负责鹿回头风景区的经营、管理及开发。鹿回头风景区现为国家 4A 级旅游景区，每年入园游客量近百万人次。

鹿回头风景区属于 1994 年 1 月 10 日国务院颁布的第三批国家重点风景名胜区——海南三亚热带滨海风景名胜区内的重要景点。风景区位于三亚市西南端鹿回头半岛内，于 1989 年建成开放，总规划面积 98 公顷，共有大小五座山峰，最高海拔 181 米。景区三面环海，一面毗邻三亚市区，是登高望海和观看日出日落的制高点，也是俯瞰三亚市全景的唯一佳处。鹿回头以情爱文化和生态为主，景区内情爱文化景点错落有致。景区主雕塑——"鹿回头"雕塑是根据海南黎族美丽的爱情传说而建造，该雕塑高 15 米、长 10 米、宽 5 米，是海南岛内最高的雕塑，为三亚市的城雕，三亚因此被称为"鹿城"。在 2009 年荣获国家住房和城乡建设部与文化部联合颁发的"新中国城市雕塑建设成就奖"。鹿回头风景区既是三亚市重要的旅游景点，又是具有浓郁黎族文化内涵的国家 4A 级旅游景区。

15.2 资源条件

15.2.1 观赏游憩价值

鹿回头风景区是目前登高望海和观看日出日落的制高点，也是俯瞰三亚市全景的唯一佳处。入夜，景区七色灯光与音乐将鹿回头装扮得如梦幻仙境，与凤凰岛夜景相映成趣。

15.2.2 历史文化科学价值

鹿回头风景区是三亚城市和黎族起源"鹿回头"传说的发祥地。"鹿回头"传说凝聚了黎族和三亚人民对美好生活的向往，一直以来作为城市历史文化的核心内容之一，受到三亚市委、市政府的高度重视、呵护和发展助力。

15.2.3 动植物珍稀资源

风景区的野生动植物多达540余种，有很多是海南或三亚典型动植物，可作为宣传海南热带动植物知识的科普基地。有许多国家级和海南省特有物种，如国家二级保护树种花梨木、被佛教寺院定为"五树六花"之一的芭蕉科植物地涌金莲、国家三级保护濒危物种海南龙血树等。珍贵动物有猕猴、蟒蛇、花面狸、猫头鹰、黄猄、隼、穿山甲、黄麂等数十种国家保护野生动物。

15.3 运营举措

鹿回头风景区是一个黎族文化、情爱文化和生态文化并重的主题景区，素有"黎族圣山""南海情山"的美誉。经过多年的发展，鹿回头风景区主雕塑"鹿回头"已成为三亚市标志性城雕，三亚因此被称为"鹿城"，鹿回头在三亚深厚的民族情怀和城市记忆中是不可取代的。

2017年12月31日，根据市委、市政府工作部署和市政府与华侨城集团签署的《战略合作框架协议》，鹿回头风景区与华侨城（海南）投资有限公司签订托管协议。华侨城海南集团根据鹿回头风景区运营实际，提出以"牵你的手去鹿回头"为主题，形成"一见钟情鹿回头""鹿回头上望鹿城"的旅游产业链体系，推出多个节庆活动、亲子研学活动，扩大景区影响力。多家传统及新媒体对鹿回头报道近百次，网络点击率一度占据全市第一，在美团、大众点评等国内著名网购平台景区类评分5.0分，企业在同行业中逐步提高核心竞争力，品牌在市场中稳步提升，口碑在游客中逐步形成。

同时，景区实现可视化管理和智能化运营，启动了智慧景区建设项目，智慧管理系统包含了票务管理系统、信息发布系统、监控系统、IP广播系统和智能化停车场管理系统等多个子系统。通过网络订票的游客来到景区只需凭着手机上的一张二维码图片即可实现扫码入园、乘车等便捷服务。促进景区管理科学化、规范化和迅速高效。

15.4 创新突破

近年来，鹿回头风景区一直构筑起以管理求质量，以质量树品牌，在景区内部管理及外部营销上有所突破创新，形成以品牌谋发展的一体化发展新格局。

15.4.1 夯实制度建设，科学规范管理景区

一是结合景区发展需要，参考360度评价制订了在职绩效考评方案。

二是制定及开展"岗前十分钟"标准制度，强化软实力提升，逐步规范和建立岗位标准化流程。

三是2018年11月，经省旅游委专家组评定，成为本年度三亚市三家省级旅游标准化培育试点景区之一。

15.4.2 加大宣传推广，提升景区品质与IP支撑体系

2018年，鹿回头风景区以坚定文化自信为使命，深度挖掘鹿回头传说的文化内涵，提升软实力，推出多个节庆活动，扩大景区影响力，取得显著效果，影响力节节攀升，入园游客量增长明显。

15.4.3 创新景区业态，提升景区二次消费

新增了多个商业经营点，一是引入品牌与特色商户入驻，二是挖掘文化内涵，引进特色主题商品，三是深入与知名品牌合作，借势借力引进"鹿"主题美术陈列及自助售卖机。

15.5 投入产出

自成立以来，鹿回头风景区累计投入上亿元资金及人力、物力对景区软硬件设施进行提升改造，并于2017年8月被评为国家4A级旅游景区。

伴随着国家 4A 级旅游景区的创建成功和国债资金旅游基础设施建设项目新建游步道工程的贯通，景区经营业绩及入园游客量实现稳步上升。2016 年至 2018 年，景区上缴税收分别为 137.69 万元、145.82 万元及 152.64 万元。随着景区不断发展，每年都不定期向社会招收旅游人才，近三年招聘管理及基层岗位人员共计 50 名，为提高三亚市就业率及推动经济发展做出了积极的贡献。

景区在发展的同时，在公益及扶贫事业上也取得一定成绩。2018 年 8 月 19 日，为大力支持三亚教育事业发展捐赠教育基金 10 万元，荣获海南省三亚教育基金会颁发的荣誉证书。2018 年 9 月 18 日，景区组织人员至育才生态区抱安村开展"主题党日+精准扶贫"慰问活动。不但将帮扶文化体育设备及生活慰问品亲自送到对口帮扶贫困户家中，还安排项目工程管理人员分别对村贫困户的房屋住所进行改造、修缮、加固工作，以保障贫困户有安全、稳固的住房。

15.6　特色总结

2019 年，鹿回头风景区紧紧围绕国资国企保值增值工作目标，以建设世界级滨海旅游城市工作精神为引领，全力配合好市委、市政府的旅游发展战略，努力加快景区的管理变革、效率变革、发展变革，转型升级成为三亚建设世界级滨海旅游城市征程上的闪亮界标，在海南自由贸易试验区和中国特色自由贸易港建设工作中扛起国资国企的担当。

第四部分
景区创新服务篇

1 "123+X" 智慧服务体系：缙云仙都景区

1.1 景区 / 产品 / 服务介绍

缙云仙都创建国家 5A 级旅游景区，信息化项目全面覆盖景区所涉区域，包括总体景区的三个核心区块——倪翁洞景区（倪翁洞及独峰书院）、小赤壁景区（小赤壁及仙都观）和鼎湖峰景区（鼎湖峰及朱潭山），以及服务于游客的游客中心、停车场等场地、设施，同时还包括游客中心对面起始接城市绿道，经小赤壁、倪翁洞、鼎湖峰至朱潭山东口止，全长 8 千米的主干及 4 千米分支绿道。在景区创建国家 5A 级旅游景区建设中，信息化设施、设备、平台、系统等内容覆盖全景区，其中包括网络通信基础、硬件设施设备、指挥调度中心、数据中心、管理服务平台及应用系统建设等部分。

网络通信基础是"互联网+"背景下景区信息化建设的信息传输基础，是现代化景区建设的必备基础，主要包括宽带网络覆盖、移动通信网络覆盖、无线网络覆盖等服务与景区内部联动管理、设施设备联网运行、对客服务信息传递、对外连接服务商等业务需要。

硬件设施设备是信息化管理、服务的落地内容，主要包括对景区秩序监督管理、对游客引导服务等落地运行的各种硬件。

指挥调度中心与数据中心是景区管控的中枢，是景区数据化运营的主控所在，是景区人、物联动的指挥调度主脑，主要包括场地建设、监控大屏、数据服务器、指挥调度等远程控制设备、数据分析等软件系统等，搭建景区管控的实体中心。

管理服务平台涵盖了景区运营的对内管理、对外服务、对客营销等软硬件系统，将系统按照不同服务对象和内容归并到不同的平台之下，实现统一入口、统一业务流程、统一数据汇聚、统一数据应用等功能,实现全业务的信息化运作。

1.2 服务要点

根据景区发展及信息化管理的要求,缙云仙都景区信息化体系的业务功能需求要在通信基础搭建、数据中心建设、指挥调度中心建设、景区业务管控、旅游电子商务和对客服务等方面进行业务分析。

1.2.1 通信基础的需求

基于互联网的软硬件系统应用是信息化发展到现今阶段的主要呈现方式,实现依托有线与无线相结合的联网的物理环境变得尤为重要,故通信基础建设的需求居于首位。

1.2.2 "互联网+"的需求

"互联网+"的理念落地,最终在于对数据的采集、存储、分析、应用,因而其呈现方式为旅游数据中心。

1.2.3 指挥调度的需求

对设施设备、工作人员等物资与人员的调度指挥、快速应对、全程监测是景区自动化、智能化管理的新要求,人与物在服务上与游客的无缝对接,体现了现代管理与服务的理念。

1.2.4 景区业务管控的需求

景区中的业务操作主要由设施、设备的使用和工作人员的岗位职能综合而成,形成面向景区管理的协同运作体系和面向旅游者服务的完备联动体系。在业务管控方面,要对用于监测、服务的视频监控系统、广播系统、门禁闸机系统、旅游服务车辆等设备进行监控,并合理安排业务执行情况。也要对进入景区范围内的游客流量、旅游车辆流量、车辆停放、游客紧急需求报警等内容进行全面的监督管理,以实现针对游客的信息采集及动态监测。更要对工作人员的工作岗位、工作过程等动态信息进行监测,以确保人尽其用。

1.2.5 旅游电子商务的需求

衔接国家《"十三五"旅游信息规划》，对接全省、市的旅游电子商务发展，景区旅游电子商务成为最基层的电商构成基点。景区的旅游电子商务应立足自身业务，逐步辐射周边，带动居民的旅游创业、从业，并发挥旅游扶贫的平台作用。因而，景区旅游电子商务要在景区票务在线运作、景区及所辐射周边的特产、食宿等方面进行覆盖，以实现旅游产品在线运营、带动周边参与旅游的效果。

1.2.6 对客服务的需求

景区的核心功能就是为游客提供旅游服务，信息化是实现面向游客游前、游中、游后全程服务的现代化支撑手段。因而，需要考虑游客在景区的资讯获取、景区实地导游导览、景区体验、虚拟旅游以及旅游体验分享、在线自助交易等方面，立体式地实现面向游客的互联网化服务，所涉及的系统应涵盖信息发布、基于位置的信息服务、电子商务、情景互动等各类软硬件系统。

1.2.7 市场营销推广的需求

景区在发展过程中，进行合理的市场营销及推广，扩大知名度提高影响力，以吸引更多的游客到访，已经成为景区竞争的重要内容。以信息化的手段实现在线景区营销推广，需注重景区在线宣传的可信度和有效性，要在合适的时间通过合适的平台传播合适的信息给旅游者，并为旅游者提供可信的旅游服务机构供其选择。因而，在系统建设中，一方面是自建的媒体平台，如官方网站、自媒体公众号等，要加强信息生产及传播能力，拓展传播方式；另一方面要加强与电商平台、网络媒体平台的合作，实现联合推广，合作共赢。

1.3 创新突破

缙云仙都景区在信息化建设上，以网络通信设施为基础，以旅游大数据为支撑，构建"123+X"体系。

"1"：搭建一项基础，即"网络通信基础"。

"2"：建设两大中心，即"指挥调度中心""旅游数据中心"。

"3"：构筑三个平台，即"综合管控平台""旅游电子商务平台""服务营销平台"。

"X"：涵盖X项系统。X是一个弹性的变量，根据信息技术发展情况，可进行拓展，以此实现覆盖面足够广、深入度足够深的旅游信息化体系。

以"123+X"体系构筑面向景区的旅游管理、对客服务、市场营销、运行监测、景区管控等各方面具体业务的一体化监管格局，实现借助信息科技整合旅游资源，组织旅游服务人员，辐射周边居民，连接旅游电子商务企业的综合性职能，促进景区全面发展。

确立景区旅游信息化建设在未来旅游产业发展中的重要地位，建立专门组织机构和工作协调机制，进行全面管理、协调，制订具体方案，设立项目边界，细化分解并明确行动目标和重点任务，落实工作责任，确保各项工作有序推进、落到实处。

组织各相关部门成立专项工作小组，推进项目建设。缙云县经信商务局、县电信、县联通、县移动、县广播电视台等部门负责景区信息化建设，包括信息化基础、信息化管理、信息服务及电子商务等，县旅委、仙都管委会负责配合及指导工作。

1.4 可推广性

建立"统一部署、集中管控、资源整合、部门协作"的旅游信息化体系管理、运维机制，对景区后续所有旅游信息化项目设立"财政立项、提交与数据中心整合方案"的规范流程，实现信息化项目统一规划设计、统一数据归集、统一建设管理、统一安全防护，提高大数据中心的融合度与综合调度、管控能力，有序推进旅游数据化运行模式，开创全域旅游大数据运营新格局。

确保景区信息化项目建设资金投入持续稳定，整合各部门、企业可用资金，统筹各方财力，综合考虑政府投资建设、运营模式。同时，研究社会资金进入政府信息化建设的方法，开拓资金渠道来源。建立资金预审与过程监督制度，把控资金流向，防止重复投资，确保重点建设项目投入到位。

衔接国家高端智库建设政策，组织政策研究机构、高校研究院所、技术创新企业等机关、部门、企事业单位高端人才为项目建设所用，加强制度研究、机制创新，推进景区旅游发展智库建设，发挥其产业研究、行业促进、企业推动的职能，为旅游数据中心、智慧旅游项目建设全面推进提供智力支持，确保信息化发展方向的正确性，决策的客观与公正性，项目建设的前瞻性、针对性、合理性。

坚持安全与发展并重，正确处理安全和发展的关系，严格落实网络与信息安全各项制度，通过加强安全标准、安全策略、安全管理、安全技术和安全服务等方面内容建设，确保旅游信息化建设中信息和系统设备的保密性、完整性、可用性、可控性，推动网络安全与旅游信息化发展良性互动、互为支撑、协调共进。

设立系统运行与维护管理体制，保证人力、财力、物力在运维上的投入，确保建成平台系统能够有效运行，发挥系统设计功效，保障设计目标与实际使用一致，支撑系统的稳定运行及后续发展。

1.5 投入产出

缙云仙都创建国家 5A 级旅游景区过程中，信息化建设项目总投资 700 余万元，该项目既有经济意义又有社会意义。

（1）将大大提升仙都景区的旅游信息化及旅游智慧化程度，提升整体旅游服务水平，改善对游客服务的环境，提高仙都景区旅游品牌影响力。

（2）将有利于加强景区决策的准确率，减少人力成本。通过平台统计分析出旅游服务、管理、营销系统建设过程中出现的问题和原因，有针对性地制定措施、展开管理、集中人力、物力施政，避免资源的浪费。

（3）借助基于数据平台的建立，旅游目的地的旅游经营资源在增收创利方面将发挥更加积极、科学的管理效益。与此同时，对旅游数据进行分析得出游客的精准需求也将促使仙都景区作为旅游目的地的旅游公共服务能力和品质的持续提升。

（4）可以很好地提升仙都景区所在的旅游城市形象、提升旅游品位。

（5）该项目有一定的前瞻性、探索性，项目成功建设和运营将建立一套科学合理的建设运营机制和方法，为以后全省乃至全国类似项目建设提供宝贵的经验。

1.6 特色总结

缙云仙都景区信息化建设不仅满足创建国家 5A 级旅游景区信息化部分得高分的需求，更满足景区未来管理、营销、服务的需要，满足景区智慧化运营的需要。其建设模式的创新和建设思路的扩展对后续景区智慧旅游建设有着良好的借鉴意义。

2 科技体验：极限飞球

2.1 景区／产品／服务介绍

"极限飞球项目"是采用国际顶端科技打造的最新、最火爆的游乐项目，是融合了身临其境的球幕成像技术、裸眼特效技术、动感模拟骑乘技术打造的特种高科技虚拟游览项目。游客无须佩戴任何设备，坐在可以带来摇摆、上升、下降、俯冲、失重感的动感座椅上，通过高科技手段，以球幕飞行影院为载体，以景区自然风景、历史文化为主题，以飞翔鸟瞰的视角，穿越古今，感受神州大地美丽风景及辉煌历史文化，极限飞球项目增加了景区的文化科技含量，提高了二次消费收入，改变了景区单一的门票收入模式，将景区旅游由单纯观光转向深度文化体验，引领文化旅游发展的新方向。

目前极限飞球项目已经在湖南第一山——天门山、江西第一山——三清山、河南第一山——云台山、东北旅游第一站——老虎滩、贵州第一喀斯特地貌景区——万峰林、贵州FAST天眼教育基地等36个优质景区落地并运营，成为各个景区的二次消费之冠。

2.2 服务痛点

目前，国内大部分景区仍然以观光游览为主，游客除了爬山观光之外，很难感受景区及当地富有特色的文化，有很多景区文化丰富，但是产品缺少体验性、互动性、娱乐性，大部分游客对于常规的展陈不感兴趣，难以真正吸引游客。

2.3 创新突破

"极限飞球项目"的各项指标国际领先,外观吸睛,投资性价比高;提供多部好莱坞大片级别的3D特效影片,且每年持续更新片源库,可根据不同主题需求定制片源;合作模式灵活,提供成熟可落地的全方位运营支持;具有广泛的适用性和巨大的市场空间,是主题乐园、景区娱乐升级的最佳选择。集合了球幕影院、飞行影院、动感影院、过山车等主流特种影院和游乐设备的优点于一身。覆盖优质景区,通过高科技帮助景区升级游客体验之余,拉动景区的文化消费。

2.4 可推广性

建设周期快,3个月完成建设工程。可推广性强,有成熟的营销体系、完整的售后服务体系,是可实现当年规划、当年策划、当年建设、当年运营、当年盈利的"五当"项目,能为景区的二次消费带来更好的收益。

2.5 投入产出

极限飞球项目的建设符合国家相关政策和规划,响应《国家文化科技创新工程纲要》号召,积极推动我国文化与科技融合,应用数字信息技术提升文化产业创新能力,符合国家发展旅游经济和文化事业的需要,本项目的建设对当地文化事业的发展有积极的推动作用,能够切实较好地满足当地群众对文化的需求,具有良好的社会效益,并对构建和谐社会具有积极的作用。

结合目前对景区减免门票的要求以及景区对提高二次消费的迫切需求,极限飞球项目可使景区需求、游客需求、政府要求、收入需求等多方面需求得到满足。

2.6 特色总结

专门为极限飞球项目定制的"360计划",就是用3年时间,同国内知名的 60 家景区共同投资"鸟瞰中国—飞越景区"项目，通过高科技手段，以球幕飞行影院为载体，以景区自然风景、历史文化为主题，为景区量身定制一部影片，让游客以飞翔鸟瞰的视角感受神州大地美丽风景及辉煌历史文化，增加景区的文化科技含量，提高二次消费收入，改变景区单一的门票收入模式，将景区旅游由观光游览转向深度文化体验，引领文化旅游发展的新方向。

3 智慧服务:"车索一体化"运营模式

3.1 景区/产品/服务介绍

传奇旅游是专门从事景区旅游交通运输服务企业,致力于为成熟景区提供专业的景区旅游交通解决方案和运营管理。

2008年8月,传奇旅游投资承包经营中外合资南岳索道,在全国率先实现了核心景区交通运输"车索一体化"运营模式,为广大游客提供了便捷的景区交通服务,是南岳重要的旅游接待窗口服务单位。目前,该项目保有适合南岳衡山景区道路状况的旅游客运车辆132辆,座位数2886个。

2013年6月,公司通过ISO 9001质量管理体系和OHSAS 18001职业健康安全管理体系双认证。2014年3月20日,传奇旅游正式被交通运输部安委办认定为第六批交通运输企业安全生产标准化一级达标企业;公司服务质量信誉等级连续9年保持为"AAA"级。2017年年底,成为服务标准化试点单位。

2014年3月,中外合资南岳索道运输有限公司先后开始进行安全生产标准化二级企业和客运索道安全服务质量4S等级创建工作,2015年11月,南岳索道荣获客运索道安全服务质量4S等级证书,并被评为安全生产标准化二级企业。

3.2 服务重点

(1)景区电子票务系统解决了纸质票如遗失补票难、假票以假乱真等难题;乘客可以通过微信商城购票,减少了现场排队购票的烦琐。

(2)通过扫描身份证乘车,方便游客出行,同时有利于景区居民及子女出行、上学。

（3）营运和办公场所实时监控系统及车载 GPS/BDS 卫星定位系统实时监管员工服务行为，还原安全事故及服务事件过程，快速找到事故或事件发生原因，便于区分责任。

（4）寻人寻物更加便捷。

（5）车辆维修管理系统解决了车辆维修派工和计件难、配件管理难、仓库管理无序的难题。

3.3 创新突破

完善营运场所实时监控系统。在南岳营运范围内建设了场站和重要路段的实时监控系统，同时在维修中心、办公楼、纪念品商店都建立了实时监控系统，安装高清摄像头共计 50 余个，为科学合理调配运力、提高安全生产及优质服务提供了有力的技术支持。

与南岳衡山景区"平安城市"实时监控系统实行同平台、同场所、同步管理，通过授权，共享并科学运用景区共计 1040 多个摄像头、覆盖全景区的 Wi-Fi、人脸识别系统，与"12345"政务热线紧密联系，同时结合公司内部管理微信群实时信息发布，较好地运用于寻人寻物、投诉处理、求助服务等工作，大大提高了游客满意率。

建立车载 GPS/BDS 卫星定位系统，对 132 辆营运车辆全部安装了符合国家技术标准的车辆动态监控系统，该系统具备语音报站、实时对讲、语音文字转换、语音提醒等功能，大大提高公司的景区交通运营安全和服务水平，同时通过并入全省重点营运车辆道路运输联网联控监管平台，接受全省交通运管部门的监督管控，促进公司交通运输管理与行业监管部门管控手段接轨，多重手段加大管理，从而更符合国家要求。

量身打造景区智慧交通电子票务系统。为打造智慧景区，实现扫码入园的目标，组织专业技术团队攻克景区交通线路复杂、多次乘坐验证、团队操作等难关，成功推行景区交通票电子票务系统，购票的方式成功实现线上及线下两种途径同时开放，乘坐凭证实现了纸质凭证、手机二维码、身份证等多种载体检票乘坐。各种载体均有交通票类型、有效日期、已乘坐站点等购买和使用信息,并可通过公司各场站的手持终端或闸机检票设备查询。交通电子票务系统的成功推行,成为公司继场站实时监控系统、车载 GPS/BDS 卫星定位系统等运用高科技手段进行运营管理后的第三项重要科技运用成果,推进了南岳衡山智慧景区建设,实现了南岳衡山中心景区旅游交通票务电子扫码验票。

成功导入车辆维修管理系统。通过考察 4S 店的维修管理系统,与软件开发公司多次衔接,开发出一套适用公司维修中心管理的软件,实现工时管理、配件管理、仓库管理电子化,大大提高了公司维修中心管理水平。

3.4 可推广性

实时监控系统、车载 GPS/BDS 卫星定位系统、电子票务系统、车辆维修管理系统,可广泛运用于各营运场所、景区道路运输企业、景区电子票务领域、车辆维修企业。

3.5 投入产出

公司在上述 4 个系统建设上投入了近 700 万元,提升了公司运营安全和服务管理水平,提高了游客满意度,得到了行业监管部门和南岳区旅游管理部门的高度评价,成功经验也在全省交通运输部门得到推广。

3.6 特色总结

按照行业监管部门的要求,持续并不遗余力地在智慧服务上投入人力、物力,开发出适用于景区运营管理的高科技产品,进一步提升安全管理和服务管理水平,做到与时俱进,科技兴企。

4 科技讲述中国故事：祖山风景区

4.1 景区／产品／服务介绍

祖山风景区位于秦皇岛市青龙满族自治县东南境内，距秦皇岛市区 25 千米，总面积 118 平方千米，共有天女峰、望海寺、忘忧谷、飞天谷及情人谷五大景区、72 处景点，被评为河北十大名山之一、河北省四星级森林公园、国家 4A 级旅游景区、国家地质公园、国家级风景名胜区、国家稀有植物及濒危野生动物保护区，素有"京东圣地"美誉。景区内具有"奇松、怪石、云海、瀑布、佛光、木兰"六绝奇观，是集观景、观鸟、休闲、度假于一身的康养旅游胜地。目前祖山风景区正以《山海经》为蓝本，以创建国家 5A 级旅游景区为目标，借助环线打通、四谷整合、产品互动、场景体验等，开创山地休闲新玩法，打造具有山海经文化专属 IP 的山岳型康乐旅游目的地。

4.2 服务痛点

祖山风景区内现有游览路线主要为东门—忘忧谷（原画廊谷）—山海禅寺—王母峰—五祖岭—天女峰，游线单一，尚未形成游览环线，且线路多为回头路，游客到达天女峰游览完毕后，只能原路返回至景区东门，易使游客产生审美疲劳，影响游客体验度，游览路线的单一重复为现有游客体验痛点之一。根据景区规划设计及游线布局，通过对若干路段的新修新建以及索道建设，打通游览环线，将景区设计成在空间结构上呈闭合的环线，并串联景区内主要景点，沿线新增设山海经体验产品，通过不同的游览方式组织游线，通过各种类型的游步道设计在景区游线中有效组合，变景区游线为具有吸引力的旅游产品组合，从而凸显祖山风景区的自然风光及文化内涵，解决游客游览过程中体验痛点问题。

4.3 创新突破

祖山风景区是国内目前唯一一家以《山海经》为蓝本，将优势自然资源与山海经文化相融合，并专门编制山海经主题修建详细规划的山岳型景区。未来景区建设也将遵循山海经故事主线，打造呈现山海经主题产品，如乾坤剧场、招摇庭院、景观水系、奇境部落、五色天阶、青鸟台、腾蛇步道等体验产品。通过山海经产品的立体呈现，增强游客互动体验，借助山海经文化专属IP，重塑并激活景区整体内涵，同时借助景区片区整合、游线打通，打造完整山海经产品概念。此外通过将旅游设施（五色天阶玻璃桥、飘空栈道等）转化为爆款产品，景境相融，营造沉浸式休闲环境，开创山地休闲新玩法。借助山海经文化IP并进行落地打造，从而提升景区核心吸引力和竞争力，改善秦皇岛地区旅游格局，形成山海联动，借力秦皇岛客源基数优势，引爆客源市场，迎来山岳型景区转型升级的创新突破。

4.4 可推广性

以《山海经》为蓝本打造祖山风景区，是山岳型景区寻求突破转型与升级改造的一次落地试验。祖山风景区本身具有丰富的自然资源，游览观赏性强，但受制于景区基础设施不健全、产品体验不丰富、接待能力不充足等因素，一直处于默默无闻的状态。面对竞争日益激烈的旅游市场，如何一炮打响、脱颖而出成为关键。经典文化IP的引入与融合成为景区打造成功的一种手段，也是传统山岳型景区摆脱自然资源依赖、丰富人文文化内涵的一种途径。通过山海经文化的植入与山海经主题产品的打造，祖山风景区成功转型升级之后，必然会在同类型景区中成为学习典范，并为其他景区转型提供经验借鉴。

4.5 投入产出

祖山风景区未来 3 年预计总投入 6.5 亿元进行基础设施提升及山海经主题产品打造，主要包括游步道、飞天谷索道、忘忧谷索道、五色天阶玻璃索桥、山地火车、奇境部落、景观水系、青鸟观景台等，以及东门演艺商业区、山海禅寺度假区两个主要集散中心。有节奏地稳步投资的同时，随着景区基础设施逐渐完备，互动体验产品逐渐丰富，景区创收来源也会逐渐多样化，包括索道、玻璃索桥、山地火车、实景演艺及酒店度假等，同时借助秦皇岛为知名旅游城市、来秦游客基数大、市场范围广的优势，进山游客人数将得到极大提升，景区营收将得到质的增长。此外，景区自身品牌知名度的提升，也将带动周边村落与景区共同受益。

需要提醒的是，景区升级改造不是一蹴而就的，是逐渐培育的一个过程，文化内涵逐渐丰富，体验产品逐渐增多，常建而常新。因此需要合理把控投资节奏，适时调整，合理布局。

4.6 特色总结

祖山风景区以《山海经》为蓝本进行升级改造，是一次大胆的落地试验，但随着景区关键资源获取成功、各项重点项目有序落地，相应的主题体验产品也会逐渐面市，优势自然资源与丰厚文化内涵将实现有机结合。未来，祖山风景区将以崭新的面貌推向市场，引燃市场，成功实现转型升级，并改变秦皇岛地区旅游产品单一沿海滨轴线发展的状况，打造山海联动，实现山与海的互补结合、均衡发展。

5 "农旅融合+精准扶贫"模式：九龙小镇

5.1 景区介绍

九龙小镇国际生态农业度假区计划投资 3 亿元（目前已投资 1.7 亿元），它以"农旅融合+精准扶贫"模式建设，打造中国美丽乡村、国家级农业公园。规划建设有农业产业区、生活居住区、文化景观区、休闲聚集区、综合服务区五大功能区，含国家农业公园、乡村旅游文化、养生养老健康、休闲度假旅游、生态旅游观光、婚纱摄影婚庆、户外运动拓展培训、九龙驿站旅游服务八大产业及农业科普教育、学生社会实训、爱国主义教育、影视拍摄体验、环境教育基地五大基地。现已成为南上北下游客理想的栖息之地，发展前景广阔。

九龙小镇国际生态农业度假区是国家 4A 级旅游景区、中国美丽乡村百佳范例、广东省 3A 级农业公园、广东省环境教育基地、清远英德市旅游扶贫示范基地。占地 7000 多亩，地处于九龙镇英西峰林核心段，是一个集农业公园、乡村酒店、特色民宿、花卉观赏、休闲观光、养生度假、科普教育、户外拓展等于一身的大型综合性生态农业度假区。

5.2 资源优势

九龙镇地处英德市西南部，是英德市中心城镇之一，东与西牛镇、南与大洞镇、西与清新区浸潭镇、北与黄花镇（原明迳镇）交界，三条高速经过九龙镇，距汕昆高速九龙出口 2 千米，距广连高速九龙出口 8 千米，距广清高速九龙出口 12 千米，距广州白云机场 98 千米，距英德高铁站 68 千米，距清远高铁站 60 千米，交通便利。九龙镇属亚热带气候，主要特点是冬少严寒，夏少酷暑，气候温和，霜期较短，冰雪罕见，全年平均气温21℃左右，年降水量为1900毫米。地势北高南低，以丘陵沐地为主，属石灰岩地质结构，是典型的喀斯特地貌，土壤以黄泥土为主，少数为牛肝土和黑土。九龙镇地处美丽的英西峰林走廊景区内，山清水秀，风景如画，资源丰富，土地肥沃。石山奇峰林立、溶洞奇特，形成了独特的生态环境，素有"飞借桂林山，漓江换明迳，游廊迎奇景，簪峰镇九龙"的美称。"英西峰林走廊"旅游观光线是目前清远市五条旅游热线之一，吸引了大量的中外游客到此旅游观光，促进了九龙经济的蓬勃发展。

九龙小镇国际生态农业度假区地处于九龙镇英西峰林核心段，内有上千座呈线形排列的石灰岩质山峰、浓郁乡土气息的田园风光，千亩花海烂漫盛开，置身其间，风光绮丽、景致醉人，有回归大自然的神韵。

5.3 服务提升

目前景区已经获得2个国家级品牌、5个省级品牌及多个市级品牌。其中国家级荣誉品牌：中国美丽乡村百佳范例、国家4A级旅游景区。省级荣誉品牌：广东3A级农业公园、广东省环境教育基地、全省旅游工作先进集体、广东省五一劳动奖状获得者、广东最美民宿。市级品牌：英德市中小学生社会实践基地、清远市环境教育基地、清远市重点农业龙头企业、精准扶贫"百企扶百村爱心企业"、"百企扶百村"先进单位、2018清远市十大美丽旅游乡村等。在推广活动上，景区是首个广东省乡村旅游季的主会场，受到中央（"朝闻天下"栏目）、省、市、地方电视台及国内外媒体的关注报道，网络、报纸等多家媒体也有相关的宣传报道，知名度、影响力日益提升。

实施智慧旅游，以智慧服务、营销、管理为一体通过三网融合方式实现面向未来的智慧旅游新形态，目前景区已实现景区窗口、移动电商、微信售票、电商网站、自动售票机等多途径购票，又实现会员营销、移动营销、微信营销、景区智能导览、景区三维实景、分享朋友圈、推荐商圈等多种互动营销方式及完善的员工管理、代理管理、景点管理、财务统计、大数据分析等管理功能。

5.4 创新突破

九龙小镇将先进的规划建设理念植入其中,以"农旅融合+精准扶贫"为特色,进行农村综合改革,激发农村"新三变":资源变资产、资产变股权、农民变从业者,全面推进省级农村示范片建设,做到六个结合:与农村综合改革相结合、与美丽乡村建设相结合、与乡村旅游开发相结合、与新一轮精准扶贫相结合、与农业产业升级转型相结合、与农业生态旅游相结合。

5.5 投入产出

景区战略投入3亿元,现已累计投入1.7亿元。在册员工206人,98%以上为当地户籍人员,50%为返乡青壮年,其中有十几名返乡大学生,年薪不少于40000元,不少家庭因为九龙小镇找到了自己的出路,脱贫致富。因为景区带来的巨大客流量,促使当地农户自发利用自有资源建设农庄、开设民宿、销售特产,通过各种方式变废为宝,满足游客需求,促进增收。带动农户1078户,总种植面积达到3000亩,实现年销售收入2115万元,带动农户每户增加收入4000元,使各农户达到小康生活水平。国内旅游接待量由2014年的15万人次上升到2015年的40万人次再上升到2016年的80万人次,2017年达到120万人次,通过旅游扶贫的"一带一路"激活并带动了整个九龙镇的大发展,到2018年九龙镇接待游客达300万人次,产生直接就业岗位上万个,间接带动就业数万人以上,带动无数行业同步呈高速发展。2017年后,因洞天仙境九龙小镇的高速发展,旅游人数的暴增,餐饮民宿已发展到上百家,酒店数十家,其他行业如雨后春笋,层出不穷,如建筑建材、广告宣传、文化教育、娱乐餐饮、种植养殖、快递物流、能源交通、住宿购物等,众多行业的兴起已让九龙镇6万多居民受益。同时也因此受到中央电视台、省市地方电视台及国内外媒体的关注报道,知名度、影响力剧增。

5.6 特色总结

九龙小镇景区以一、二、三产业融合发展理念为导向，以优势特色农业产业化规模经营为切入点，以农业及旅游基础设施加强为基础，以发展生态农业旅游产业为支撑，以推进农业产业的转型升级为载体，积极推动基地的优势特色农业产业与旅游产业的融合发展，建立集特色品牌农业产业、景观式的农耕文化、体验式农业、生态农业旅游产业以及社会化科普服务体系于一身的国家级旅游品牌。

6 文旅融合：梁山水浒文化体验馆

6.1 景区介绍

梁山水浒文化体验馆是融食、住、游、购、娱为一体的国家 3A 级旅游景区。景区以展示鲁西南传统文化、非遗文化、水浒文化和运河文化为主线，依照水浒原著描述进行场景复原，分为历代酒器陈列区、中国酒文化展示区、鲁西民俗体验区、水浒忠义文化展示区、运河文化展示区、梁山非遗陈列区、水浒酒文化体验区、北宋酒作坊、水浒特产品展示中心九大功能区，再现了北宋时期的特色风土人情、水浒英雄的豪迈情怀及源远流长的中华传统文化。

体验馆的研学游项目根据学生年龄层次、兴趣爱好和学识水平的不同，依托自身景区、餐饮、住宿等旅游资源特色，采取"参观游览+课堂教学+互动体验+拓展训练"的方式，量身定制 2~3 天的课程设计，让中小学生置身体验馆，学习水浒武文化、酒文化、民俗文化和忠义精神，体验中华优秀传统文化。2018 年共接待各地游客 18.43 万人次，其中研学游团队 480 个、5.32 万余人次。

6.2 资源优势

文化是民族的血脉，是人民的精神家园。当今时代，文化越来越成为民族凝聚力和创造力的重要源泉，越来越成为综合国力竞争的重要因素，越来越成为经济社会发展的重要支撑，丰富精神文化生活越来越成为广大人民群众的热切愿望。

水泊梁山是水浒文化的核心发祥地，梁山自然的景物和历史的发展，造就了梁山泊、水浒历史、水浒故事和水浒文化。水浒文化对梁山的影响深刻而久远，至今水浒遗风在梁山多有表现。如：

（1）忠勇侠义的人格遗风：梁山是天下第一忠义名山。

（2）尚武遗风：梁山是中华武术著名门派之一。

（3）酒文化遗风：大碗喝酒、大块吃肉的水浒豪情天下闻名。

梁山民俗和非遗文化璀璨夺目，独具特色。例如，斗鸡、斗羊、斗狗、猫狗大战、狗追兔子等斗兽表演，唢呐、高跷、舞龙、舞狮、秧歌等富有参与性的民间艺术为梁山绝活。据不完全统计，已纳入国家、省、市、县四级非物质文化遗产名录的项目已达60多项。

梁山又是运河之乡，千百年来运河文化根深蒂固、源远流长。

所有这些资源优势和社会需求，促成了规划建设水浒文化体验馆的创意。

6.3 服务提升

6.3.1 观念和理念的升级

改变了单一的经营思维，由过去的单纯针对某一侧面的产业开发，升级改变为特色文化产业开发+非遗与民俗文化传承保护+主题文化景区建设+文化创意设计+民间工艺品与衍生品研发五位一体的综合开发和跨行业经营。

6.3.2 内容和形式的升级

除了常规性的展示内容和形式外，又增加了研究阐发、实景演艺、修学研学、开发利用、保护传承、创新发展、普及交流、忠义与诚信文化教育传播、民族文化创意设计及衍生品开发等多项功能，使其内容更加丰富，形式更加多样。

6.3.3 方法和手段的升级

在方法和手段上主要是体现了参与性、互动性和体验性。

6.4 创新突破

6.4.1 创新性

该项目在全国独树一帜，是国内唯一一家以水浒文化、运河文化、非遗文化和鲁西南民俗文化四种传统文化为展示内容的体验馆，对于集中展示水浒忠义文化、酒文化、武文化、水浒遗风、地域非遗资源、梁山好汉英雄豪情、鲁西南乡风民俗，以及推动民族工艺品创意设计和衍生品开发等都具有重要作用。

6.4.2 科学性

该项目是全省第一家实现特色文化产业开发＋非遗与民俗文化传承保护＋主题文化景区建设＋文化创意设计＋民间工艺品与衍生品研发五位一体的大型文化项目，立意新颖，构思科学，功能互补齐全。

6.4.3 实践性

该项目以水浒文化和非遗与传统民俗文化为主线，具备展示体验、实景演艺、修学研学等多项功能和广泛的实践性。

6.4.4 示范性

梁山称得上是天下第一忠义名山。忠义精神与当今党和国家所倡导的社会正能量是相融相通的。水浒文化体验馆正是本着"聚水浒文化、展好汉豪情、抒家国情怀、扬民族气节"的理念来规划的。

6.5 投入产出

6.5.1 经济收益分析

（1）预期目标

项目的预期目标是建成国内最大的水浒文化综合性体验馆和修学研学基地。

（2）营业收入

项目顾客总量按50万人/年计算，人均消费按196元/人计算，则每年可得9800万元的收入。

（3）税金及附加估算

项目年税金及附加为672.5万元。

（4）利润总额及分配

项目正常利润总额2860万元，所得税按利润总额的25%计取，共

715万元，净利润2145万元。公积金按税后利润的10%计取。

总投资收益率：15.76%，资本金净利润率：11.82%。

6.5.2 社会效益

水浒文化体验馆的主导产品一是水浒酒文化、武文化、忠义文化、非遗文化和民俗文化等特色文化展示、体验，二是水浒文化演艺剧目创作展演，三是文化创意策划和民俗民族工艺品创意设计及衍生品开发、生产和交易。已建成并开业的项目为广大文化消费者和游客提供了很好的文化休闲、娱乐消费的阵地与平台，游客在这里能听水浒英雄故事、观梁山好汉功夫、赏梁山乡风民俗、尝江湖老味大餐、品水浒故里美酒，领略北宋市井风情，体验博大精深的水浒酒文化、武文化和忠义文化，享受独到的水浒英雄豪情。它填补了国内水浒酒文化、武文化、忠义文化和民俗文化旅游建设项目的众多空白，具有如下文化特色和社会效益：

（1）多种非遗和民俗文化项目荟萃。

（2）突出了水浒忠义文化元素。

忠义精神是中华民族优秀传统文化，它能聚焦时代主题，弘扬时代主旋律。现实中存在人心浮躁、信仰危机和道德滑坡等负面现象，因此当今社会需要和呼唤忠义精神。弘扬忠义文化，会极大地激发人民群众的爱国主义和英雄主义情怀，树立诚信风尚，净化社会风气，增强做中国人的骨气和底气，并以高度文化自觉、文化自信凝聚社会共识，为建设祖国、报效祖国提供价值引导力、文化凝聚力和精神推动力。走进水浒文化体验馆，带给观众的是一种"聚水浒文化、展好汉豪情、抒家国情怀、扬民族气节"的气场。

（3）融观赏性、知识性、娱乐性、实用性为一体。

（4）突出游客参与和亲身体验。

在这里游客可以将人民币兑换成铜钱银两，到朱贵、顾大嫂的酒柜打几两酒、切几斤大块牛肉，模仿梁山好汉的饮酒习俗和酒令方式，切身体验"大碗喝酒、大块吃肉"的水浒豪情；可以挥毫泼墨效仿宋江题词赋诗；可以穿上水浒人物服饰与演职员做互动表演。

（5）品全国首创"水浒宴"美食。

（6）传统文化教育功能。

水浒文化体验馆有国内唯一一家以水浒文化、运河文化、非遗文化和鲁西南民俗文化等传统文化为展示内容的民俗博物馆和非遗博物馆，肩负着鲁西南传统文化、非遗文化、水浒文化和运河文化研究阐发、保护传承、传播交流和转化创新等多项功能，已被列为山东省首批乡村记忆工程文化遗产和山东省社会科学教育基地。以该馆为依托，举办了多项相关传统文化学术交流、传承保护论坛等。该馆展示内容非常适合对广大人民群众，特别是对青少年进行爱国主义、英雄主义和中华民族优秀传统文化教育。开馆以来，除坚持基本民俗展览外，还举办了传统文化教育、忠义与诚信文化教育、乡村记忆陈列、水浒文化体验、民间工艺展示等多次专题展览，坚持常年实行免费向社会开放，发挥了重要的传统文化教育作用。

6.6 特色总结

该项目以水浒文化、非遗与传统民俗文化为主线，融观赏性、知识性、娱乐性、体验性和实用性为一体，是具备展示体验、研究阐发、实景演艺、修学研学、开发利用、保护传承、创新发展、普及交流，忠义与诚信文化教育传播、特色文化品牌开发等多项功能的文化旅游综合体。

7 沉浸式双 IP：知音号

7.1 景区介绍

"知音号"是长江首部漂移式多维体验剧，是湖北省在"十三五"期间实施全域旅游发展战略的重点创新文旅项目及武汉市长江主轴文化亮点项目。由武汉旅游发展投资集团有限公司联合著名导演、跨界艺术家樊跃共同打造。以知音文化为灵魂，以大汉口长江文化为背景的实景大剧，故事取材于 20 世纪 20~30 年代的大武汉。导演团队在武汉市两江四岸核心区打造了一艘具有 20 世纪风格的蒸汽轮船和一座大汉口码头为漂移的剧场，并采取国际顶尖的艺术表达方式和独创的观演模式，活现大武汉当年文化。同时，该项目首创"一剧多版"和"知音式服务"，打造全国独有的文化和服务双 IP 模式，最终将成为武汉城市文化旅游新名片和中国文旅产业新地标。

7.2 资源优势

2014 年，武汉市政府印发《武汉市两江四岸景观与旅游功能提升工程工作方案的通知》，两江四岸核心区域包括黄鹤楼等旅游景点逾 37 处，历史街区 14 条。在全市旅游景点中的占比近 40%。同时区内还有"江汉朝宗""龟蛇锁江"等滨水自然景观。两江四岸通过文化活动的置入、文化空间的建设，以江水为长桌，成为世界级的文化社交新空间。

武汉作为新兴的旅游目的地城市，近几年来游客数量逐年增加，特别是具备一定消费能力的高品质商务客人占比较高。在此之前一直没有一个能展示武汉城市形象、阐释武汉文化特色、深刻体现长江文化的产品。"知音号"作为长江上第一部漂移式多维体验剧，填补了武汉无大型本土文化演艺的空白,解决了两江四岸自然景观类产品单一的问题,并以其独一无二的演艺形式,成为影响国际和国内的文化演艺标杆,对提升武汉城市国际旅游文化形象、推动武汉全域旅游发展、提升武汉旅游产业迈上新台阶具有极为重要的意义。

7.3 服务提升

"知音号"成为游客来汉游必去黄鹤楼后又一"城市现象级"文旅产品,开启了武汉夜游市场,有效地拉动了城市经济和社会效应。

7.3.1 四大创新策略

(1)模式创新:全球唯一情景式漂移剧场。

(2)文化创新:用全新方式讲述武汉故事。

(3)营销创新:立足本土,国际立体化宣传。

(4)营运创新:独创"文化+服务"双IP模式。

7.3.2 推广宣传

"知音号"建立了覆盖旅行社、OTA等渠道的营销矩阵,包括参加重要文化、旅游行业展会、各类线下推广活动、OTA平台合作、衍生产业推广等。积极进行异业合作,极大地推动了"知音号"及其衍生产品的销售及品牌推广工作。同时积极开拓国内及海外市场,下阶段将针对粤港澳及东南亚市场进行定向品牌输出,提升海外游客比例,精准开拓境外市场。

顺应新时代传播特点,善用创新形式,打造自有媒体矩阵,低成本立体化传播,持续挖掘"知音号"文化IP,带动良性舆论氛围,助力"知音号"品牌再提升。公演至今,"知音号"累积发布报道千余篇次,网络转载数十万次。借助各类重量级的城市活动、名人传播、节目录制,策划话题多次发酵和扩散,推动"知音号"在全国乃至国际平台上高频次曝光。

7.3.3 数字化应用

开发知音礼遇平台,倡导"服务+"模式,开发知音礼遇智慧系统,联合酒店及餐饮平台,实现一键预订,无忧出行。

7.4 创新突破

以"知音号"品牌 IP 为基础,创新打造多元化的产业平台,为后续经营发展奠定基础。根据发展规划提出了文化和服务双 IP 结合的战略构想,借助"知音号"品牌人气不断攀升的契机,充分利用现有的场地和时间,采取"由简到难、由近及远、由小到大"的产业开发思路,以门票销售、场地租赁为铺垫,"知音礼遇"全域旅游平台联合为切入点,创新推出知音婚典、新民众乐园、和利汽水、服装产业、衍生品开发、儿童戏剧教育等衍生产业规划项目。

7.5 投入产出

"知音号"总投资约 4 亿元,已成为中国文化演艺标杆和武汉城市文化旅游新名片,上座率、满意率接近 100%,并多次登上央视《新闻联播》,斩获携程 2017 年旅游口碑榜最受网友好评旅游景区奖项、今日头条网友评选的武汉五大城市文化地标项目、武汉市十大演艺场所、2018 中国都市类主流媒体旅游联盟总评榜评选的"最具创新旅游品牌"、2017 腾讯大楚网媒体峰会评选的"年度创新传播大奖"等殊荣。

此外,"知音号"以其独有的演出模式及对知音文化的深刻阐释与理解迎来了众多社会名流慕名观演,其中包括联合国副秘书长、联合国人居署执行主任华安克洛斯、阿里巴巴董事局主席马云、网球世界冠军李娜、著名诗人舒婷、作家池莉等;同时,上合组织旅游部长会武汉之夜、2018 跳水世界杯赛欢迎慈善晚宴、2018 武汉国际旅游开幕式等各类重量级盛会频繁落户"知音号",并广受各界好评。其中印度旅游部部长阿方斯·卡南塔纳姆盛赞"That's Amazing(真是太棒了)";当代女诗人舒婷赠语"知音号"是"长江上的惊艳";国家一级编剧张和平说"可以把'知音号'拍成电影"。两档央视专题片《直播中国》和《长江之歌》、米奇 90 周年走遍全国纪录片、献礼改革开放 40 周年电视剧《你和我的倾城时光》、湖南卫视中国首档城市魅力创拍节目《快乐哆唻咪》不约而同选择"知音号"参与专题拍摄,不仅提升了"知音号"品牌的知名度及美誉度,同时对外宣传了武汉的城市形象。

7.6 特色总结

2018年是"知音号"成功公演一周年,在经营管理、品牌建设、产业模型构造、二次产业开发等方面,形成了有益的探索和尝试,并取得了阶段性的成绩,为"知音号"今后打破传统演艺产品单一产业链、整合各方资源,朝IP化、平台化、多元化、资本化迈进奠定了坚实基础。

8 超级 IP 服务：呀诺达雨林文化旅游区

8.1 景区介绍

呀诺达雨林文化旅游区位于国家级贫困县——保亭县三道镇，整体规划面积45平方千米，计划投资100亿元人民币，打造大型国际化热带雨林观光体验、养生度假景区。景区于2008年2月对外开放，目前已建成雨林谷、梦幻谷、三道谷三大景区，开发的配套文化体验项目有踏瀑戏水、高空滑索等，先后获得"国家5A级旅游景区""全国生态文化示范基地""国家文化产业示范基地"等众多荣誉。

景区坚持秉承"大生态、大文化、大教育、大旅游"的发展理念，实行标准化与军事化管理相融合的管理模式，建立健全了党支部、团委、工会等职能部门，打造了"圆融文化、快乐管理"的企业文化，通过创新"呀诺达"V字礼、精灵舞、金钥匙贵宾服务等方式，形成了景区独特的服务管理文化，成为各地旅游景区争相学习的服务标杆。2013年《呀诺达管理模式》由经济出版社出版，成为旅游高校研究生教材。

十多年来，在习近平总书记"绿水青山就是金山银山""小康不小康，关键看老乡"重要思想的指引下，景区围绕"生态是基础、老乡是关键、旅游为抓手"，把生态、老乡、企业组成命运共同体，探索出一条生态旅游富民奔小康的和谐发展之路。通过吸纳周边村民就业，积极捐助困难人群，整修、绿化、亮化村道，产业分红等方式，不仅赢得了周边村民的信任和支持，也改变了景区外部的旅游环境，提升了景区的品牌形象，促进了景区的快速发展，2017年游客入园量达到230万人次，上缴税收6000多万元，成为保亭县纳税大户。

8.2 背景条件

伴随着经济快速发展,外出旅游的国人越来越多,国内各景区服务质量的优劣,正日渐成为全国人民普遍关注的旅游话题。当前,我国旅游行业的发展正迈向优质旅游发展的新时代,在旅游消费者对自我权益的维护、被人尊重的需要越来越加强的情况下,体现良好、规范、人性化服务的"高品服务"越来越被人们所重视。如何保障并提升景区的服务质量,形成景区与游客良性互动,进而促进旅游景区的健康发展,已经成为旅游景区面临的实际问题之一。

8.3 创新突破

呀诺达文化旅游区开业至今,游客接待量快速增长,连续多年稳定超过200万人次,营业额超过3亿元,已经成为来岛游客必游景点之一。能取得如此佳绩离不开景区一直坚持"让游客乘兴而来感动而归"的"感动服务"目标。

景区通过创新"呀诺达"V字礼、融合军事化管理等方式,形成了景区独特的服务管理文化,提升了景区的核心竞争力,成为各地旅游景区争相学习的服务标杆。创新是发展的动力,在智慧旅游服务方面景区也走在了行业前列,实现了景区Wi-Fi全覆盖。对标国际化,把国际元素和本土文化相融合,发挥呀诺达品牌优势,打造新型核心吸引物,成功引入金钥匙服务体系,不仅优化了景区服务,也满足了游客对旅游服务的个性需求,更是把呀诺达品牌引向了国际服务品牌发展之路。

8.4 具体实践

"呀诺达……"当游客走进景区,迎面而来的是一张张灿烂的笑脸,一个个热情的"V"字礼,瞬间拉近了景区与游客之间的距离。走进景区,游客可以通过覆盖全景区的Wi-Fi享受网上冲浪的乐趣,自助购取票机和新一代智慧化门禁系统让每位游客告别排队买票、久候上车的苦恼;在进入雨林之前，每位游客都能免费享受景区提供的多功能语音导览服务；在全自动导览过程中，游客可根据提示和景区最新更换的定向导航标识系统、植物"身份证"二维码等信息轻松完成自助游览，通过雨林 VR 让游客体验身临其境的奇幻场景。

作为全球唯一的品牌服务组织国际金钥匙景区联盟的创始联合发起单位，景区在国家 5A 级旅游景区标准化服务基础上，秉持金钥匙"用心极致，满意加惊喜"的服务理念，2016 年成功推出个性化"呀诺达金钥匙贵宾服务"，这不仅优化了景区服务，也满足了游客对旅游服务的个性需求，连年斩获了"地区发展贡献奖""6S 管理创新奖""中国服务示范企业"荣誉，更是标志着"呀诺达"已经进入了国际旅游服务品牌形象提升阶段。

8.5 经验分享

"呀诺达"服务品牌是呀诺达团队坚持"大生态、大文化、大教育、大旅游"四大发展理念的长期积累，是日复一日、年复一年的军事化训练、晨跑、晨会、旬例会等服务管理培训的结果，也是从老年关爱卡、无障碍通道、爱心座椅，到引领游客宣读景区特有的"善行旅游三字经"，再到每名导游员配有一个民族特色小背篓，随时捡起视线范围内的旅游垃圾，从而实现游览过程中垃圾零丢弃，用一个个细节诠释、展现呀诺达"四个起来"（路要走起来、礼要敬起来、脸要笑起来、垃圾捡起来）文明礼仪的结果，同时景区积极开展"服务礼仪考核""服务之星""技能大赛"等，把岗位所需的业务技能、服务态度、工作要求全部列入竞争评比内容中，有效地激发了员工的工作热情，让来自不同地域的游客感受到景区优质、温馨、高效的服务。如今呀诺达以特色礼仪锻造的高品质服务不仅广受游客、行业及政府的赞誉，也促进了景区的快速发展，成为保亭南部发展的引擎。同时，景区所在地三道镇也发生了翻天覆地的变化，从默默无闻、人均收入较低的乡镇，跨入了保亭县经济强镇，2015 年获全国文明村镇称号，2016 年被列为第三批国家新型城镇化综合试点。

8.6 特色总结

"不忘初心,砥砺前行,匠心铸就,超级 IP",这不仅是呀诺达员工每天喊出的口号,也是他们在国家 5A 级旅游景区标准化服务的基础上,秉持金钥匙"用心极致,满意加惊喜"的服务理念,确保实现"让游客乘兴而来,感动而归"的服务目标。进入新时代,呀诺达也将不断提升景区服务品牌的国际影响力,让游客充分享受到旅游带来的乐趣,打造旅游景区服务超级 IP,继续为中国旅游服务添彩,为海南建设自由贸易试验区和中国特色自由贸易港助力。

9 "旅游+扶贫"造血模式：七彩丹霞

9.1 景区介绍

张掖七彩丹霞旅游景区东距张掖市区 40 千米，北距临泽县城 20 千米，位于祁连之阴、梨园之阳、山环水绕、钟灵毓秀，聚天地山川之灵于一隅，以地貌色彩艳丽、层理交错、气势磅礴、场面壮观而称奇，其色彩之缤纷、观赏性之强冠绝全国，有"中国最美的七大丹霞""世界十大神奇地理奇观""全球最刻骨铭心的二十二处风景"之一等美誉，现为国家 4A 级旅游景区、国家地质公园。

作为丹霞地貌和彩色丘陵高度复合的张掖七彩丹霞景区，面积 50 平方千米，游客活动面积 10 平方千米，有七彩云海、七彩仙缘、七彩锦绣、七彩虹霞、七彩屏五处观景台。景区内薄层状泥岩、砂质泥岩及页岩互层，紫红色、灰绿色、黄绿色、灰黑色等杂色疏密相生，组合有序，极富有韵律感和层次感，既有北国落霞与幻色缤纷、飞鸟与雪峰共鸣之雄奇巍峨，又有南国虹霞烟雨初云间、七彩罗裙蔓千峦之俊秀妩媚。

9.2 资源优势

张掖七彩丹霞旅游景区发源于侏罗纪、白垩纪，是漫长的地质历史产物，是对地质运动变迁最权威的记述。同时，七彩丹霞作为丹霞地貌的另一个类型在地质学中被命名为"彩色丘陵"，以分部面积大、色彩丰度多、拟物造型奇成为同类地貌景观和丝路旅游环线景区中的佼佼者。经过多年营销宣传，京津冀、长三角、珠三角、东南沿海城市以及欧美各国、新加坡、日本、韩国成为景区主要国内、国际客源地，景区年接待游客 230 万人次，其中国内游客 220 万人次，国际游客 10.35 万人次。

9.3 服务提升

自张掖七彩丹霞景区开发建设以来，始终坚持以国家 5A 级旅游景区创建、国际知名景区建设为发展愿景，立足"大旅游""大经济"发展格局，坚持"食、住、行、游、购、娱、研、学、养"多业态聚集、多要素融合发展理念，充分发挥"旅游+"的拉动力、融合力及集成作用，通过挖掘景区核心竞争力、丰富旅游文化内涵、打造特色旅游项目等方式，推动景区服务品质持续提升与完善，景区美誉度和知名度进一步攀升，形成了以基础设施建设为先导、资源禀赋为吸引、优质服务为基础、特色体验项目为提升的品牌打造核心竞争优势，"七彩丹霞"品牌效应日渐显现。

在推广活动方面，近年来，张掖七彩丹霞景区通过组织参与中央电视台《城市一对一》栏目（张掖七彩丹霞 VS 卡帕多西亚）、"畅行中国走进金张掖"大型采访等节目的拍摄制作，举办日本旅游专场推介会，法国巴黎"魅力中国，闪耀世界——世界邮票上的中国文化"张掖七彩丹霞世界邮票发行仪式，举办第 23 届世界旅游小姐年度皇后张掖七彩丹霞景区直选赛、2018"七彩丹霞"杯丝绸之路国际文化体育健身嘉年华暨健美黄金联赛张掖赛区精英赛、张掖七彩丹霞首届国际（旅游）摄影大赛等国际知名赛事，搭建景区文化交流平台，吸收各类文化精髓，凝练创造，形成了以影视创作文化、地质观光文化、科普游学文化、旅游赛事文化、民俗风情文化、摄影采风文化为主题元素的景区文化内涵。

在数字化应用方面，着力于硬件建设和软件服务提升，现阶段景区已实现 Wi-Fi 信号无盲点覆盖，建设有完整的数据中心，并配备了一个完整的信息化团队。同时建立了功能齐全的信息网站和便利实用的电子商务平台及网络营销系统、主要景观 360°全景展示工程、智能导游系统、智能售检票系统、智能停车导引系统、智能监控系统、数字化救援系统等信息化管理体系。为打造便捷化、智能化、虚拟化的一站式服务，与陕旅集团等共同出资 2000 万元，成立张掖丹霞智慧旅游公司，让游客从扫码购票到入园在线快捷完成，景区常规游览中烦琐的程序朝着便捷化、智能化、虚拟化的方向发展。

9.4 创新突破

张掖七彩丹霞景区面积广袤，造型独特，色彩艳丽，适宜四季游览，但是在景区开发过程中"地质遗迹保护与游客好奇心满足、游览体验度提升"的矛盾日益凸显。为满足游客好奇心，提升游览体验度，彰显人性化服务，七彩丹霞景区相继开发了直升机鸟瞰丹霞、热气球系留飞行、动力伞自由翱翔、乘驼观光、VR虚拟游览、尊享探秘游等特色体验项目和"邂逅落雪丹霞"冬季旅游项目，满足不同层次游客需求，增强游客游览体验度和满意度，让低空游览、"邂逅落雪丹霞"等特色旅游成为游客赞不绝口的体验项目。

9.5 投入产出

张掖七彩丹霞旅游景区开发建设项目计划投资20亿元，其中丹霞小镇项目建设分三期进行，计划投入资金10亿元，东片区扩容改造项目计划投资5亿元，景区基础设施升级改造项目计划投资5亿元。

截至目前，七彩丹霞景区累计投资6亿元，先后建设了涵盖售票厅、检票大厅、餐厅、旅游商品展示厅、游客休息区、VIP服务区、候车区、卫生间、银行、邮局、母婴室、超市等景区服务功能的游客服务中心1座、21万平方米丹霞广场、同时满足1500辆车停放的生态停车场、5处观景平台、11座3A级旅游卫生间、3处商业购物街区、1个线上OTA分销平台、1所智能化景区运营管理中心。

在强化基础设施建设的同时，七彩丹霞景区从带动就业和帮带扶两个方面不断创新扶贫运作模式，建立起景区、行政村、村民"三级帮联"机制，实施"精准扶贫"战略，推动"农村变景区，农民变导游，民居变旅社"的乡村旅游振兴"三变工程"，吸纳地方闲散劳动力参与景区日常运营，直接和间接拉动就业600余人。创新"旅游+扶贫"造血模式，发挥旅游廊道和大景区辐射带动作用，出台次日入园等惠民政策，增设北入口广场景观性经营场所，实施采摘、休憩、土特产品开发等乡村旅游"后备厢"工程，景区周边的南台村人均年收入突破4万元，从全市贫困村变为富裕村。在景区的辐射带动下，张掖旅游市场呈现出"龙头带动、多点开花、网状辐射、全域发展"的生动局面，逐步形成了"食、住、行、游、购、娱"等要素齐全的产业体系，全市产业结构实现了"一产扩容、二产增效、三产增收"的良性循环。2017年张掖市游客接待量比2010年增长了8倍，旅游综合收入增长了7倍，旅游直接就业人数达到4.2万人，旅游产业实现了由边缘产业向优势产业的转变，由传统旅游向旅游目的地的转变，由投资推动、资本扩张，向消费拉动、质量提升的转变，成为稳增长、扩内需、促改革、惠民生的关键驱动力。

9.6　特色总结

目前，张掖七彩丹霞旅游景区已成为丝路旅程中的璀璨明珠，景区将以创建国家5A级旅游景区和国际知名景区为开发建设目标，以饱满的热情、积极的态度、优质的旅游环境、一流的景区管理、贴心的游客服务笑迎八方来客。

10 西南的世界文化遗产：海龙屯

10.1 景区介绍

海龙屯历史文化旅游度假区位于贵州省遵义市老城西北约 28 千米的龙岩山巅，又称海龙囤、龙岩囤、龙岩屯，是一处宋明时期的"土司"城堡遗址。

屯上最高海拔 1354 米，屯下海拔 974 米，相对高差 300~400 米。屯顶平阔，面积约 1.59 平方千米。屯上建有九关，屯前六关：铜柱关、铁柱关、飞虎关、飞龙关、朝天关、飞凤关，屯后三关：万安关、二道关、头道关。

海龙屯于 1982 年公布为省级文物保护单位，2001 年晋升为全国重点文物保护单位，2015 年 7 月 4 日在第 39 届世界遗产大会上被列入世界遗产名录，是全球十大考古新发现之一。

10.2 资源优势

海龙屯历史文化旅游度假区是全亚洲保存最完好的军事古城堡，景区原貌保护，可看、可触摸的历史长达 1000 余年。是中国 55 项世界遗产中除了长城外唯一的军事遗址。是平播之役古战场。景区资源有不可复制的唯一性。

周边竞争性产品基本没有。遵义是以红色文化、长征文化为主的国家旅游城市，基本是以红色文化和自然风光类景区为主。历史遗存类的景区可比拟的基本没有。

客源市场分析：海龙屯 2015 年正式成为世界文化遗产，是中国比较年轻的世界遗产。主要客源来自于遵义市、贵阳市、重庆市和成都市等周边旅游客源市场。

10.3 服务提升

10.3.1 海龙屯景区的品牌定位

海龙屯历史文化旅游度假区的品牌定位于世界遗产、失落的土司王国，以军事文化和屯堡文化为品牌。细分为中国古建筑学、建筑风水学、土司文化、明朝历史学等细分品牌。

10.3.2 推广活动

推广活动有中央电视台拍摄的专题纪录片《铁血兴亡录》《土司遗城——海龙屯》，举办中国甲胄文化旅游节、海龙屯——娄山关国际山地户外挑战赛、海龙屯映山红节等。传播途径除了传统媒体（电视、广播、报纸）外还有网络媒体（新浪、腾讯、新华社等）以及自建官方网站、自媒体微信公众号、新浪官方微博等。

10.3.3 数字化应用

海龙屯景区实现网络售票、兑票、换票。停车场电子系统可监控、可统计，利用自身建立的大数据系统对游客的来源做分析。景区建立有土司特展馆，利用声光电、VR、360°全息投影灯手段实现历史重现。全景区有四处多媒体室、展示厅，把上千年的历史活灵活现展示在游客面前。全景区 Wi-Fi 覆盖、监控、广播系统齐备。

10.4 创新突破

海龙屯景区 2011 年成为全国重点文化保护单位。品牌获得 2016 年"亚洲最受欢迎景区红珊瑚奖"，获得"全球十大考古新发现"。2017 年 7 月 1 日地方政府颁布《海龙屯保护条例》。2018 年 10 月 1 日成功举办中国第一届甲胄文化节，举办国际认可的全甲格斗赛，有俄罗斯、澳大利亚等国际参赛队伍参赛。海龙屯还连续 10 年成功举办海龙屯娄山关国际山地户外挑战赛等国际赛事。

2017 年，海龙屯景区完善旅游配套设施，以明朝市井风格新建有播州土司城和获得欧洲 ASCI 认证的中国第一个纯欧洲标准的传奇星空营地，营地占地面积 22 万平方米，拥有野营帐篷 70 顶。海龙屯以一个全新的理念，拥有世界文化遗产海龙屯核心景区、拥有以明朝军屯文化为主题的播州土司城、拥有纯欧标的传奇星空营地，是满足新时代旅游食、住、行、游、购、娱多方面需求的旅游目的地。

10.5 投入产出

10.5.1 战略投入

海龙屯景区由传奇文化发展集团有限公司和汇川区政府联合打造。从2015年起累计投入资金达到20亿元，规划占地面积达到14平方千米。目标是做中国最有吸引力的文化旅游项目。

10.5.2 社会经济效益

海龙屯景区带动本地经济的发展，直接或者间接解决当地超过500人的就业，其中大部分是当地贫困老百姓，实现精准扶贫超过200人。

10.5.3 经验分享

海龙屯景区作为贵州唯一的世界文化遗产，实现了传奇文化集团致力于为成熟景区提供整体解决方案、为著名景区缔造传奇、传承历史、极致自然的理念。

传奇文化集团以游客体验为第一需求，为游客提供高品质的娱乐体验。传奇文化集团以勤勉、创新、卓越为核心价值观。传奇文化集团将成为中国领先的景区增值服务提供商。

10.6 特色总结

海龙屯景区是贵州唯一的世界文化遗产，填补了贵州的文化空白，成为目前最有贵州历史代表性的历史遗迹。具有文化类景区的独特代表性，文化的传承和遗址的保存非常完好，是实现文化旅游的极致代表。景区开放至今3年时间已经吸引了超过100万人次的国内外游客，可预知在未来几年，海龙屯景区还会实现井喷式发展。随着各项配套设施越来越完善，海龙屯会在未来一段时间有更长足的发展，深藏在贵州深山中上千年的历史将由海龙屯慢慢讲述给全世界的游客。

11 西北的旅游胜地：沙坡头旅游景区

11.1 景区介绍

港中旅（宁夏）沙坡头旅游景区位于宁夏中卫市区以西16千米，地处中国第四大沙漠——腾格里沙漠东南边缘，这里融高山、黄河、绿洲、沙漠、湿地、湖泊为一体，既具江南景色之秀美，又兼西北风光之雄奇。有中国最大的天然滑沙场，有横跨黄河的"天下黄河第一索"，有黄河文化代表古老水车，有黄河上最古老的运输工具羊皮筏子，有沙漠中难得一见的海市蜃楼。可以骑骆驼穿越腾格里沙漠，可以乘坐越野车沙海冲浪，咫尺之间可以领略大漠孤烟、长河落日的奇观，被旅游界专家称为世界垄断性旅游资源。沙坡头因治沙成果闻名世界，被联合国授予"全球环保500佳"单位的荣誉称号，先后荣获"首批国家5A级旅游景区""首批全国旅游标准化示范单位""全国首批生态旅游示范区""中国最美丽的五大沙漠之一""中国十大最好玩的地方之一"等诸多殊荣。

11.2 资源优势

沙坡头景区地处腾格里沙漠东南边缘，与中国第二条长河黄河在这里碰撞交织，绘制出了一幅沙漠、黄河、高山、绿洲和谐共处的绝美画面。它是首批国家5A级旅游景区，同时也是宁夏旅游行业的龙头。因地处腾格里沙漠边缘处，周边同质化沙漠景区竞争激烈，小景区分流周边客源严重；景区游客客源地主要以宁陕甘为主，四川、重庆、山西、河南、北京、浙江、河北、山东、湖南、湖北以及华东诸省区市为辅。

11.3 服务提升

通过制作动画片打造沙坡头景区IP，一是沙坡头景区通过节庆的不同意义打造形式各异的弘扬中国传统文化的节庆主题活动，以现场氛围营造、游客惠民促销政策及现场趣味项目互动体验等内容，带动了游客游览热情，同时还提高了游客的幸福指数。

二是专项惠民政策的延续，2019年除了继续推行旅游专列、包机、商务团、专线商等市场渠道推广的专项政策外，景区营销中心还根据市场变化适时调整渠道政策，景区团队占比已达到近38%，团队二次消费占比达到70%以上，保障了可控的市场客源份额。

三是深化"以点带面"的激励政策。深度挖掘成熟市场，不断开拓新兴市场。通过参加文旅厅主办的"有个景区叫宁夏"全域旅游主题宣传推介活动，并联合华东西美国际旅行社在华东五省和山东共计开展了150场产品宣传培训会。进一步加强与区、内外渠道的合作，通过景区对旅游专列、旅游包机、自驾车团队等奖励机制"以点带面"促进旅行社组团赴沙坡头旅游的积极性，开拓市场渠道，深度挖掘市场客源。

11.4 创新突破

11.4.1 跨界合作"多元化"

通过重大节庆赛事活动举办，媒体聚焦沙坡头，通过媒体镜头和新闻角度提升沙坡头市场品牌核心竞争力，提升景区IP。如"2018苏宁之夜818狂欢沙漠之夜"与苏宁易购的商业合作，不仅让苏宁的品牌活动得到质感提升，而且景区也有效运用苏宁强大的线上平台覆盖，高效宣传景区，为景区创收，为今后跨界商业合作的运营模式提供了科学的引导和借鉴。

11.4.2 打造品牌全覆盖

（1）全力配合央视、湖南卫视、浙江卫视等大批国内重点知名的全媒体在景区进行专题、娱乐节目的拍摄采风11次，其中包括综艺秀《勇敢的世界》、励志节目《青春的征途》等。

（2）通过微信、抖音、腾讯企鹅号、新浪微博等公众平台，通过图文、连线直播、小视频等对景区时事热点进行及时播报宣传（比如，国庆节期间"我为祖国点赞"得到百万粉丝点赞等）。多频次、全覆盖的宣传主要目的是不断推动游客对沙坡头景区品牌的认知，提升游客的有效注意力，逐步把沙坡头打造成为沙漠休闲度假和沙漠游乐的目的地。

11.5 投入产出

宁夏沙坡头旅游区成立至今，从原有的包兰铁路以南、黄河以北扩展到如今的南北两区，景区规划横贯黄河两岸、跨越铁路向沙漠进军，进一步治理沙漠、维护生态、在五带一体的固沙模式下，追求沙漠生态效益，巩固治沙成果，再次实践着人与自然之间的互补共生。而在维护生态的同时，沙坡头几代人前赴后继、不忘初心，用汗水和智慧将沙坡头旅游区打造成为有历史、有人文、有景致、有娱乐、有发展、有前景的"沙漠迪士尼乐园"，践行着保护"青山绿水"和建设"金山银山"的发展理念，造福人民、回报社会。千年丝绸路，风雨几十载，荒漠变粮川。沙坡头完美诠释了王维笔下"大漠孤烟直，长河落日圆"的千古绝唱。世界只有一个沙坡头，它见证着最美宁夏。

11.6 特色总结

2019年，面临新的机遇、新的挑战，沙坡头景区不断完善自身，提升服务品质，拓展景区运营模式，努力尝试探索新的发展方向，并力图有新的突破。

12 智慧化管理：金山岭长城

12.1 景区介绍

金山岭长城位于河北省承德市滦平县，始建于北齐，现遗存成型于明洪武元年（1368年），为大将徐达主持修建。明隆庆元年（1567年）戚继光驻军蓟州戍边，在其任职的14年间，对金山岭长城进行改建及重建。而后明朝至今的400多年间，金山岭长城不断修缮，最终成为一道城墙高峙、战垒林立、能守能攻的坚固防线。

金山岭长城西起龙峪口，东至望京楼，全长10.5千米，有关隘9处，敌楼67座，烽燧3座，具有视野开阔、敌楼密集、景观奇特、建筑艺术精美、军事防御体系健全、保存完好等特点。挡马墙、障墙、麒麟影壁墙、文字砖墙、将军楼防御体系等在万里长城中绝无仅有，素有"万里长城金山独秀"之美誉。1982年被批准为国家级风景名胜区，1987年列为世界文化遗产，1988年被公布为全国重点文物保护单位，2005年被评为国家4A级旅游景区。2016年通过国家级旅游景区资源质量专家评审，经过一年多的建设，力争2019年通过国家5A级旅游景区服务与环境质量验收，完成5A级旅游景区创建工作。

12.2 资源优势

从地质学的角度看，金山岭长城属燕山褶皱与内蒙古背斜的过渡带。2亿年前，这里曾是一片汪洋大海，巨大的地壳运动和漫长的时间雕琢，成就了金山岭千姿百态的奇观异景。同时，它又与人工修筑的长城相得益彰，相融成画，使其变得越发秀丽。金山岭长城东与曹家路古长城相连，西与古北口关城相望。因其视野开阔、敌楼密集、景观奇特、建筑艺术精美、军事防御体系健全、保存完好而著称于世，堪称万里长城皇冠上的一颗璀璨明珠。楼橹铺房前栩栩如生的"麒麟影壁"在万里长城中绝无仅有，500米长的文字砖墙是万里长城难得一见的奇观，保存完好的砖拱结构和砖木结构的三层敌楼堪称蓟镇长城空心敌楼的绝唱。登上海拔700米的金山岭长城，北望群山如涛涌，南瞰秀水如平湖，长城依山设险，以险置塞，俯卧盘旋于山巅之上，起伏跌宕于沟壑之间，气势磅礴、宏大、雄伟、壮观，是别处长城难以媲美的。

金山岭长城客源市场覆盖国内外，以懂长城、爱长城的高素质游客为主，国外游客占1/3左右，摄影游客占1/4左右，随着金山岭长城悦苑酒店开业，高净值休闲度假游客大幅攀升。金山岭长城在长城景区中独树一帜，对周边旅游业态形成带动与相互支撑的良好关系。

12.3 服务提升

在客观分析景区自身发展需要基础上，打造高品质、高品位、独特的精品长城旅游景区成为金山岭长城景区的必然选择。按照国家5A级旅游景区标准，经过近两年持续不断的努力，2018年景区面貌发生了质的飞跃，景区环境质量和服务质量具备了5A级旅游景区的条件。

2018年举办了"国歌中的长城"、金山岭长城第六届杏花节系列活动、中国"5·20古筝日"大型公益推广活动等品牌活动。2019年的金山岭长城马拉松吸引了来自世界六大洲33个国家近600名外籍选手，以及国内包括港澳台在内的1500名选手参加比赛，是历年来参与人数最多的一次。通过这些品牌活动，吸引了全国各地更多的游客来景区游览。

为提高景区对游客需求和紧急情况的反应速度，加强景区智慧化管理，景区全面实施智慧景区建设工程，投资2800万元先后建成4G及Wi-Fi信号覆盖、电子门禁、智能监控、多媒体展示、GPS车辆调度、智能寻车、来源地分析、客流量分析、环境质量统计及分析、自助语音导览、虚拟旅游、LED信息发布、电子商务等多个系统，实时掌握景区车辆及客流、安全异常情况，为方便游客游览、合理调控流量、避免安全事故发挥了巨大作用。

12.4 创新突破

一是深入挖掘金山岭长城特有与众不同的文化。2018年重点打造五张文化名片：以挖掘长城抗战、国歌诞生地文化为基础打造"国歌中的长城——金山岭长城"文化名片；以普通话标准音采集地为基础，以体验普通话为载体打造"普通话之乡的长城——金山岭长城"文化名片；以长城摄影为基础打造"摄影者天堂——金山岭长城"文化名片；以金山岭长城马拉松、徒步大赛等为支撑打造"徒步者乐园——金山岭长城"文化名片；以"外国人眼中最美长城——金山岭长城"文化名片吸引更多的外国人游览金山岭长城。通过线上、线下贯穿推广宣传始终。

二是提炼金山岭长城与众不同的文化符号。2018年3月聘请专业设计创意团队，为景区做整体形象设计，并设计生产出金山岭自己的文创商品，推出了桃春姑娘、长城卫士、武桂花三大系列品牌，包括水、酒、布偶、挂件、饰品、服装等产品，对于金山岭长城品牌传播产生巨大影响。

三是把金山岭长城文化元素融入景区建设中。在游客中心建设、景区标识系统建设方面，古老和现代有机融合，旅游设施与长城景观有机融合。

12.5 投入产出

金山岭长城景区地处滦平县重点发展的金山岭文化旅游景区的核心，2017~2018年滦平县用于金山岭长城国家5A级旅游景区建设的总投资近15亿元。其中战略性投入14.5亿元，用于景区所在地公路、通景公路、景区周边基础设施配套建设、美丽乡村建设、国际级酒店金山岭长城悦苑酒店建设等。景区周边吸引了众多如地中海俱乐部、凯德、恒大、碧桂园、拾得大地等知名企业和金山岭滑雪场、金山岭射击场等旅游业态，金山岭长城区域已成为滦平县域经济稳定的增长点。

12.6 特色总结

《中国国家地理》杂志在评价金山岭长城时说:"长城是世界上最奢侈的山际线,是最唯美的观景台,也是最深刻的历史废墟。看长城之美有太多的角度,它的美,多少文字也难以尽言。"金山岭长城以其独特的地质地貌、丰厚的历史文化积淀、宏大的规模、突出的军事价值、精美的建筑艺术而著称于世。

13 景区智慧化管理：泰山智慧旅游研究院

13.1 景区介绍

泰山智慧旅游研究院以智慧泰山为载体，聚焦于人工智能技术、大数据分析技术、云计算技术应用，发挥科技创新引领作用，研究创新智慧旅游解决方案，提升景区管理智慧化水平，增强景区智慧旅游服务能力，打造"智慧旅游 AICloud 生态应用示范中心"，为智慧泰山建设持续注入创新点，树立全国智慧旅游行业发展新标杆。

13.2 服务重点

（1）通过景区、企业联合成立智慧旅游研究院，重点解决了景区智慧管理设备设施投入产出不成比例、设备更新跟不上智慧产业发展速度等问题。

（2）通过在泰山设立研发机构，解决了致力于智慧旅游方面的企业不熟悉业内管理痛点、产品不适应市场的问题。

（3）通过强强合作、优势互补，给企业提供了行业内标杆模板，提供了整套的智慧旅游一揽子解决方案，具有很强的可复制性和可移植性。

13.3 创新突破

（1）慧眼智能找人。假日期间外出游玩，最担心的就是老人、孩子与家人走散，在茫茫人海中难以找寻。就在 2019 年的春节假期，智慧旅游研究院针对泰山景区定制的人脸识别系统就"大海捞针"，帮助多位游客迅速找到了失散的家人。在研究院的大力支持下，智慧泰山人脸识别系统实现了主要的进山口、重要的节点和游客分布路线上人脸监控的覆盖，共设置52个点位，可以对游客进行精准化智能查询。

（2）通景交通安全。景区在通景道路加设了智能微卡口，实现了对车辆行驶速度的实时掌控，超速智能化提示，以保障交通安全与道路通畅。同时，系统也实现对每一辆过车车辆信息的自动感知，为泰山景区全面大数据化提供了有效数据源。

（3）美丽风景云直播。直播泰山栏目迎来重大升级，直播泰山2.0升级版全新上线，从原有7路图像升级到16路全景高清直播，直播稳定性和清晰度也有了全面升级。游客可以通过"泰山风景名胜区"微信服务号，打开手机看直播，足不出户观泰山，随时随地饱览泰山美景。此次景区研究院研发了景区云直播平台架构，直播平台架设在云端。根据手机端移动景观直播特点，利用云直播技术解决了视频码流存储转换、移动客户端自适应显示、景观色调调整等诸多技术，直播画面更为流畅、视觉效果更加出色。

（4）景区林区防火。防火是景区林区工作重中之重，智慧泰山构建了泰山森林防火空、地立体智能防控网格。高空利用北斗卫星定位护林员实时位置；低空利用无人机对偏远山区实施护林防火巡查；地面上建设了重载平台红外防火报警系统，太阳能火源自动报警点，黑光、全彩高清监控探头等前沿设备，实现一线工队、管理区、数控中心三级联网互通，自动探测违规进山人员，对突发情况录像取证，并语音警示驱离。

13.4 可推广性

（1）人脸识别系统作为智慧旅游研究院的一项重要内容，下一步将进行扩容，对游客在景区内游览轨迹、游览的兴趣点、逗留时间长短、偷逃漏票人员查询等信息进行全面的大数据分析，为景区的管理和决策提供数据支持。

（2）全彩夜视监控系统改变了夜间监控画质不清晰的现状，实现24小时全天候彩色监控，即使在夜间无光环境下，也能实时拍摄到全彩动态图像，切实解决因照明不足带来的监控盲区，进一步提升了旅游安全技术保障水平。

13.5　投入产出

近年来，智慧旅游研究院积极顺应科技信息化发展潮流，把大数据、云计算、人工智能和物联网作为信息化发展的战略选择和主攻方向，全力打造"智慧泰山"。陆续开发出了智慧防火、客流监测、人脸识别等富有实用性的场景式应用点，逐步构建了智慧泰山的雏形。这些创新应用的落地，一方面在景区日常管理中发挥了重要的实用价值，另一方面借助泰山景区在行业内的龙头地位，不断推出更新换代产品，为景区管理与游客服务带来直接或间接作用，目前创新应用已经走在全国风景名胜区行业的前列。

13.6　特色总结

泰山智慧旅游研究院将以智慧旅游需求为导向，以智慧泰山为载体，聚焦人工智能技术、大数据分析技术、云计算技术，在智慧管理、游客服务、旅游大数据等诸多领域开展研发，始终保持行业内领先地位，持续为全国智慧景区建设注入创新点，不断增强智慧旅游服务能力，为游客的舒心游提供全面保障与服务。

14 转变观念管厕所：武汉欢乐谷

14.1 景区介绍

武汉欢乐谷（国家4A级旅游景区）是由华侨城集团倾力打造的大型文化主题公园，于2012年4月29日开园迎宾。世界一流的游乐设备、丰富多彩的演艺项目、精彩纷呈的主题文化节庆活动让武汉欢乐谷成为"时尚、动感、激情"的繁华都市开心地。园区创新设置了110多项娱乐体验项目，包括亚洲首座双龙木质过山车"木翼双龙"、720°圆环过山车"凤舞九天"、中国至尊弹射过山车"极速飞车"、5D过山车"极速穿越"、风靡全球的7D球幕飞行影院"飞越长江"、4D环幕特技影院"焦糖沙漠影院"、全景VR体验馆"蛋糕皇宫"等40多项游乐体验项目，以及40多处生态人文景观、10多台文化演艺精品和20多项主题娱乐游戏，精彩诠释多元欢乐。

14.2 背景条件

2015年1月，全国旅游工作会议提出，将用3年时间，通过政策引导、资金补助、标准规范等手段持续推进"旅游厕所革命"。武汉欢乐谷在建设之初就很重视厕所问题，从方便游客、实用美观、合理布局等方面组织规划、设计与建设，但与国际旅游标准还有很大差距，主要体现在厕所设施品质较低，内部配套设施待完善，管理标准低。尽管厕所有一定档次，但与国家提出的到2017年最终实现旅游景区厕所全部达到三星级标准的要求还有一定的差距。

14.3　创新突破

"旅游厕所是游客出行必备的生活设施，是旅游公共服务水平高低的直接体现，更是反映旅游业文明进步程度的重要标志。"在认真学习旅游景区厕所建设标准的基础上，针对园区厕所设施品质较低，内部配套设施待完善，管理标准低的问题，从三个方面入手。

（1）统一思想，转变观念，舍得投入。随着旅游行业的发展，洗手间的品质问题逐渐成为体现公园品质、赢得口碑的重要因素，过去约定俗成的做法，已经无法满足游客的需求。公园从企业发展战略的高度布局园区的厕所改造升级，从上到下思想统一，克服畏难怕变的情绪，下决心、花力气、投资金，是做好厕改的关键。

（2）结合实际，滚动改进硬件设施。公园开门迎客，要满足游客的需求，就不可能突击改造全部厕所。结合园区的实际情况，有计划地滚动改造厕所，减少厕所改造对游客的影响，是景区首选的策略。

（3）找准目标，对标管理。旅游厕所的星级改造，如果对标星级酒店，硬件条件易满足，软件流程和管理要求却不具有可借鉴性。通过研讨，景区对标客流量大的商场厕所管理，力求目标明确，有可比性。

14.4　具体实践

3年来，景区在厕所方面采取的具体措施包括：

（1）对标旅游景区洗手间设置及配置要求，对洗手间的规模、男女比例、配套设施进行规划，滚动改造。由于公园在规划之初做到了厕所布局合理，规模适中，为改造提供了便利，不会因为改造周期长而对游客如厕产生大的影响。经过一轮的改造，针对厕所改造后存在的问题，尤其是对游客使用和安全隐患方面的不足，计划开展新一轮的改造。

（2）从游客如厕体验入手，改造厕所设施。对洗手池、便池的龙头开关设施进行升级更新，取消原有机械式部分，代之以红外线电子控件；增设隔间搁物架、挂物钩；添置厕纸、擦手纸取用处；部分厕所安装了空调、热水器等，提升了游客的体验。

（3）改进厕所的内外部环境。对园区厕所的内外建筑墙面、地面进行改造、更新，注重色彩、用材品质与所在区域的主题相匹配；增加部分装饰挂件，营造温馨氛围，使之以全新的面貌迎接广大游客。

（4）在管理上制度先行，实现了各项管理制度上墙，规范操作，流程性清洁。

今后还会以游客为出发点，在细致、舒适方面进行改进，主要包括以下两个方面：第一，厕所全部增设空调及鼓风机，加大洗手间内的空气流通，提高游客如厕的舒适程度；第二，增加人性化关怀，关注女性群体，在洗手间增设化妆区域以及吹风机等设施。

14.5 经验分享

经过3年多的努力，武汉欢乐谷先后接受省、市两级旅游局组织的旅游厕所达标评审，景区厕所状况全面提升，部分厕所被评为四星级。2015年至2018年厕所改造各项费用花费累计近100万元，预计未来两年内还会投入15万元进行改造。2017年春节期间，时任国家旅游局局长李金早到武汉欢乐谷检查节日期间旅游景点工作情况时，专门询问并考察了园区厕所改造提升情况，对武汉欢乐谷的厕所改造给予了高度评价。

下一步厕所改造会从关注游客细节出发，增加更加人性化设施，同时以点带面打造两个标杆性洗手间，以全新的面貌迎接每一位游客。

14.6 特色总结

厕所革命要改变的是旅游人对厕所的固有意识，通过意识的改变推进旅游环境的改变。旅游厕所的改变是长期的过程，不仅要转变景区管理者的意识，层层落实改进举措，也是对游客给予影响和教育的过程。厕所革命是中央推进的供给侧改革在旅游行业的具体体现，武汉欢乐谷景区将持续推进厕所革命，不断提升待客服务的水平，为游客提供温馨如家的感受。

15　古典园林浸入式夜经济：网师园

15.1　景区介绍

网师园始建于南宋，至今已有 800 多年的历史，全园占地约 8 亩半，初名"渔隐"，清初改为"网师园"，以小巧精雅著称，保持了苏州旧时世家完整的宅、园相连风貌。网师园以水池为中心，四周布置亭阁轩庭、山石花木，形成明净开朗的园中主景。全园主次分明，富于变化，园内有园，景外有景，建筑虽多而不见拥塞，山池虽小而不觉局促，被认为是苏州古典园林中以少胜多的典范。1982 年被国务院列为全国重点文物保护单位，1997 年被联合国教科文组织批准列入世界遗产名录，2003 年被评为国家 4A 级旅游景区。

15.2　背景条件

根据苏州市政府要求，为了让海内外游客更多领略吴文化风采，丰富晚间文娱生活，1990 年 3 月，苏州市园林局、旅游局、文化局联合举办"网师园古典夜园"，开辟特色旅游项目，至今已有 30 个年头。

15.3　创新突破

网师园古典夜园游赏项目园曲合一，自 1990 年开办以来，作为苏州经典旅游产品，曾被联合国教科文组织推荐为特定旅游项目，蜚声海内外。古典夜园游赏项目将两大世界文化遗产——园林和昆曲做了完美融合，置身静谧园林中，柔美灯光勾勒出亭台的精致，婆娑树影渲染出文化氤氲，悠扬的箫声、婀娜的舞姿、一唱三叹的水磨腔调，让游客全方位浸入实景化的精品文化体验中。

15.4 具体实践

每年4月至10月的晚上7点30分至10点,伴随着园主人的热情迎接,在身着旗袍、手持灯笼的导游人员引领下,游客在清幽雅致的古典园林氛围中,细细品味评弹、昆曲、苏剧、古琴、笛箫、古筝、江南丝竹、古典舞蹈八个极具苏州地方特色的曲艺表演。

在全园正厅万卷堂观看江南丝竹表演,映着红木宫灯里射出的柔和灯光,耳边江南丝竹乐渐起,秀雅、委婉、明快、圆润、舒缓、抒情、优美……古人有"听丝竹之声,而天下治"之说,可见其平和中正陶冶德行的特性。夜园游赏围绕《牡丹亭》中《游园》《惊梦》两出折子戏精心编排,让游客近距离感受如画园林和如诗昆曲的魅力,间插的其他节目,如评弹传唱着吴侬软语,长水袖应着古筝琴音翩翩而起,古琴糅合着袅袅轻烟沁人心脾,让游客醉心其中,感受古人情怀,体味文化雅韵。

15.5 经验分享

经多年传承与完善、提升,网师园古典夜园游赏项目形成了古典与现代兼容并蓄,世界文化遗产与非物质文化遗产完美结合的独特风格,成为苏州古城极具代表性的经典旅游品牌,在2016年江苏省旅游工作会议上得到了省委书记的高度肯定。为了不断提升古典夜园游览品质,提炼特色品牌价值,2016年起,管理处秉承在传承中发扬的理念,对夜园经营权实行了公开招租,构建塑造了精品文化旅游"游园今梦"文化IP概念,实现了以散客、OTA等中高端游客为主的客源群体。2016年网师园荣获国家"年度中国最具创新力特色会奖场所奖",成功入选苏州市"十佳夜游产品"。网师园古典夜园年度入园人数增幅较大且稳定,2018年国庆当天购票人数首次突破800人,刷新单日入园新高。

15.6 特色总结

网师园古典夜园秉承在传承中发扬的理念,在尊重传统、传承文化的基础上增强文化创意,融入时代特色,结合园林自身特点打好特色牌,保持古典夜园特色项目的可持续发展,让30年的网师园夜游服务项目不断焕发出新的活力。

附 录

中国景区绿皮书入围旅游景区名单及特色盘点

序号	景区名称	质量等级	所在省市	景区类型	特色盘点
1	沙湖生态旅游区	AAAAA	宁夏·平罗	水体景观	"中国十大魅力湿地"之一、中国观鸟首选之地
2	经律论文旅小镇	AAAA	广东·韶关	特色小镇	以"禅"文化为主题的综合型文旅特色小镇
3	峨眉山景区	AAAAA	四川·峨眉山	山岳景观	首批国家5A级旅游景区,世界自然与文化双遗产景区,佛教四大名山之一
4	古北水镇景区	—	北京·密云	旅游度假区	"乌镇景区模式"品牌的异地化成功复制
5	皇城相府	AAAAA	山西·晋城	文化遗产景区	集文化、自然、生态、新型民居于一身的历史文化名村
6	黄山景区	AAAAA	安徽·黄山	山岳景观	世界自然与文化双遗产、世界地质公园、世界生物圈保护区
7	鄱阳湖国家湿地公园	AAAA	江西·鄱阳	旅游度假区	世界六大湿地之一、亚洲最大湿地、中国第一大淡水湖
8	盘山景区	AAAAA	天津·蓟州	山岳景观	佛教文化与皇家文化品牌、"京东第一山"
9	微山湖红荷湿地	AAAA	山东·滕州	旅游度假区	华东地区最大、保存状态最原始、湿地景观最佳和中国最大的荷花观赏地
10	亚特兰蒂斯	—	海南·三亚	旅游度假区	以海洋为主题的一站式娱乐休闲及综合旅游度假目的地
11	三百山景区	AAAA	江西·赣州	山岳景观	"江西名山,赣州第一山",独具魅力和地域特色的东江源文化

续表

序号	景区名称	质量等级	所在省市	景区类型	特色盘点
12	通灵大峡谷	AAAA	广西·靖西	山岳景观	典型的喀斯特地貌，单级落差高达188.6米的通灵大瀑布为精华景点
13	壶口瀑布	AAAA	陕西·宜川	水体景观	延安市唯一国家水利风景名胜区
14	五大连池景区	AAAAA	黑龙江·黑河	山岳景观	深入研究内陆火山活动的重要案例和内陆单成因火山的教科书式范例
15	白石山景区	AAAAA	河北·保定	山岳景观	中国北方第一奇山、双雄玻璃栈道和飞狐玻璃栈道
16	华谊兄弟电影世界	—	江苏·苏州	主题乐园	电影主题公园、全国首创电影IP浸入式实景娱乐体验项目
17	翠云山景区	—	河北·张家口	旅游度假区	"中国雪都"的核心区域，有"京西第一雾山"的美誉
18	衡水湖景区	AAAA	河北·衡水	水体景观	国家水利风景区，享有"京南第一湖""燕赵最美湿地"诸多佳誉
19	武功山景区	AAAA	江西·萍乡	山岳景观	国家地质公园、自然遗产、森林公园等多项国家级头衔
20	清明上河园	AAAAA	河南·开封	主题公园	以传世名画《清明上河图》为蓝本1∶1复原再现北宋辉煌历史盛世
21	南山旅游景区	AAAAA	山东·烟台	旅游度假区	主推福寿文化，铸就"福寿南山养心天堂"
22	锦绣中华	AAAAA	广东·深圳	主题乐园	锦绣中华微缩景区和中国民俗文化村两大主题公园
23	鼋头渚	AAAAA	江苏·无锡	主题公园	"太湖佳绝处，毕竟在鼋头""山水樱花"品牌
24	大唐芙蓉园	AAAAA	陕西·西安	主题公园	融盛唐历史景观精华为一体，运用现代高科技手段和拥有丰富多彩节目的主题公园
25	南山文化旅游区	AAAAA	海南·三亚	山岳景观	中国佛教文化、福寿文化、生态文化为主题的大型旅游景区

续表

序号	景区名称	质量等级	所在省市	景区类型	特色盘点
26	水泊梁山景区	AAAA	山东·济宁	山岳景观	"水浒文化,忠义文化"、营销创新
27	阿尔山国家森林公园	AAAAA	内蒙古·兴安盟	山岳景观	林业系统转型旅游业典范
28	华清宫景区	AAAAA	陕西·西安	旅游度假区	中国唐宫文化旅游标志性景区
29	梵净山景区	AAAAA	贵州·铜仁	山岳景观	世界同纬度保护最完好的原始森林生态系统、"1+N"全域旅游扶贫模式
30	张掖平山湖大峡谷	AAAA	甘肃·张掖	山岳景观	以旅游带动蒙古族乡脱贫
31	平遥古城	AAAAA	山西·平遥	古镇村落	千年古城的厕所革命
32	韶关丹霞山	AAAAA	广东·韶关	山岳景观	世界自然遗产的"厕所革命"
33	沂蒙山云蒙景区	AAAAA	山东·临沂	山岳景观	国家5A级旅游景区的"跨界的旅游+"营销之道
34	朱仙镇启封故园	AAAA	河南·开封	古镇村落	美丽乡村中的精准扶贫
35	玉龙雪山	AAAAA	云南·丽江	山岳景观	国家5A级旅游景区,近期旅游业反哺农业改革典范
36	芦芽山景区	AAAAA	山西·忻州	山岳景观	国家5A级旅游景区的标准化托管运营
37	雅鲁藏布大峡谷景区	AAAA	西藏·林芝	山岳景观	"世界第一大峡谷,地球上最深的峡谷"IP
38	三亚蜈支洲旅游区	AAAAA	海南·三亚	旅游度假区	"中国有个海南岛,海南有个蜈支洲岛"
39	缙云仙都景区	AAAA	浙江·丽水	山水景观	创建国家5A级旅游景区的智慧化建设样本
40	"知音号"	—	湖北·武汉	演艺类景观	"一剧多版"和"知音式服务",全国独有的文化和服务双IP模式
41	呀诺达雨林文化旅游区	AAAAA	海南·保亭	旅游度假区	景区独特的服务管理文化,旅游景区争相学习的服务标杆

续表

序号	景区名称	质量等级	所在省市	景区类型	特色盘点
42	东阳卢宅	—	浙江·东阳	古镇村落	集教育、建筑、工艺美术"三乡"文化于一身的优秀的人文史集
43	野三坡	AAAAA	河北·涞水	山岳景观	多种文化元素构成的新业态旅游度假区
44	七彩丹霞旅游景区	AAAA	甘肃·张掖	人文景观	国家地质公园的"旅游+扶贫"造血模式
45	沙坡头旅游景区	AAAAA	宁夏·中卫	旅游度假区	既具江南景色之秀美,又兼西北风光之雄奇的西北旅游胜地
46	天山天池	AAAAA	新疆·阜康	山岳景观	西北干旱地区典型的山岳型自然景观
47	金山岭长城	AAAA	河北·承德	文化遗产	"万里长城 金山独秀"之美誉、创建国家5A级旅游景区智慧化管理
48	黄龙溪古镇	AAAA	四川·成都	特色小镇	集古蜀、三国、龙狮、码头、市井、农耕等众多文化于一身
49	网师园	AAAA	江苏·苏州	古镇村落	古典夜园游赏项目园曲合一、全方位浸入实景化的精品文化体验
50	鹿回头风景区	AAAA	海南·三亚	旅游度假区	浓郁黎族文化内涵,国资国企规范化管理样本

注:收录案例为中国旅游景区协会会员单位上传整理,景区排名不分先后。

责任编辑：王 军
责任印制：冯冬青

图书在版编目（CIP）数据

中国旅游景区绿皮书．2018 / 中国旅游景区协会，品橙旅游著．-- 北京：中国旅游出版社，2019.8
　ISBN 978-7-5032-6313-2

Ⅰ．①中… Ⅱ．①中… ②品… Ⅲ．①旅游区－经济发展－研究报告－中国－ 2018 Ⅳ．① F592.3

中国版本图书馆 CIP 数据核字（2019）第 172144 号

书　　名：	中国旅游景区绿皮书（2018）

作　　者：中国旅游景区协会　品橙旅游　著
出版发行：中国旅游出版社
　　　　　（北京建国门内大街甲9号　邮编：100005）
　　　　　http://www.cttp.net.cn　E-mail:cttp@mct.gov.cn
　　　　　营销中心电话：010-85166536
排　　版：北京旅教文化传播有限公司
经　　销：全国各地新华书店
印　　刷：北京工商事务印刷有限公司
版　　次：2019年8月第1版　2019年8月第1次印刷
开　　本：720毫米×970毫米　1/16
印　　张：20.75
字　　数：300千
定　　价：88.00元
ＩＳＢＮ　978-7-5032-6313-2

版权所有　翻印必究
如发现质量问题，请直接与营销中心联系调换